"十二五"职业教育国家规划教材
经全国职业教育教材审定委员会审定

高职高专公共基础课规划教材

商务沟通与礼仪
实务教程

毛锦华　周　晓　主编

夏　飞　王婉婷　副主编

朱凤仙　主审

电子工业出版社
Publishing House of Electronics Industry
北京·BEIJING

内 容 简 介

本书是一本与时俱进的集成化教材，突破了传统商务沟通教材集书信、求职等内容的限制，根据现代商务沟通理念和技巧的运用拓展知识领域，包括：销售、服务沟通、组织内部沟通、客户开发、客户谈判、危机沟通、求职、接待、展览会、商务沟通礼仪等，并通过项目实训，加强应用技能和能力培养。本书具有知识系统、语言简洁、案例鲜活、强化社会实践和实际应用等特点，且采用新颖的一体化格式设计。

本书既可作为高职高专及应用型院校经济管理、工商管理等专业学生核心技能课的首选教材，也可作为各类企业人员的在职培训用书，对于广大社会读者也是一本提高商务沟通能力的自我训练手册。

未经许可，不得以任何方式复制或抄袭本书之部分或全部内容。

版权所有，侵权必究。

图书在版编目（CIP）数据

商务沟通与礼仪实务教程/毛锦华，周晓主编 . —北京：电子工业出版社，2013.8

高职高专公共基础课规划教材

ISBN 978-7-121-20735-8

Ⅰ.①商… Ⅱ.①毛… ②周… Ⅲ.①商业管理-公共关系学-高等职业教育-教材②商务-礼仪-高等职业教育-教材 Ⅳ.①F715 ②F718

中国版本图书馆 CIP 数据核字（2013）第 133075 号

策划编辑：束传政
责任编辑：贺志洪
特约编辑：薛　阳　徐　堃
印　　刷：北京七彩京通数码快印有限公司
装　　订：北京七彩京通数码快印有限公司
出版发行：电子工业出版社
　　　　　北京市海淀区万寿路 173 信箱　邮编 100036
开　　本：787×1092　1/16　印张：15　字数：375 千字
版　　次：2013 年 8 月第 1 版
印　　次：2024 年 12 月 17 次印刷
定　　价：31.00 元

凡所购买电子工业出版社图书有缺损问题，请向购买书店调换。若书店售缺，请与本社发行部联系，联系及邮购电话：（010）88254888，88258888。

质量投诉请发邮件至 zlts@phei.com.cn，盗版侵权举报请发邮件至 dbqq@phei.com.cn。

本书咨询联系方式：（010）88254608。

编审委员会

序　言

随着我国改革开放进程的加快和社会主义市场经济的快速推进，中国经济已经连续多年保持着持续、高速、稳定的增长态势，并且进入了一个最为活跃的经济发展时期。随着我国加入WTO后有关承诺条款的逐年兑现，众多外资企业纷纷抢滩登陆、进军中国市场；不仅促进我国经济迅速地融入世界经济全球化的大潮之中，而且也促使中国经济国际化发展的特征越发日益凸显。

目前我国正处于经济快速发展与社会变革的重要时期，随着经济转型、产业结构调整、传统企业改造，涌现了一大批电子商务、文化创意、绿色生态及循环经济等新型产业；面对国际化市场的激烈竞争、面对新一轮的人才争夺，我国企业既要加快管理体制与运营模式的整改，也要注重加强经营理念与管理方法的不断创新，更加注重企业发展的本土化策略、抓紧培养具有创新意识和掌握新专业知识的技能型人才；这既是企业立于不败之地的根基，也是企业可持续长远发展的重要战略选择。

处于知识经济时代，科学技术的发展越来越快，高科技促使专业研究深入、驱使社会分工越来越精细。公共基础课作为各专业的根基，既为学习好后续专业课程做铺垫，也为培养高素质人才打好必要的牢固基础，注重基础教育是我国的基本国策。结合中国共产党第十八次代表大会提出"扎实推进社会主义文化强国建设"的号召，本套教材的出版对帮助学生学习掌握基础教育文化知识，提高素质能力具有重要意义。

针对我国高职基础教育偏弱、教材陈旧、脱离实际、缺乏与时俱进等问题，为了适应我国经济发展、产业调整、新兴产业兴起、社会变革对"基础牢、会用脑、有后劲、肯动手"人才培养的需要，为了全面贯彻中国共产党第十八次代表大会提出"扎实推进社会主义文化强国建设"的号召，结合高职高专院校公共基础课教学计划及课程设置与调整的实际，我们组织北京财贸职业学院、深圳职业技术学院、首钢工学院、黑龙江工商职业学院、北京联合大学、山西商务职业学院、北方工业大学、海南职业学院、北京城市学院、吉林工程技术师范学院、北京朝阳职工大学、牡丹江大学、北京西城经济科学大学、辽宁省交通高等专科学校、北京石景山社区学院、华北科技学院、北京宣武红旗大学、黑龙江商务技术学院等全国30多所高职高专院校的主讲教师及有关专家教授，在多次研讨论证和深入实际调查的基础上，共同精心编撰了此套系列教材，旨在更好地服务于我国高职公共基础课程教学。

本套教材作为高职教育公共基础课程的特色教材，坚持以科学发展观为统领，严格按照教育部"加强职业教育、注重基础教学"的要求，根据高职教育基础课程教学大纲，包括：《经济数学基础教程——微积分》、《经济数学基础教程——概率统计与线性代数》、《应用文写作实训教程》、《公共关系与现代礼仪教程》、《实用商务英语教程》、《职业教育与就业指导》、《人际沟通与交流》等。

由于本套教材融入高等职业教育公共基础课程最新的创新实践教学理念，注重基础知识、突出学生应知应会、强化素质与能力的培养；具有理论适中、知识系统、语言简洁、案例经典、侧重实践能力训练等特点，且采取新颖统一的体例格式化设计；因此本套教材既可作为高职高专、成人教育院校工商管理、经济管理、物流管理、信息管理、金融管理、财税等专业教学的首选教材，同时兼顾高等自学考试，对于广大社会读者也是提高文化素质教育有益的参考读物。

教材编委会

2013 年 4 月

前　言

随着现代经济发展和社会分工的越来越细化，人际关系日趋复杂，相互之间的合作配合日趋紧密。因而沟通在人们的工作、生活中起着越来越重要的作用，已成为现代企业和组织统一思想、建立良好人际关系、提高工作效率、快速促进个人职业生涯发展的有效保证。沟通在商务活动中更是显得日益重要，对于构建和谐的组织内部关系和客户关系、建立协同思想、完成商务目标具有举足轻重的作用，商务沟通也因此逐渐成为组织竞争力的核心要素而日益引起人们的重视。

近年来我们持续对毕业生的职业发展及企业用人情况进行跟踪调查，发现具有良好的沟通能力是企业选人、用人的关键指标之一，而沟通能力不足是毕业生的突出问题，也是限制毕业生可持续发展的主要制约因素。为此，我们需要通过教材的重新设计和编排引导课堂的改革，从而达到提升教学效果和质量、有效训练商务沟通技巧和能力的目的。我们结合多年课程改革和教学实践积累的成果完成此书，旨在帮助高职高专学生掌握商务沟通的技能和行为规范，为今后工作和职业发展奠定良好的基础。

本书作为高职高专的特色教材，坚持以科学发展观为统领，严格按照教育部"加强职业教育、突出实践技能培养"的教育教学要求，针对高等职业教育人才培养目标，既注重以人为本、挖掘人的潜力，又注重坚持标准、合理运用政策规定；既注重系统理论知识介绍，又突出实际训练和提高执行能力，力求做到"课堂讲练结合，重在掌握；课后学以致用，注重实效"。本书的出版对帮助学生尽快熟悉商务沟通操作规程、掌握职业岗位技能、毕业后能够顺利就业具有特殊意义。

本书是一本与时俱进的集成化教材，突破了传统商务沟通教材集书信、求职等内容的限制，根据现代商务沟通理念和技巧的运用拓展知识领域，全书分为商务沟通原理、商务沟通礼仪、商务沟通实训三大部分，共八章和九个项目。具体包括：商务沟通概述、人际沟通、组织沟通、大众沟通、礼仪概述、仪表仪容与服饰、商务会务与仪式礼仪、办公室礼仪等，并通过商务谈判等九个项目实训，加强实践应用技能和能力培养。

本书融入了商务沟通的最新实践教学理念，力求严谨，注重与时俱进，具有知识系统、语言简洁、案例经典、注重强化社会实践和实际应用等特点，且采用新颖的一体化格式设计。

本书由李大军进行总体方案策划并具体组织，毛锦华和周晓主编，毛锦华统稿，夏飞和王婉婷为副主编，由商务沟通专家朱凤仙教授审定。作者分工：牟惟仲（序言），徐庆颖（第一章、第二章），王婉婷（第三章、第四章），周晓（第五章、第六章），潘勇（第七章），赖军芳（第八章），付丽娟（项目1），毛锦华（项目7、项目8、项目9），侯佳（项目2、项目3），夏飞（项目4、项目5），吕青松（项目6），王阳、林玲玲（附录）；华燕萍（文字修改和版式调整），李晓新（制作课件）。

在教材编写过程中，我们参阅、引用了大量有关商务沟通及实务的最新书刊资料和国家颁布实施的有关政策法规与管理制度，并得到了编委会有关专家教授的具体指导，在此一并致谢。为配合本书使用，我们提供配套的电子课件，读者可以从电子工业出版社网站（www.phei.com.cn）免费下载。因作者水平有限，书中难免有疏漏和不足，恳请同行和读者批评指正。

作者

2013 年 6 月

目 录

第一部分　商务沟通原理

第二部分　商务沟通礼仪

第三部分　商务沟通实训

第一部分
商务沟通原理

第一章

商务沟通概述

学习目标

1. 理解掌握商务沟通相关的基本概念及原理；
2. 了解商务沟通发展的历程及趋势。

学习方法

案例分析、实践体会、文献阅读

主要内容

本章将围绕商务沟通的概念、商务沟通的过程及类型、商务沟通的效果、商务沟通发展的新趋势等方面进行介绍。

引导案例

星期一通常是公司最繁忙的日子，当李经理走进办公室的时候，秘书早将一沓文件放在他的办公桌上。每天都要花费大量的时间处理很多这样的文件，李经理很是头疼。

李经理开始埋头处理文件的时候，电话铃响了，是技术总监打来的，他告诉李经理他准备辞职。最近一直在公司内部流传着小道消息"公司的竞争对手在挖技术总监"的事情被证实了，李经理心中一阵恼火。技术总监了解公司最新开发产品所有的第一手资料，而这些资料是竞争对手梦寐以求的，技术总监此时投奔到对手旗下对公司是很不利的事情。既恼怒又担心的李经理在电话中没想好如何跟技术总监谈这件一事，而技术总监又很快挂断了电话。

放下电话，李经理一时也想不出什么好办法，他着急地在屋子里踱步。此时，秘书推门进来，说员工们对此次裁员计划有很多不满，特别是前两天裁掉老刘这件事。老刘已在公司工作多年并接近退休，这样裁员让员工觉得公司很无情，大家也没有安全感，需要经理给出一个解释，此时被裁减的员工代表也聚集在会议室里等待经理的说法。

裁员本身已经影响了公司的士气，但一想到可能要面对盛怒的离职员工的代表，李经理不由得产生一丝担忧，这可不是一般的谈话，如果处理不好，带来的后果可能是不堪设想的。

可是眼下由于技术总监的辞职电话干扰了他的注意力，他甚至猜想竞争对手是否已经掌握了新产品的技术，接下来他该怎么办？需要与竞争对手的人力资源部经理联系吗？还是直接汇报上司？还是找技术总监本人谈话呢？

可是目前最紧急的问题是，他该如何说服并面对离职员工代表。由于焦急，他竟然找不到合适的说辞来向大家解释公司目前的处境。与员工代表会谈的时间就要到了，可李经理还在自己的办公室焦急的走来走去……

从上面的案例可见，无论是批阅文件、与关键员工面谈，还是与竞争对手的交涉等，都涉及经理人一个很重要的能力——沟通能力。近年来，企业强调提升员工的综合素质，无论是对管理者还是对普通员工的评价中，都把沟通能力放到了很重要的位置。人们逐步认识到沟通能力是员工顺利完成工作的基本保证，也是影响员工能否晋升的重要因素之一。

第一节　商务沟通的概念

对于在商务环境中工作的员工来说，最重要的基本技能也许就是沟通能力了。实际上，今天大多数学生并不需要专家来提醒沟通技能对成功是多么的重要，因为在几乎所有的招聘广告中，沟通能力都是企业在招聘任何岗位时所需要的一项基本能力。

我们在了解如何进行有效的商务沟通之前，首先要了解什么是沟通和什么是商务环境下的沟通。

一、沟通的定义

沟通是同周围环境进行信息互换的一个多元化过程。在日常生活和工作中，我们经常使用"沟通"这个词汇。可是沟通究竟为何义，众说纷纭。有人曾对"沟通"的定义做了统计，竟达一百种之多。美国学者弗兰克等人认为给沟通下一个具体的定义是十分困难的。这个抽象名词，同其他许多词汇一样，有许多含义，几种观点如下：

"沟通"一词，源于拉丁文 commnuis，意为共同化（common）。《大英百科全书》的解释为："用任何方法彼此交换信息。"在英文中，"沟通"（communication）这个词既可以译作沟通，也可译作交流、交际、交往、通信、交通、传达、传播等。

管理学家西蒙认为，沟通"可视为任何一种程序，借此程序，组织中的一个成员，将其所决定的意见或前提，传送给其他有关成员"。

有学者将沟通定义为"信息凭借一定符号载体，在个人或群体间从发送者到接收者进行传递，并获取理解的过程。"

"沟通是指人与人之间的交流，是指两个或更多个体之间、个体与群体之间，借着符号、语言或文字等，传递或交换某些信息或意念及观念的过程。"

"沟通作为一种管理方法，在组织群体中具有交流思想、情感、传递工作资讯和密切相互关系等方面的作用。"

"沟通最基本的解释是从一个人到另一个人传递信息的过程。有效的沟通意味着信息从发出者那里完整、正确地传到接收者那里。换句话说，沟通就是传授思想意图，使自己被其他人所理解的过程。"

"沟通又称为传播，是指人与人之间交流信息、表达意思的过程。"

"沟通用最通俗的文字表达即为信息交流，指主体将某一种信息传递给客体，并期望客体能做出相应反应的过程。"

"沟通是指信息发送者为了实现一定的目标，采取一定的方式，运用一定的工具，通过一定的程序将经过编译的信息传递给信息接收者，然后信息接收者将经过编译的信息进行翻译和解释的过程。"

综合以上定义，沟通是为了实现预先设定的目标，由信息发送者选择一定的工具，采取一定的方式，通过一定的程序与渠道将经过编码的信息传递给信息接收者，再由信息接收者将接收到的信息进行翻译和解释，并反馈到信息发送者那里的过程。

二、商务沟通的概念

组织的商务活动离不开沟通。生产计划的编制，员工的聘用、培训和激励，向客户推销产品及收取货款，企业外部的危机处理等，在这些组织的日常商务活动中，人们都离不开沟通活动。所以，要掌握商务沟通的概念，首先要了解商务的定义。

1．商务的内涵

我国最早的商务活动起源于商代，并在周朝逐渐得到发展。据《周易·系辞》里面记载，商务活动是指"日中为市，集天下之民，聚天下之货，交易而退，各得其所"。《诗经·氓》"氓之蚩蚩，抱布贸丝"中的"贸"就是指贸易和商务活动。春秋时代，根据《国语·齐语》的记载：商务是"负任担荷，服牛招马，以周四方，以其所有，易其所无，市贱鬻贵"；"行谓之商，处日贾"。古代早已将商贸者所从事的经营活动称之为商务。

现代对商务的定义是指将具有使用价值与价值的劳动产品用于交换的商业活动，即商务活动是从事商品流通的活动。具体来说，商务的概念包含以下三个层次：

第一，为保证生产活动正常进行所进行的采购、销售、存储、运输等活动，是商务组织最基本的商务活动。

第二，为稳定商务组织主体与外部的经济联系及有效开展赊销活动所进行的商情研究、商业机会选择、商务会谈、合同签订与履行、商务冲突的处理等活动，是为生产和购销服务的商务活动。

第三，为保持自身的竞争优势和长期稳定发展所进行的塑造组织形象、制定和实施竞争战略、扩张经营资本、开拓新市场、防范经营风险等活动，是战略性的商务活动。

上述三个层面相互联系、相互影响，构成了一个完整的商务体系。

2．商务沟通的含义

商务沟通就是指商务组织为了顺利地经营并取得经营的成功，为求得长期的生存发展，营造良好的经营环境，通过组织大量的商务活动，凭借一定的渠道，如媒体，将有关商务经营的各种信息发送给商务组织内外既定对象（接收者），并寻求反馈以求得商务组织内外的相互理解、支持与合作的过程。

第二节　商务沟通的过程

沟通都有特定的流程，即沟通的路径特征，是信息从主体到客体的过程。玛丽·艾伦·

伽菲认为沟通的关键词是意图。她指出沟通是信息和意图由一个人或一个团体到另一个人或另一个团体的传递。在这样的沟通过程中，意图的传递才是沟通的中心目标，这也是进行沟通的目的。因而判断沟通是否取得了预定的效果，也是以意图的正确传递与理解为基准的。只有接收者在正确理解了发送者的意图时，才可以认为这一沟通是成功的。沟通双方不仅要在传递的信息上取得一致，而且在该信息的内涵上也要取得相同的理解。沟通在本质上是信息的传递与理解的过程。

商务沟通的基本要素包括沟通意图、发送者和接收者、信息、渠道、反馈、编码与译码，另外在沟通的过程中，沟通的效果还与噪音、环境与背景有关。

1. 沟通意图

人们进行沟通的时候都带着特定的目标，希望发出的信息被理解，然后得到自己想要的反馈，或者是使对方的行为、思想得到预期的改变。

这种意图可能表现得很明显，也可能是内隐的。比如，小王经常上班迟到，那么人事经理找他谈话，这种沟通的意图就非常明显，经理希望通过与小王的谈话，能使得小王在行为上发生某种他所希望的改变即上班不再迟到。再比如，在长途列车上，互不相识的旅客互相谈话，虽然这种谈话看起来似乎没有什么特定目的，但是这种沟通通常是在消除旅途寂寞或者消除紧张感等并不明显的目的指引下进行的。不管是有意识还是无意识的，沟通者都是在沟通意图的驱动下来进行沟通活动的。

2. 发送者和接收者

人们希望分享信息和观念或是沟通思想和感情，但是这种分享不是单向的过程，通常是发送者发送信息，同时也是接收者接收信息的同一过程，沟通的过程涉及沟通的信息和沟通双方的关系。信息的发送者作为沟通的起点，接收者作为信息传递的终点；当接收者对接收到的信息进行反馈的时候，他又变成了信息的发送者，相反原来的信息发送者变为信息接收者，沟通的起点与终点也相应地发生了转换。

3. 传递的信息

信息是沟通双方沟通的内容。在我们上面列举的经理与小王的例子里面，经理发送的是"不希望小王迟到的行为再次出现"的信息。小王发出的信息可能是为自己的行为辩解或者做出某种经理所希望的承诺。

沟通的内容很多，包括意见、情感、态度、思想和价值观等，但不管沟通的内容是什么，只有将它们转换成符号，人们才可以顺利地进行沟通。

符号是用来表示事物的约定俗成的一套东西。所有的沟通信息都可以用两种符号来表示：语言符号和非语言符号。语言中的每一个词经过反复使用后，都被赋予了特定的含义，我们可以用它来表达某一特定事物或者思想。一个词的意思可能有很多，当人们在特定的环境下用某一个词来表达事物的时候，它的意思就是限定的。比如现在社会上称呼较年长且资历较深的前辈为老师的现象很普遍，但当我们在学校或课堂说"老师"这个词的时候，与我们谈论者会明白我们所指的是在学校工作担任教学任务的人。

非语言符号是我们不通过语言来进行沟通的另一种方式。非语言符号有面部表情、手势、姿势、语调、服饰、空间距离、标识等。与语言符号一样，我们也给非语言符号赋予一定的含义，如摇头一般表示不赞同，微笑表达赞许，眼泪表示伤心等。但是由于不同的文化背景或者是特定的沟通情景，沟通者可能会传达我们不太熟悉的符号，在一定程度上会误导沟通，如在阿拉伯国家里面摇头表示赞同，而在中国摇头的意思正好相反。

4. 沟通的渠道

沟通渠道是信息经过的路线，即发送者发出的信息到达接收者那里需要经过的路线。在面对面的沟通中，人们一般主要是通过声音和视觉来感知和进行反馈。在日常生活中我们采用已经非常熟悉的电视机、收音机、录像机、报纸、杂志、电影等渠道来获得信息。同时，信息还可以通过这些渠道进行传播，如在沟通中表现出来的诸如微笑、皱眉、摇头等非言语的信息渠道。

商务沟通具有多渠道的特征。在日常的沟通中，商务人员可以采用多种方式相互联系。譬如：他们有时与对方面谈或是电话交谈；有时发送电子邮件或是传真；有时采用电话或是电视会议的形式来探讨一些重要的问题；有时把活动记录在磁带或光盘上。多渠道的商务沟通为今天的商务人员提供了更为广阔的空间，使他们能够选择合适的方式来进行有效的商务沟通。

5. 沟通反馈

反馈是接收者和发送者相互之间的反应。反馈在沟通中具有很重要的意义，信息的发送者根据接收者的反馈来判断其所表达的思想、感情、观念等信息是否按照他所希望的方式被理解以及理解的程度如何。

在不同的沟通方式中，反馈的方式是不同的。面对面的人际沟通的反馈机会最大，发送者可以根据接收者的言语和所观察到的非言语信息来判断信息被理解的程度。就像演说者在面对观众的时候，很容易从观众的姿势、面部表情等来决定演说的速度和演说的方式。

6. 编码与译码

编码与译码被称为是两个黑箱过程。前者是信息发送者对信息进行编排的过程；后者则是信息接收者对信息进行解码的过程。之所以将这两个过程称为黑箱过程，是因为人们对于这两个过程都没有有效的监控手段，编码和译码包括了大脑的思维和对各种信息进行加工与理解的过程。前者是反映事实、事件的数据和信息如何经过传送者的大脑处理、理解并加工成双方共知的语言的过程，而后者是接收者如何就接收到的数据与信息经过搜索大脑中已有的知识，并与之相匹配，从而将其理解、还原成事实、事件等的过程。

因此，信息发送者在编码过程中必须充分考虑到信息接收者的经验背景、关注的内容、符号对信息接收者的可读性；信息接收者在解码过程中也须考虑信息发送者发送信息的经验背景，这样才能更准确地把握信息发送者欲表达的真正意图，而不至于曲解、误解其本意。

7. 沟通中的干扰

沟通中的干扰常来自于沟通的噪音。噪音是阻止理解和准确解释信息的障碍。噪音发生在发送者和接收者之间，可分成三种形式：外部噪音、内部噪音和语义噪音。

（1）外部噪音

外部噪音来自于沟通的环境，它阻碍沟通者很好地接收和反馈信息。比如你与朋友在打电话，可是外界的声音干扰很大，使得你根本无法听清对方在讲述什么。外部的噪音有多种形式，可能是炎热的环境、遥远的距离，都会分散你的注意力，使得你无法集中精力与对方沟通。

（2）内部噪音

内部噪音通常出现在沟通者的大脑中。一方面，沟通者的大脑可能被另外一件正在思索的事情占据，思维还沉浸在以前的思考中，没有分出足够的注意力来关注现时的沟通，因而也阻碍了沟通；另一方面，沟通者被已经形成的思维所束缚，具有了先天的信念或成见，并一直作用于沟通过程中。比如某一个具有大男子主义思想的人，倾向于认为女性的能力是低于男性的，女性是不能担当领导人的职位的，当他面对一个女上司的时候，他可能具有较高的抵触情绪，很多情况下不能很好地与上司沟通。

（3）语义噪音

语义噪音是由人们对词语情感上的反应而引起的。在不同的民族文化中，对于特定的词语有着不同的含义。例如，跨国公司内部之所以经常出现冲突，很大一部分原因是文化的差异所带来的对同一语词的不同理解。语义噪音像外部噪音和内部噪音一样，能干扰部分或全部的信息。

8．环境与背景

沟通发生的情景对沟通发生很大的影响，不同的沟通需要不同的沟通环境。正式的演讲，如就职演说应该安排在很正式的场合；通常的人际沟通（如非正式会谈）就要在宽松、非正式的场合下进行，如在茶馆、咖啡馆等。沟通的环境不同，人们进行沟通的方式、方法的选择也就有很大的差异。

商务沟通在什么样的环境中进行，对于人们采用什么样的沟通方式具有很大的影响。这些细节细微到会议室的座次安排、桌子的形状等。据研究发现，在公司中，管理者是否在场对员工的沟通也具有很大影响。如果管理者在场的话，沟通双方的言语比较正式，交谈的内容也紧紧围绕着双方特定的工作，交谈过程通常较为直接、短暂。

一般来说，影响沟通过程的背景因素主要有以下几种：

（1）心理背景

心理背景是指沟通双方的情绪和态度。沟通者的不同心理状态直接影响到沟通的效果。当沟通者的心情和情绪处于兴奋、激动的状态时，沟通起来比较容易，人们也倾向与人交流更多的信息，接收信息的效率比较高，更容易反馈。但若沟通者处于悲伤、焦虑状态时，通常没有太多的沟通意愿，其思绪也不能得到很好的整理，发出的信息通常没有连贯性。

沟通双方的态度也直接影响到沟通的效果。如果沟通双方敌视或者关系淡漠，沟通过程常由于偏见而出现误差，双方都很难正确理解对方发送的信息，同时由于敌对或紧张的关系干扰了正常的解码、反馈过程。

（2）物理背景

物理背景是指沟通发生的场所。特定的物理背景往往决定了特定的沟通气氛。面对上万名的观众发表新年贺词和对办公室几个部下交代近期计划的会议，两者的氛围和沟通过程是大相径庭的。

（3）社会背景

社会背景是指沟通双方的社会角色关系。对不同的社会角色关系，有着不同的沟通模式。上级可以拍拍你的肩头，告诉你要以厂为家，但你绝不能拍拍上司的肩头告诫他要公而忘私。对应于每一种社会角色关系，无论是上下级关系还是朋友关系，人们都有一种特定沟通方式的预期，相关沟通只有在方式上符合这种预期，才能得到沟通双方的接纳，沟通才可顺利进行。

（4）文化背景

文化背景是指沟通者长期的文化积淀，也是沟通者较为稳定的价值取向、思维模式、心理结构的总和。文化已转变为我们精神的核心部分而成为我们思考、行动的内在依据。虽然，通常人们体会不到文化对沟通的影响，实际上，文化影响着每一个人的沟通过程，影响着沟通的每一个环节。当不同文化发生碰撞、交融时，人们往往能发现这种影响，也特别能感受到不同文化带来的碰撞。

第三节　商务组织的沟通类型

由于人们从不同的研究视角对沟通进行了定义，因而对于沟通的分类也是多种多样的，综合起来有如下几种分类方式。

一、浅层沟通和深层沟通

根据沟通时信息涉及人的情感、态度、价值观领域的程度，沟通可分为浅层沟通和深层沟通。

1．浅层沟通

浅层沟通是指在管理工作中必要的行为信息的传递与交换，如管理者将工作安排传达给部属，部属将工作建议告诉主管等。企业的上情下达和下情上传都属于浅层沟通。

浅层沟通具有以下特点：

①浅层沟通是企业内部信息传递工作的重要内容，如果缺乏浅层沟通，管理工作势必遇到很大的障碍；

②浅层沟通的内容一般仅限于管理工作表面上的必要部分和基本部分，如果仅靠浅层沟通，管理者无法深知部属的情感、态度等；

③浅层沟通一般较容易进行，因为它本身已成为工作的一部分内容。

2．深层沟通

深层沟通是指管理者和部属为了有更深地相互了解，在个人情感、态度、价值观等方面较深入地相互交流。有目的的聊天或者交心、谈心都属于深层沟通，其作用主要是使管理者对部属有更多的认知和了解，以便依据适应性原则满足他们的需要，激发他们的积极性。深层沟通具有以下特点：

①深层沟通不属于企业管理工作的必要内容，但它有助于管理者更加有效地管理好本部门或本企业的员工；

②深层沟通一般不在企业员工的工作时间内进行，通常在两人的私人时间内进行；

③与浅层沟通相比较，深层沟通更难以进行，因为深层沟通必然要占用沟通者和接收者双方的时间，也要求相互投入情感。

二、单向沟通和双向沟通

根据沟通方向的可逆性与沟通时是否出现信息反馈，可以把沟通分为单向沟通和双向沟通。

1．单向沟通

单向沟通是指没有反馈的信息沟通，例如电话通知、书面指示等。单向沟通仅朝着一个方向沟通，信息的发送者和接收者的地位不变。其优点是速度快、无干扰、秩序好，但是由于没有反馈，接收率较低，接收者容易产生抗拒、挫折和埋怨的心理。严格来说，当面沟通信息总是双向沟通，因为，虽然沟通者有时没有听到接收者的语言反馈，但从接收者的面部表情、聆听态度等方面就可以获得部分反馈信息。

2．双向沟通

双向沟通是指有反馈的信息沟通，如讨论、面谈等。在双向沟通中，沟通者可以检查接收者是如何理解信息的，也可以方便接收者明白其所理解的信息的正确性，并可要求沟通者进一步传递信息。双向沟通是信息流动方向可逆地来回反馈式沟通，信息发送者和接收者之间的地位不断变化。其优点是沟通气氛活跃、有反馈、接收率高，但缺点是速度慢、信息发送者的心理压力较大。

三、正式沟通和非正式沟通

根据程序是否经过组织事先安排，沟通可分为正式沟通和非正式沟通。

1．正式沟通

正式沟通是指商务谈话、发言、产品演讲、商务信函、备忘录等沟通活动。正式沟通在组织中起到非常重要的作用，它对组织的内部活动及其对公众的外部形象或是公共关系均有着直接的影响。正式沟通的显著特征在于其严肃性和精确性。因此，正式沟通要求沟通者事先做好准备。

比如，用书面的形式进行正式沟通时，所写内容的调子、结构、用词甚至于标点符号，都会对正式沟通产生重要的影响。但正式沟通也并不意味着一定要长篇大论，事实上正式沟通的关键之处在于它的正式性：对正式沟通中发出的每一则信息，发送者都要负全部的责任，这才是正式沟通的本质所在。

2．非正式沟通

非正式沟通和正式沟通不同，它的沟通对象、时间及内容等各方面都是未经计划和非正式的。其沟通途径是通过组织成员的关系，这种关系超越了部门、单位以及层次。

有人把非正式沟通称为"内部传递"，它存在于几乎所有组织的各个层面上。"内部传递"属于企业沟通的一部分。实际上，在所有的组织中员工们都希望了解那些与其个人需求有关的信息，但如果正式渠道不能满足他们的需求或是管理层对此没有做出任何反应，那么他们自然会把注意力集中到内部渠道上来。企业应该寻找适当的方式，充分发挥非正式沟通的正面作用，减少负面作用。

四、言语沟通和非言语沟通

根据信息载体的异同，沟通可分为言语沟通和非言语沟通。

1. 言语沟通

言语沟通建立在语言文字的基础上，又可细分为口头沟通和书面沟通两种形式。

口头沟通是传递信息含义的最基本形式，它具有很多优点。首先，沟通者可以立即发问以澄清含糊之处，因此可以将误解发生的可能性减至最低程度。其次，它使沟通者能依据对方的面部表情来调整自己语速、语调等，从而提高沟通的效果。此外，当许多人需要在一起进行协商时，口头沟通方式效率最高。最后，大多数人都喜欢面对面的人际沟通，因为这种方式轻松、活泼，令人感到自如、温暖，而且能增进友谊。口头沟通的不足之处在于它无法留下书面记录，有时还浪费时间甚至于很不方便。

书面沟通包括了大多数沟通形式，像文件、公告、备忘录、电子邮件、传真、信件、报告、建议、指导手册，均属于这一范畴。书面沟通也具有非常明显的优点。首先，书面沟通能保持长久的记录，对于现在日益增加的诉讼问题和广泛的政府管理来说，这是必需的。其次，采取书面而非口头的方式能够使沟通者仔细考虑、精心组织信息。另外，这种方式还很方便，书面信息可在沟通双方方便的时候构思和阅读，在需要的时候还可以再看一看。当然，书面形式也有缺点。它要求做精心的准备，并对沟通信息的接收者、沟通可能出现的预期结果保持高度的敏感性。书面信息的另外一个缺陷是准备起来比较麻烦，并且需要良好的写作技能。

2. 非言语沟通

非言语沟通是指通过某些媒介而不是讲话或文字来传递信息。美国的伯德·惠斯特尔认为，在绝大多数情况下，语言交流仅仅表达了我们思想 $30\%\sim35\%$ 的部分，而 65% 以上的信息是由非言语的形式传递的。另一位心理学家梅拉比认为："交流的总效果＝0.07言语＋0.38音调＋0.55脸部表情。"这是他在系列实验研究基础上得出的结论。不论这些研究的效度和信度怎样，它至少说明一点：即非言语沟通是人类的一种重要的交往方式。

一般来说，非言语沟通可以伴随语言的沟通出现，也可以单独出现。非言语的信息主要是通过面部表情、身体姿势和外貌传递的，也可通过与交往范围内的其他人的空间安排来传递。伴随口头语言的非言语行为能够改变、扩展、否定或增进口头的信息。

各种形式的非言语沟通都有四个共同特点：①很多非言语沟通对我们所隶属的文化或亚文化来说是独有的；②非言语信息和言语信息可能是相互矛盾的；③很多非言语沟通是在下意识中进行的，即我们通常没有意识到它；④非言语沟通展现出情感和态度。

辅助语言是由伴随着口头语言的有声暗示组成的，包括人们讲话的速率、音调、音量、声音补白等。成功的沟通者善于利用形体动作、形体语言、眼睛中的信息、吸引力、服装空间和距离时间等因素来发出和获取有用信息。

五、个体沟通、群体沟通、组织沟通

根据沟通主体不同，沟通可以分为个体沟通、群体沟通和组织沟通。

1. 个体沟通

个体沟通是指沟通的主体为不同的人。其中自我沟通是个体沟通中最为独特的一种，是个体与自身的沟通。自我沟通是一个认识自我、提升自我和超越自我的过程。一个人对自我的知觉往往是在与别人进行对比中进行的。一般来说，一个人自我沟通的过程具有一定的内隐性，但同时由于能独立地评价自我，所以也具有一定的可控性。自我沟通可以有效地认识自我，也可以通过有效的自我暗示方式来开脱和提升自我。自我沟通是人际沟通的基础。

另外，个体沟通中还包括人际沟通。人际沟通是个体与他人之间的沟通，是人与人之间的情感、情绪、态度、兴趣、思想、人格等特点相互交流和相互感应的过程。通过人际沟通，个人发出关于自己的个性心理的某些特征，同时也可以收集到他人心理的、个性的特征，是一个双向的过程和关系。

2. 群体沟通

当沟通发生在具有特定关系的人群中时，就是群体沟通。沟通也是群体成员交流感情的方式。群体成员在共同工作、生活的过程中，可以利用沟通来表达各种情感，无论是成就感还是挫折感，无论是满意还是不满意，还有焦虑与压力，都会在沟通中表达出来，这样做一方面满足了他们社会交往的需要；另一方面不良情绪的宣泄也可以缓解工作的压力。

3. 组织沟通

组织沟通是涉及组织特质的各种类型的沟通。它不同于人际沟通，但包括组织内的人际沟通，是以人际沟通为基础的。一般来说，组织沟通又可以分为组织内部沟通和组织外部沟通。其中，组织内部沟通又可以细分为正式沟通和非正式沟通；组织外部沟通则可以细分为组织与其他外部个体以及群体（如社区、新闻媒体等）之间的沟通。

六、内部沟通和外部沟通

根据沟通主体范围的不同，沟通可以分为内部沟通和外部沟通。

1. 内部沟通

内部沟通主要是在沟通主体内部进行的沟通，商务人员如果对此缺乏了解，就很难做到在组织内进行有效的沟通。内部沟通包括下行沟通、上行沟通和平行沟通。

（1）下行沟通

下行沟通是指由上往下的沟通，即从管理层到基层的沟通。在内部沟通的三种类型中，下行沟通起着主要的作用，如发布指令、做出决定、提出建议、发出通知等。下行沟通可以采用书面的形式也可以采用口头的形式。

下行沟通在组织中的作用主要表现为：给员工下达工作过程中的指令；向员工说明公司所面临的实际状况，并澄清一些在员工中流传的可能的疑问甚至谣言；通过告知员工相关的信息，向员工征询必要的反馈，这些意见和建议可以帮助管理层对内部的决策进行调整和修正。

在下行沟通的过程中，信息来自管理层，因此总带有权威性并有一定的影响力。所以，管理层所发出的指令、备忘录或报告要尽可能地做到清楚、精确。至于选择什么样的渠道，一般要根据情况而定。某些时候面谈可能比其他的方法更有效，因为管理者可以从与下属的交流过程中了解更多的信息；而在其他的情况下，备忘录则是比较好的选择，因为它对既定的接收者来说会起到一种提醒的作用。因此，在下行信息实施之前，管理者要根据实际情况为其选择恰当的渠道。

（2）上行沟通

上行沟通是指逆向的沟通过程，指信息从下一级往上一级甚至往最高层的传递过程。上行沟通可能因上司的要求而产生——管理层希望了解下属的汇报和下属的看法，也可能是员工们主动向管理者提出意见和建议。

上行沟通使管理层能够听到下级的看法，这对管理层来说是非常有益的，他们可以以此来检查其决策的正确性和合适性，以便日后能够提高其下行沟通的质量。然而，上行沟通要员工自觉自愿才有价值，对管理层来说，如果他们确实看重上行沟通所传递的信息，就应该制定一定的措施来对此加以鼓励。比如，设立合理化建议奖。

（3）平行沟通

平行沟通是指在企业内部的同一层面间的信息传递。平行沟通的特点是：随意、亲密、迅捷。部门之间的交流在企业内部是典型的平行沟通形式，企业的发展需要部门之间进行信息的交流。位于同一层面的员工也经常随意地相互交换信息、最近的新闻以及评价等，这样的沟通便捷可靠。

平行沟通有时因其所具有的非正式性而被管理层所忽略。事实上，平行沟通形式上虽然随意，但在内容上却是严肃的。平行沟通具有双重特征——如果适当引导，它在协调公司内部的想法和建立公司的企业文化方面可以起到积极的作用；反之，它亦可对处在特定层面员工的士气产生消极的影响。

2. 外部沟通

外部沟通是指沟通主体与环境中的其他主体之间的沟通过程。一个企业不可能不与其他企业或个人沟通而独立存在。为使其外部沟通更为出色，不少公司设立了公共关系部，其一般具备两个职能：一是尽其最大的努力，让公众知道该公司的存在。出于这一目的，公关人员必须接触各种人群，从顾客、投资者、银行家到政府官员、媒体人士等。二是公关人员经常将他们从公众那里了解到的信息提供给管理层参考。

企业外部沟通的另一重要方面在于企业与个人，比如与消费者和股东之间的沟通。今天的个体消费者对服务的质量尤为挑剔，许多公司都把"顾客满意"作为企业努力的目标，所以很多公司的代表要定期走访其客户，以了解他们的意见及对产品的需求。同样与股东的沟通也非常重要，通过沟通可以让股东对公司的运作给予更多的支持，也可以给股东更多的回报。

七、同文化沟通和跨文化沟通

根据沟通主体的文化背景的不同，沟通可以分为同文化沟通和跨文化沟通。

不同文化背景的人在历史传统、思维方式、思想观念、生活环境、宗教信仰等方面存在明显的差异。跨文化沟通指的是发生在不同文化背景下的人们之间的信息和情感的相互传递过程。它是同文化沟通的变体，相对于同文化沟通而言，跨文化沟通要逾越更多的障碍。随着经济全球化的进程不断加剧，商务组织的跨文化活动日益频繁。不同文化背景的商务人员了解相关的跨文化沟通的知识和技巧，掌握不同文化之间的差异，可以在沟通的过程中减少不必要的摩擦和麻烦，从而提高工作效率。

第四节　商务沟通效果

信息沟通效果理论研究始于第一次世界大战。信息沟通效果研究的实质是信息传播者在对信息传播媒介和沟通策略与沟通方式、沟通技巧的选择上，使信息受传者可能产生的某种结果的假设性的研究。商务沟通效果研究的重点是考察信息沟通功能和信息沟通实际状况如何改变和影响受传者，如何达到信息传播者预期的沟通目的。

沟通效果指信息传播者对受传者在思想观念和行为方式等方面的影响及其反应程度，主要包括经济效果、心理效果、社会效果等。经济效果主要表现为通过各种形式的沟通所带给企业的经济效益；心理效果指通过沟通结沟通双方引起的心理作用，如印象、注意、吸引、诉求、行为等效果；社会效果指通过沟通产生的公众对企业的认识程度，对企业产品销售所带来的积极或消极的影响。

一、影响沟通效果的因素

1. 影响沟通效果的内在因素

（1）信息传播者和信息内容对沟通效果的影响

沟通过程中，信息传播音和信息内容对沟通效果以直接影响。例如提供信息的传播者的威望、权力、地位，会直接影响信息受传者对其信息的可信度的理解与评价。公司经理传播的信息比普通员工传播的信息影响力更强，沟通效果更好。

（2）传播媒介选择

传播媒介选择不当会直接影响沟通效果。例如影视媒介、声像媒介印象效果强，比印刷媒介传递的信息更容易记忆，沟通效果更好，但信息的保存效果差。一般来讲，人际沟通效果强，因为没有媒介障碍。

（3）信息的加工与改造

信息沟通前，传播出去的信息材料需要加工、改造和整理，比如信息传播的主体与题材、开头与结尾、段落与层次、过渡与照应、详讲与略讲都需精当整理；论点、论据，论证方法等都需要仔细推敲。沟通者对信息处理得当，沟通效果就好。

（4）信息沟通方式的选择

信息沟通方式和技巧的选择，也是影响沟通效果的重要因素。例如人际沟通的说服方式，大众沟通的语言、画面、色彩和对方信息的时间、空间等的选择，都直接影响沟通效果。

2. 影响沟通效果的外在因素

（1）信息受传者态度对沟通效果的影响

信息受传者原有的态度不同（赞成、反对、无所谓），在商务沟通中对企业、对商务信息的评价也就不同，其对企业产品的购买行为也就不同。

（2）受传者个人特性对沟通效果的影响

受传者个人的品质特性、能力水平、文化素养、智力水平、气质类型等均影响受传者对信息的接收和处理。在其品质特征中，价值观是很重要的因素，因为这代表受传者对是非、善恶、美丑等的评价标准。

（3）信息传播者与受传者关系对沟通效果的影响

信息受传者对企业的产品的主观判断心理距离、预先的感情倾向，均影响沟通效果。

（4）外界影响

信息受传者的自身影响、所处组织或群体规范习俗环境等也是对沟通效果的重要的影响因素。

二、沟通效果理论研究

美国传播学家卡茨于 1977 年对过去 40 多年沟通效果研究作了总结，认为学术界对沟通效果研究的过程可以分为三个阶段：枪弹论占主导地位阶段；沟通效果有限论时期；沟通效果强大论时期。

1981 年，赛弗林与坦卡特在他们的《传播学的起源、研究与应用》一书中，吸收了卡茨关于沟通效果理论分析中的研究成果，提出了沟通效果研究的不断循环和不断前进的过程。因此，他们对研究轨迹归纳出了四种理论，即有名的枪弹论、有限效果论、适度效果论和强大效果论。

1．枪弹论

枪弹论，盛行于 20 世纪 20—40 年代。后来的学者对此评价颇多，如 1950 年伯罗提出的"皮下注射论"，1970 年德弗勒提出的"刺激—反应论"，1971 年施拉姆提出的"子弹论"。

持枪弹论的学者们认为沟通过程中，信息受传者软弱得像射击场上的靶子，无法抗拒信息传播者像子弹一样的信息传播，沟通过程中，传播媒介具有不可抗拒的力量。

2．有限效果论

有限效果论产生于 20 世纪 40 年代，有人说最先提出这个理论的是拉扎菲尔德，但也有人说是由纽约大学教授霍晋·克拉伯（约瑟夫·克拉伯之妻）首先提出的。有限效果论是对枪弹论的否定。这个理论认为，媒介只是沟通活动中信息传播的中介，不是影响信息受传者的直接的唯一的因素，沟通效果是有限的，是在多种格局下发生作用的。

有限效果论包含了个体差异论、社会分类论、社会关系论、多级传播论（预期效果有正面效果、负面效果、无效果；非预期效果有多信息冲击、传播媒介影响、环境影响、潜在公害）、中介因素论、领袖论等许多理论。

3．适度效果论

20 世纪 60—70 年代，赛弗林与坦卡特认为除了探求沟通对于态度和意见的影响，以及信息受传者对于信息传播的要求之外，还应注意研究沟通的长期效果与短期效果并重，这样就可能有显著的效果。

适度效果论还包括了信息寻求理论、创新扩散论、使用与满足论、确定议程论、文化规范论等。适度效果论注重沟通效果的实务有效性。

4．强大效果论

20 世纪 80 年代以来，传播学界注重信息沟通的强大效果论。以德国传播学者伊丽莎白·埃诺尔·纽曼的观点为主要代表，强大效果论主张的原则如下：

（1）重复

认为在一段时间的沟通内，由于反复传播信息而使沟通效果好。重复的信息比单一的信息沟通效果强。

（2）目标

沟通时，认定并瞄准某些信息受传者作为沟通的目标，达到沟通的"以点带面"效果。沟通目的明确，所传播的信息围绕着这一目标制定，沟通效果好。

（3）主题

沟通时发布的信息主题明确，信息内容与沟通手段都要形成主题，在主题指导下确定一切。

（4）准确

沟通时信息传播的对象目标准确，瞄准特定受传者，将传播的综合功能结合起来，能取得强大的信息沟通效果。

进入 21 世纪以来，沟通效果研究，将趋向于从信息传播媒介和其他中介因素，文化模式、传播环境、社会制度的整合效应出发，研究信息传播的强力效果。

三、沟通效果评价

沟通效果评价是指对信息受传者所受到的影响的范围程度进行分析和衡量。信息沟通效果分析和评价在商务沟通中是一个重要的步骤。但是，因信息沟通的因素包括各个方面，其沟通效果也就很难测评。这里简单介绍几种目前已经提出的，人们已经比较熟悉的测评方法。这几种测评方法是否适用哪种测评方法更好？我们认为尚有待进一步研究。

1. 心理效果评定

近年来，学者们十分注重心理效果的评定。例如，对沟通对象的知名与了解，对信息内容，以及其人、其事、其企业的回忆状况，或者对其喜欢与厌恶的态度、偏好等的测定。

对沟通的心理效果的测评，一般有三个阶段，首先在信息传播前测定；其次，在信息传播过程中测定；最后，经过信息传播后再进行综合检测。

2. 社会效果评定

社会效果测定的内容主要包括沟通对个人、企业、社会在政治、经济、文化方面所产生的影响。

3. 语义信息评价

语义信息评价指通过分析语义信息从定性的角度来看待沟通效果。

（1）新颖性

新颖性是指从提供的信息的新闻性来看沟通效果。沟通中提供的信息具有新颖性、新闻性，沟通效果强，因为信源发出的随机性和不确定性的概率较小。反之，沟通效果弱。

（2）准确性

沟通中双方提供给对方的信息真实、准确，则信息差小，沟通效果强；反之，信息差大，沟通效果弱。

（3）冗余度

信息在传播过程中存在多余符号，去掉这些符号仍不影响信息传播，它们不会对沟通过程产生实质性的障碍，但是占据了沟通的时间和空间。沟通中双方提供的信息冗余大，则发出的信息少，沟通效果差；反之，双方提供的信息冗余小，则发出的信息大，沟通效果就强。

（4）适度性

信息沟通的双方所提供给对方的信息具有可理解性与可用性相结合，沟通效果就强；反之，各方提供的信息都是晦涩难懂的无意义的信息，等于双方混在一起说废话，当然沟通效果差。总之，适当的技巧可达到语言表达的最大信息量。

第五节　商务沟通发展的新趋势

随着世界经济由工业经济向知识经济的快速转变，企业面临的竞争环境日趋动态、复杂，不确定性也逐步增多。为了在复杂多变的环境中灵活运转以便在全球的竞争中获胜，企业进行管理方式的变革已经成为历史的必然趋势。

企业改变传统的组织结构方式，由等级制向扁平化和网络化方向发展；工作方式也发生了很大的变革，团队工作和小组工作的方式得到了普遍的采用；为克服资源的短缺，公司向海外扩展市场，赢得发展和壮大自己的机会，跨国经营已经成为不可逆转的时代潮流，公司将在跨国沟通上花费更多的时间和精力；同时由于员工素质和知识水平的提高，他们要求参与管理的意识也空前高涨，现代员工具有传统员工所没有的独特性质，对他们的激励和沟通需要新的方式和技巧；未来员工的晋升和发展都越来越跟自己的沟通能力息息相关，沟通能力成为职业生涯发展的关键技能，也成为企业评定员工的指标。

这些都是企业未来沟通的重点和难点，无论企业是转变组织结构还是改变自身工作方式，沟通的好坏直接关系到企业运行的成败。在新的经济条件下，未来沟通面临的问题还是很多的。总结起来，组织未来的沟通重点主要表现为如下几个方面：

1. 组织结构扁平化与员工普遍参与管理

目前，西方许多企业的组织结构已经开始改变，由传统的层级制向扁平化、网络化的方向转变。所谓组织结构扁平化，就是通过减少管理层次、裁减冗余人员来建立一种紧凑的扁平型组织结构，使组织变得灵活、敏捷，提高组织工作效率。

扁平化的组织结构较好地解决了传统组织结构中的沟通层级过多、沟通链条太长带来的沟通效果不尽如人意的缺陷。但是，传统组织结构中的同一层级内部沟通以及企业不同层级之间的横向沟通问题仍然困扰着企业的管理人员。

随着中间管理层的减少和员工素质的普遍提升，越来越多的雇主希望员工参与管理、计划以及决策过程，越来越多的员工本身也非常渴望对自己从事的工作具有更大的发言权。员工普遍参与管理就使得组织内部对信息的分享程度的要求不断提高。

在对员工授权的同时，如何向员工传递更多的信息，如何加强员工对工作的结果、成本和组织现有的绩效等有明确的了解，怎样鼓励员工进行信息分享，并改善交流与沟通的环境，为员工之间与企业内部的沟通、交流提供支持，这些都直接或间接与组织内部的沟通有关。

2. 团队工作的普遍采用所带来的沟通问题

现代企业的另外一个显著的特点就是团队工作的普遍采用。据统计，各种行业中有80％的雇主选择了以质量小组和工作团队为基础的管理体制，以增强员工的自我管理意识。

伴随着团队工作的普遍采用，团队在组织管理中发挥着越来越重要的作用，组织内部的团队在管理变革中担当了越来越重要的角色。团队成员在知识、能力、兴趣、爱好、信仰、价值观等许多方面都具有很大的差异。随着劳动力资源的全球配置，团队成员的组成更加复杂，不同成员可能来自不同的文化背景，这些特征上的差异给团队成员之间以及不同团队间的沟通设置了障碍。当下企业面临的挑战是提升团队的绩效，这就必须解决团队的沟通难题，沟通成为团队绩效提升的瓶颈。

3. 经济全球化给跨文化沟通带来难题

经济全球化的迅猛发展使世界变成了地球村。公司特别是跨国经营的公司要想在国际竞争中获得优势，尤其要面对跨文化沟通的压力。国家、种族及文化背景的差异使得企业在全球化进程中遇到了各种各样的沟通障碍，影响了企业的发展。分析沟通障碍的来源，研究如何消除沟通障碍，在全球化企业管理中变得越来越重要。

跨文化公司的分公司与总部之间的沟通问题、分公司内部人员之间的沟通问题、分公司与其所在国其他组织和企业间的沟通问题以及跨文化公司的分公司与当地公众环境间的沟通问题都成为困扰跨国公司的难题。

员工队伍的多元化使得越来越多的公司在沟通方式的选择上更小心翼翼。由于年龄、性别、种族、民族、宗教、阶级和健康状况等在个体之间的差异非常巨大，伴随着经济全球化和资源在世界市场上的配置，人力资源在全球流动的自由度越来越高，在整合来自不同文化背景的员工中，公司的跨文化沟通能力非常重要。

4. 沟通技能成为测评员工能力的重要项目

从20世纪末开始，人们工作的环境已经发生了巨大的变化。环境的复杂、动态对人的不同技能提出了较高的要求。但是在企业发展的每一阶段都需要人们具备良好的沟通技能。对新经济形势下的知识员工来说，作为工作的基本技能之一的沟通技能就显得尤为重要。

员工能够在写作、谈话中有效地表达出自己的思想是现代企业对员工沟通能力的一条基本要求。随着公司裁员和权力的分散化，团队工作方式在更大范围内获得应用，这就需要团队成员能够在一起工作，能够共同识别问题、分析可供选择的方案，并给出最终的解决方案。他们要能向其他成员"兜售"或者交流自己的意图。即使从事技术工作，也同样需要沟通技能。国际四大会计师事务所的首席执行官将沟通技能列在了会计行业取得成功所必须具备的三项基本技能的首位。而且随着跨国公司在全球市场的扩张和整个国家劳动者队伍组成的多样化，与不同文化背景的员工进行沟通变得非常普遍，这就需要有敏锐的观察力。

当员工在工作中获得提升时，沟通技能就会显得更加重要，有时决定能否获得提升的首要因素可能就是沟通能力了。一个人沿着晋升的梯子向上爬得越高，口头与书面的沟通技能也将比技术能力显得越重要。这是因为经理人员的大部分时间会用来进行诸如指挥、授权、评价、澄清事实和合作等沟通活动。可见，无论是对企业经营绩效的提升还是个人职业生涯的成功，良好的沟通能力都是必不可少的。提升员工的沟通能力既是员工个人的责任，也是企业进行员工培训的重要内容。

5. 商务沟通日益面临道德约束问题

我们倡导进行积极的、健康的信息沟通，双方的沟通以不损害第三方的利益为道德基准，反对那些为了私人利益而损害他人的沟通行为。

普遍的道德守则如诚实、正直仍然能够指导我们的沟通行为。同时呼吁企业谨慎对待商务沟通中所需要涉及的一些具有商业秘密的信息和掌握这些信息的职位和个人，必要的时候，为维护正当的权益，双方可以签署保密协议。

问题讨论

1. 什么是沟通？请列举出三种比较典型的定义。
2. 什么是商务沟通？商务沟通的一般流程是什么样的？
3. 请指出三种沟通的分类方法。
4. 未来组织的商务沟通面临什么样的变革？
5. 在您看来，沟通技能对您未来的职业会产生怎样的影响？
6. 您认为沟通中需要遵守道德准则吗？请举例谈谈您自己的观点。

延伸阅读

沟通现象的产生和发展

一、人类文明与沟通现象同步发展

因信息传播而达到沟通的现象随人类的产生而产生，是一种古老的现象。人类的发展史便是人类文明的进步史，便是信息传播与沟通的发展史。人类历史长河中残存的支离破碎的痕迹与只言片语，展示着人类的生生不息和人类在与大自然抗争中所获取的种种信息以及人类所经历的历史轨迹。

今天，我们能把各种信息传送到任何遥远的地区和任何人的手中，让任何人都能感知到大致相近的意义。人们相互沟通的方式和能力，以及这些流动的信息对人类社会的强大影响已经不只是关系到我们的生活，而是与我们人类未来的命运密切相关。因此，回顾人类历史，回顾人类信息传播的几次重大转折，仍然是十分有价值的。

根据古人类学家的考古揭示，人类的进化过程要追溯到7000万年前。生活在恐龙时代的原猿，这种形似小老鼠大小的生物就是人类遥远的祖先。这其貌不扬的生物后来进化为具有灵活手足的灵长类哺乳动物。以后又过了千百万年，这种动物进化而为猿猴样的动物。又经过了漫长的岁月，这种动物的大脑和躯干的比例开始大于同时代的动物，大脑的容积开始适应学习能力，这是人类进化的一个关键。逐步地，出现了现代灵长类动物即黑猩猩、大猩猩等所共同的祖先森林古猿。1400万年到500万年前，出现了类似猿猴的动物腊玛古猿，到大约550万年至100万年前，出现了南方古猿。

约200多万年前，人类的早期祖先之一的猿人终于出现了。他们的手臂垂直立至膝，能像猴一样在树间荡跃，他们在进化中发生了与其他动物的根本的区别，掌握了火，能制造工具了。用火与制造工具，是人类文明的蹒跚起步。

在这以后的进程里，人类实现了工具的添加与改进。进展虽艰难而缓慢，却终于产生了直立的猿人。他们虽不再容易地在树间荡跃了，但行走方便，是能干的猎手和采集者。

考古学家在我国云南发现的元谋人，距今170万年。居住在北京西南周口店龙骨山的山洞里的原始人类北京人，距今大约50万年。他们共同劳动、共同生活，能用简单的语言和手势进行信息传播，达到相互沟通与协作。大约1800年前，生活在北京周口店龙骨山的山顶洞穴里的山顶洞人，不仅会取火采集打猎，而且还能捕鱼捞虾，用兽骨作针缝兽皮衣服。而7000年前的我国浙江宁波的河姆渡人和陕西西安的半坡人竟能栽培水稻了。

从河姆渡出土的实物中，有一块刻在蝶形象牙板上的"双鸟异日"图。充满画面的两只巨鸟拱护着中间一个光焰熊熊的火球搏击升空，巨鸟利啄长尾，昂首奋飞，显示出无比的雄健与伟力。在破译史前文化的种种分析中，我们听到至今居住在河姆渡的目不识丁的老人们仍坚信太阳是双鸟从大海中背负而来的神话。我们以此"双鸟异日"画面和先民们留下的神话，去打开岁月尘封已久的大门。不难看出，神话和图画作为信息传播的载体，不止沟通了人与人之间的关系，而且向我们展示7000年前河姆渡先民向大海追寻探究的精神，以及对大海和太阳的崇敬心理。

对地球人种的早期经历，学者们把这分为旧石器时代、新石器时代、青铜时代、铁器时代。其间，工具制造、取火、采集、打猎等信息的传播、储存、沟通的能力与技术的高低密切相关。信息传播能力使复杂技术向更高级发展。因此，与人类生存经历俱来的是人类信息传播方式发展过程的各个独特阶段。这些阶段可以归纳为符号和信号传播时代、语言传播时代、文字传播时代、印刷传播时代、电讯传播时代、电子传播时代。

人类由叽里咕噜、嘟嘟哝哝及手势组成的初级信息传播系统，发展而为全世界通过卫星观看超级球赛，同时振臂拍手，欢呼雀跃。信息传播能力的飞跃，便是人类文明的飞跃。

二、人类信息沟通发展的几个阶段

很难提出一份可以供人们长久使用的人类沟通活动中信息传播系统的精确年表，尤其是涉及早期人科动物的沟通现象，但我们可以理出一个大致综合的过渡期：

（一）符号和信号传播沟通时代

最早的人科动物，第一批工具制造者以前，为达到沟通目的，人类将彼此理解的声音和身体语言作为信息的信号或符号进行传播。

随脑重与体重比例的增长，学习能力得以增强，叽里咕噜、嘟嘟哝哝或嗥叫尖叫，加上手和手臂信号，以及大幅度动作和姿态，使这些早期人能够进行信息的传播。这种沟通方式犹如我们现在所看到的球赛裁判的"暂停"、"犯规"的信号为大家都理解一般，信号的约定俗成，使各方都明白要表达的意图和结论。出于他们的脑具有其他动物所没有的学习和传播能力，因此，他们能把一些好的办法传播给下一代或附近的群体。这体现出了最早的沟通效果。

但他们不能像现在的人那样说话。因为现在用电子计算对其舌头长度，结合其软组织构形进行模拟显示的结果，以及对其头盖骨进行精确测量的结果表明，他们的神经和解剖结构使他们发出的声音无法达到人语的声域。这对早期人类的思维能力、创新能力和传播能力的增强造成了极大的障碍。人类文明进展也就因此而相当缓慢。

（二）说话和语言传播时代

早期人用石器、骨器、象牙以及其他材料雕刻出了各种美丽的图画，有的刻在岩洞墙壁上，有的刻在居所附近的岩石上。这些绘画色彩鲜艳，形象真实，做工精细。他们捕猎鹿子、野牛、野猪及其他动物的场面，他们制作的皮农及用火把黏土烧硬而为陶器的情况，均惟妙惟肖地展示在绘画里。这些壁画，是早期人传播和储存信息的方法，也是文字的基础。

估计在大约 4 万年前，人类开始有了说话能力。最近，据美国马里兰大学心理学教授普罗文说："大部分科学家认为，人类能站立可让胸肌放松，自如地控制呼吸，这样人能发展语言能力。"他解释说："所有四肢动物，包括猿猴、马匹、骆驼，每走一步，必须呼吸一次，原因是它们必须让肺部充气，令胸腔坚挺，承受前腿着地时的震动力。马或黑猩猩若不是每逢脚着地时忍着气，便可能即时栽倒在地。"呼吸弹性让人类得以适时调节呼吸终而能够说话。

普罗文教授说："人类是更有弹性地控制呼吸，将呼气分成许多段落，笑声中的'哈、哈、哈'即是明证。"他还说。黑猩猩的笑声听来像喘气，是因为黑猩猩无法像人类那样能控制呼吸，这使他们只能每呼一次，就只笑一声。

普罗文教授认为，语言是靠调节呼吸进行，倘若人类不能调节呼吸，那么，人类的笑声就会和黑猩猩差不多，人类也就不能说话了。人类有了说话能力，人们能够用语言进行推理和交流，语言使人们能合作起来进行计划、决策组织、控制，以更好的方式进行狩猎、保存食物、保暖、制造工具等，这使他们能在严酷的自然环境里克服种种生存障碍。

随着人与人接触的日益频繁，生活的逐步安定可靠，人口的增加和流动，人们的谈话方式和谈话内容的不断发展，代号、数字、单词和语言的逻辑规则，使人类开始对信息进行分类，并能进行抽象思维、分析、综合和推测，沟通形式得以发展，人们的生存方式也得以不断改变。这种巨大的变更，使人类由捕猎采集的生活方式过渡到人类的古典文明。这个转折虽然并非仅仅因为语言的沟通作用，但如果没有语言进行信息传播，以便人类对大自然认识的经验的传播与继承，就根本不可能发生这种转折。

但这种信息传播形式只是"口耳相传"的对简单信息的所谓传说。后人通过传说知道前人的思想，一个地方的人依靠传说得知另外地方的情况。利用传说来传递信息，主要是依靠人的记忆。而人的记忆是有限的，一件事经过若干人的口传后，传播出去的信息就不一定准确了。于是人们开始探索新的有效的沟通方式。

（三）文字传播沟通时代

人类社会产生文字的过程，先是结绳记事，即用绳子打成结来帮助记忆。后来就在竹、木、陶等材料上刻各种痕迹和记号，用以记事。在漫长的艰苦岁月里，人们借助早期的图形代号，逐渐创造了文字。

我国许多少数民族的文字至今仍保留着图画记事的痕迹。汉字产生于 5 千年前的黄帝时代。历史上有"仓颉造字"之说。有了文字，人们不只是靠世世代代的大脑进行记忆来传播储存文化了，对大自然的所有观察和解释，对所经历的所有事件，对所有思想和观念，都能进行积累并传播开去，以供后人代相传。文字的出现是人类由野蛮时代进入文明时代的标志。文字作为信息传播的载体，是人类文明向前发展的根本标志，文字的传播使古代社会日趋成熟。

（四）印刷传播沟通时代

社会经济的发展，人口的增加，耕作技术的提高，文化的蓬勃发展，以及各种手工业的发展，对书写材料需求的迫切，孕育了新的书写材料——纸。

以沤麻的方法，我国在古代发明了用植物纤维造纸。纸的产生为印刷传播创造了条件。以纸张书写文字，以文字为载体传播信息，因此图书开始形成和发展。出版物开始由用手抄而逐步改为印刷，这在传播史上具有划时代的意义。

印刷术是一种以直接和间接的方式对原稿进行复制的技术，它能大量经济地在各种承印物上复制，便于信息长久保存和广泛传播。

我国又是印刷术发明最早的国家。雕版印刷后，宋代的毕昇在宋庆历年间（1041—1048年）发明了活字印刷。德国的金工约翰·古登堡根据我国的泥、木、铜等活字印刷术于1438—1450年研究发明和使用铅活字印刷。

近代报纸产生于欧洲，之后很快在世界上其他国家和地区普及。印刷技术和报纸形成了第一种大众传播媒介，能传播范围宽广的信息，包括商业、政治、教育乃至一切。

（五）电信传播时代

1. 电信传播

电讯的使用使人类可以在任何地方与任何人建立起瞬息可达的信息联络，电子传播实现了人类的愿望。

1844年5月25日，塞缪尔·莫斯发明了有线电报。1875年，贝尔发明了电话，扩大了人际信息沟通领域。1895年意大利的马可尼用电波进行无线通信的实验首次成功。几年后，美国无线电公司成功研制了收音机。

2. 图像传播

声音传播形成了新口语文化，电影传播、电视图像传播形成了新的视觉文化。

电视发明后的几十年，各种传播媒体及信息技术不断涌现。

3. 太空传播

1957年，苏联发射了第一颗人造地球卫星。1962年，美国电报电话公司发射了第一颗通信卫星，使美国和欧洲能同时看到同一个电视节目。1965年，美国发射了同步通信卫星，只需三颗同步卫星，就能使全世界各个角落都能接收到信息。1984年，我国发射了第一颗同步通信卫星。1994年，美国发射第一枚直播卫星，它可以同时向全世界发送150个频道的节目。

4. 网络传播

传播信息的电信网络、电子传媒网络、计算机网络都是信息传输赖以实现的通道。当前信息技术领域的数字化革命使这三网合一，让每个区域、每个国家以至全球每个人都可以借助网络互通信息。"信息高速公路"是以现代计算机网络为基础，以光导纤维为骨干的双向大容量和高速度电子数据传输系统，是一个现代各种最新技术结合在一起的信息网络。网络传播使信息在全球范围内得到最快最广的传播。

1946年，美国使用真空管技术建成了全世界第一台电子计算机。1971年小马西安·豪夫发明了小型大功率计算机必需的微芯片，1975年，个人计算机开始大规模销售。软件的发展速度使计算机更便利于用户，到了20世纪80年代，大约15%的美国家庭拥有微机。到了90年代，计算机得到了广泛的普及和使用，1995年40%的美国家庭拥有微机，2001年初，中国上网用户已达2000多万户，网站数已达2000个。而现在，家庭拥有计算机的数量还在上升，有的家庭拥有的计算机不止一台。计算机的广泛普及和使用的发展趋势无疑还将继续。

电子出版物的广泛应用几乎渗透到每个领域，成为信息传播的先进媒体。20世纪80年代到21世纪初，多媒体是计算机发展的主流。

总之，就物质基础而言，历史上每一种新媒介的诞生，都给社会带来极大的影响和强烈的冲击，使人类的信息沟通形式和传播技巧不断发展和完善。

第二章

人 际 沟 通

✤ 学习目标

1. 掌握人际沟通概念、本质及作用。
2. 理解影响人际沟通的主要因素并能应用于实践，正确指导日常人际交往行为。

☆ 学习方法

案例分析、小组讨论、角色扮演

✤ 主要内容

本章主要围绕人际沟通的概念、人际关系的本质和作用、个人性格与人际沟通之间的联系，以及影响人际沟通的因素等几个方面来介绍人际沟通相关的原理。

引导案例

当人们开始步入新的环境时，往往遇到许多没有明确答案的情况。在这种时候，你所碰到的人际交流能够帮助你找到明确的答案吗？是不是和下面新员工张军第一天上班的情况有些类似？

"我走进去，加入了大约 20 人的群体。没有人搭理我，也没有人和我说一句话；最后我不得不问我的组长是谁，组长恰好不在。我和我旁边的女员工说，我是新来的，不知道该干什么。她用平淡的语气告诉我：在岗前培训中有人会帮助我，和我一起工作。天大的笑话！我完全靠自己单干。我出错误了，一个年轻的女士骂了我一顿。好像谁都不友好，我真想走开算了。我感到纳闷，一个企业怎么能够这样运行呢？"

"第二天，我仍旧感觉很糟糕，我做好了辞职的准备。我给我的组长打电话，告诉她发生的情况。她让我别着急，鼓励我说我一定能行。"

"一个月后，公司给我和另外两个人安排了详尽的培训。似乎你一旦向公司证明你愿意努力工作，公司就帮助你培养必要的技能。我仍然在工作，但是我仍然疑惑不解，公司因为这样不知道失去了多少好员工。"

由以上案例可以看出：张军作为一名新员工的遭遇，说明了一种艰难而紧张的人际交流形式。在组织中，每个人都要面对各式各样复杂的人际交流，张军的遭遇只是其中一个典型例子而已。怎样才能和周围的人建立良好的人际关系、有效地沟通呢？相信学习完本章后你会有一个满意的答案。

第一节　人际沟通的特性与功能

商务活动和管理过程的实质就是人与人之间的交往活动，有人与人的交往就有为达到信息沟通目的而进行的人际信息传播。人际信息沟通随人类社会的产生而产生。个人借助语言符号及非语言符号，就可以进行人际信息沟通，其沟通过程就是分享信息符号并借助符号流动信息的过程。人与人之间为着某项事务而进行的沟通过程，是个人之间的信息符号互动。

一、人际沟通的概念和特征

1. 人际沟通的概念

人际沟通的界定在学术界意见有分歧。一部分学者认为人际沟通就是大众传播、大众沟通。这实际上是传播者和受传者的属类和沟通方式问题的论争。

美国传播学者约翰·斯图尔特在著作《桥，不是墙——人际传播论》中说："人际沟通是两个或者更多的人愿意，并能够作为人相遇，发挥他们那些独一无二的、不可测量的特性，选择反思和言语能力，同时意识到其他的在者，并与人发生共鸣时所出现的那种交往方式、交往类型或交往质量。"

英国传播学者哈特利认为："人际沟通是一个个体向另一个个体的信息传播，双方是面对面的沟通方式，能反映个体的个性特征和社会角色及其关系。"

美国与英国人际沟通学者各执己见。

我们认为：人际沟通是两个人面对面地直接进行信息传播，或借助信件、电报、电话等简单传播工具进行信息传播的沟通活动，是人个体与个体之间面对面地进行信息交流的行为。

2. 人际沟通的特征

（1）信息传播者与信息受传者都是确定的个人

因为信息传播者和信息受传者是面对面的，双方身份都是确定的，都是个人，是确定的个人之间的符号互动。人向水里扔石头，水溅起浪花，发出声响，给人视觉上浪花的形象和听觉上的关于这个行动所引起的声响，以及关于水的深度等各种信息。在这个信息传递活动中，人是主动的，但作为环境的水却是被动的，仍然是自我信息传播、自我沟通。人际沟通不属于个人大脑内进行信息活动的自我传播和沟通，也不是组织行为，双方都是有主动行为的人，都试图主动影响他人，同时也在受他人影响。人际沟通双方相互都明白自己在和谁沟通，目的是什么，在什么地方，通过什么形式，沟通的全部内容是什么，沟通的过程怎样，沟通结果如何。

例如，公司经理在办公室与某个员工谈话，研究工作上的问题；某个老师与某个学生单独研究学术问题，这两者虽然都是组织行为，但这是两个人面对面的个人之间的信息流动，仍然是人际沟通。而某个管理人员在会上讲话，某个教师在课堂上面向全班学生讲课，这就是在进行组织沟通了，因为信息受传者不是一个人，而是一个群体。

　　某个企业向社会做广告，某个作家或画家或音乐家的作品向社会发表了，他并不知道信息受传者具体是谁，也不知道共有多少个受传者，那是大众沟通。但当某个读者或观者或听者打电话找那个作家或画家或音乐家谈论问题时，例如说"你的绘画很吸引人"，"你的作品真是美极了"，"你的作品太令我感动了"等等，是确定的双方个人之间面对面的信息符号的互动，因此，这就成为人际沟通了。当然，某人根本不关心他人的信息，也没任何信息传播出去，呆立于前，漠然置之，很难沟通，简直算不上沟通活动。但他的情态，作为非语言符号，也是在传递一种信息，也算人际沟通活动，只不过是沟通效果很难评估而已。

　　（2）信息反馈迅速

　　无论是面对面，还是借助电话等简单工具对话；无论是使用语言符号，还是使用非语言符号，人际沟通都不依赖传播媒介作中介物。因为没有中间媒介介入，反馈的速度和数量受制约较少，因此，能迅速得到对方的信息反馈意见。

　　并且，人际沟通要大量使用非语言符号，可以直接表达信息传播者的好恶、情绪或个性特征，也可以及时获取对方的信息以及对方对自己传播的信息的反馈。同时，人际沟通是全方位展示个人的面貌以及个人传播的信息，可以直接刺激各种感官。信息不需要加工、改造，不借助第三方的传播媒介，能够及时传递信息。

　　人际沟通传播的信息准确，有效性强。如果我们从一个人，一个行动，一本书，一幅画，一首歌，一座建筑，得到某种观念、感觉，那是一种广义的信息传播。信息传播者与受传者双方理解的意义不能直接进行交流，信息传播者所想传播的和信息受传者实际获取的信息差异较大，有效性较弱。但是，人际沟通是面对面的信息互动，是面对面的分享感觉与观念，输出的信息相对于其他沟通形式更充分、更真实、更具体、更全面和更有益。并且信息传播的范围可以直接控制，可以不公开，信息直接到达，未经中介加工整理改造，无添油加醋，无人工斧凿，因此，信息的有效性强。

　　（3）沟通方式与内容的随意性大

　　沟通过程中，因为信息传播者与信息受传者的位置可以经常互换，传播的内容和传播的方式也可以根据现实情境随时做调整和补充，甚至改变，所以，沟通方式与内容随意性较大。信息传播者与信息受传者所使用的符号有差异，人品有差异，理解程度有差异，因此，信息传播的覆盖面窄，大多留于记忆，信息容易增值或变形，"小道消息"就常常因"事出有因，查无实据"而不了了之，但其造成的后果却难以估计。

　　根据有关研究统计，第一个信息中介人将信息传给另一个人，信息量只有原来的70%；第二个信息中介人再将信息传给下一个人，信息量只有原来的55%；第三个信息中介人再将信息传给下一个人，信息量只有原来的30%。因此，人际沟通的沟通方式与内容的随意性大，这是不足之处。

二、人际沟通的目的和类型

　　善于人际沟通，就能对纷繁复杂的社会生活应付自如。人际沟通是人类生存发展最基本的形式。早在战国时期，思想家、文学家荀况就在《荀子》中说："人，力不若牛，走不若马，而牛马为之用，何也？曰：人能群，彼不能群也。"因为人能凭借语言符号相互表情达意，传递信息，沟通思想，统一认识和行为，才有了无穷力量去征服自然，改造自然，掌握驾驭自然。进行人际沟通的目的因人而异：有人为了控制环境；有人塑造自我形象；有人为了满足自身或组织需要；也有人为了避免某种麻烦或灾难。凡此种种，举不胜举。我们可以结合沟通理论研究人际沟通的目的。

1. 人际沟通的目的

人际沟通的目的研究，主要是关于自我"暴露与满足"问题的研究。这个问题，国际上比较一致的看法是趋向于"约哈里之窗"（Johari）的表述。

传播学者哈里顿·英格拉姆（Harrington Ingram）和约瑟夫·鲁夫持（Joseph Luft）曾提出一个模型来介绍关于人际沟通中自我暴露和相互了解的基本观点，即"约哈里之窗"（Johari），如表 2—1 所示。

表 2—1　约哈里之窗

自己　　　他人	自知信息	自不知信息
他知信息	开放区域	盲目区域
他不知信息	隐秘区域	求知区域

"约哈里之窗"有 4 个分区。

● 开放区域：代表所有自己知道，他人也知道的信息。例如"我"的行为、举止、外貌、兴趣、爱好、思想、情趣、性格、价值观、人生观等等，以及其他关于"我"的背景资料如姓名、性别、年龄、籍贯、职业、婚姻状况，甚至感情经历等。开放区因人、因时、因地、因条件而异。一般来说，开放区取决于沟通对象与"我"的亲密程度和信任程度。

● 盲目区域：代表关于自我的他人知道而自己却不知道的信息。如沟通时的神态、偏见，他人对自己的评价，他人对自己信息掌握的情况和将要对自己采取的行动，及其由此而产生的后果等。一个人常常看不到自己的优缺点，弄不清真实的处境，而旁观者却一目了然。所谓"当局者迷，旁观者清"，就是指当事者处于信息的盲目区域。

● 隐秘区域：代表自己知道，而他人不知道的信息。这些信息有的是知识性的，有的是经验性的，有的是自己不愿意告诉别人的隐秘事项，或秘密的思想、愿望和打算等。即所谓"天知、地知、我知"的信息。

● 未知区域：自己不知道，他人也不知道的信息。这是一个极不容易观察到的信息区域。如人的潜意识、潜在需要等。

"约哈里之窗"揭示的实质问题，就是人际沟通的目的：

其一，为了提高人际沟通的效果，应该扩大开放区，缩小盲目区，努力揭示未知区。

其二，人际信息沟通的主要目的，就是要把他人所不知道的信息传递给他人，并通过这种自我暴露，获得关于自我反馈的信息，让别人了解自己，使自己了解别人，同时也加深对自我的了解，增加自知之明，以促进良好的人际关系发展。

例如在入党过程中，入党积极分子被要求经常性地、长期性地，向自己的介绍人、党支部成员和领导汇报思想，经常性地参加积极分子座谈会，参加党校党课学习，都是为了通过有效沟通，使党组织了解自己，使自己对党组织有更深的认识，扩大开放区，缩小盲目区。

2. 人际沟通的类型

根据人际间信息沟通的协调矛盾目的，建立感情目的，人际沟通活动的类型可以概括为功利型人际沟通和情感型人际沟通两种类型。

（1）功利型人际沟通

功利型人际沟通将人际信息传播作为一种手段和工具，以寻求经济利益的功利型的结果或目的，有明确的目标或意向，有计划、有步骤地进行，是有意识的商业行为。为了达到这个目的，常常要有目的地进行人际关系协调。

这常常是为了完成任务的需要，例如与上级、下属、合作者之间的沟通。这是由人的社会属性决定的。因为激烈的企业之间和人与人之间的竞争使人性日趋复杂化。群体中有期望争取最大的经济利益，获得最好的经济报酬的经济人；有重视人际关系的社会作用，重视非正式群体的影响力的社会人；有不单纯为着经济利益、社会利益，也看重现实生活中的多种动机的复杂人；有为着个人价值的实现，个人动机的实现，为着信念、理想和世界观而奋斗的单纯人。为着上述功利型的目的，大家争相选择人际沟通，目的是尽量争取扩大信息开放区，缩小信息盲目区，努力揭示信息的未知区，更是为了协调工作中、业务上和生活里的各种矛盾冲突。

如果把利益看作是目标，那么，竞争与合作就是实现目标的手段。社会心理学将人的利益关系分为三种：由于资源有限，满足了一方需要，就不能满足另一方需要，即彼此利益相互排斥的分歧利益；双方利益可以同时满足或同时不满足的一致利益；彼此利益一部分一致，而一部分则排斥的交叉利益。人们常常为获得这些利益而发生冲突，而进行信息沟通。功利型人际沟通在商务沟通活动中较为普遍。

（2）情感型人际沟通

情感型人际沟通对人际商务信息和管理信息的传播不只在于传播形式以外的功利性或实用目的性，而且还在于信息传播行为的本身，以及通过这种沟通行为而达到的传播者与受传者个人情感的需要和满足，以及双方单位的联系、友谊和合作。这种沟通行为是在有意和无意之间，而且常常是无意识的行为，有时甚至是下意识行为。

选择情感型人际沟通活动是由于人的本能需要，人的合群本能，寻求伙伴以及与他人集合，这是人的自然属性。因此，其间有出于个人如友爱、孤独、忧伤、恐惧等情绪宣泄需要的；有为满足安全、亲和、荣誉、地位、新奇等愿望需要的；有在客我与自我认知中，为自我认识与自我暴露需要的。

这就涉及了自我暴露及其评价尺度问题。虽然自我暴露是人自我认知的途径，可以导致更有效的信息传播，但并不意味着要把自己对别人完全开放，暴露要有"度"的把握，同时要遵循一些规律性的东西。自我暴露有如下原则：

①程度原则。程度原则应由浅入深，深到不会给自己带来危险。自我暴露是一种投资，也是一种冒险。浅层次暴露如自己的兴趣、爱好，对一种文学艺术作品的评价等等；深层次暴露如对自己的年龄、收入、身体健康状况、住址、家庭状况等个人隐私。深层次暴露必须考虑是否会给自己带来危险，首先要有自我保护意识。自我深层次暴露的对象，一般以亲近、值得信赖的人为宜。有时双方关系虽不深，仍应主动沟通，寻求关系的发展。素不相识的，应主动接近，进行一般交往。沟通过程中，内容、性质要把握住。无论对谁，都不能透露公司的机密，不能开放公司隐秘区，个人隐秘区也最好少开放。

②对等原则。对等原则指沟通应有信息回报。

沟通双方要有共鸣、有反馈，投桃报李，互有往来。双方暴露的信息量应成正比。人家对你无拘无束，你也应畅所欲言；对方遮遮掩掩，你也应小心翼翼。若对方假仁假意，把自己隐藏起来，只想刨根问底挖你的底细，则你不必和他交心。只有自我暴露与对方处于相同水平时，才会使对方产生好感。

例如个人经历、身世、情感状况等较隐秘的信息，一般人是不轻易告诉别人的。如果对方告诉了你，就是信任你，你应该尊重这种信任，并报以同样的信任和真诚。但对陌生人过分暴露，是不善于控制情绪，不善于沟通的现象。例如出差在外，车上、船上、飞机上，对那些素昧平生的人掏心掏肺地暴露，简直是一种发泄，毫无意义，浪费别人的时间也浪费自己的时间，人家也会感到莫名其妙，不知所措，甚至还会因此轻视你。

③性质原则。性质原则指暴露性质分积极暴露与消极暴露。

暴露性质及其过程一般应是：积极—中性—消极，这种过程容易为沟通对象接受。

积极暴露是赞扬自己，但过于积极赞扬自己或自己的工作部门，会使人觉得你骄傲自大，目中无人；消极暴露是批评自己，但过多地说自己或自己的工作部门不好，会使人不愉快，甚至会给人带来意想不到的麻烦。

第二节　信息沟通与人际关系

一、人际关系分析

基本人际关系类型有如下几种。

1. 包容—排斥

主动与他人来往，期待别人接纳。期望建立并维持和谐关系，表现为交往、参与、沟通、融合；反之，拒绝和谐关系的，则表现为孤立、退缩、排斥、疏远等。

2. 控制—追随

支配他人，在权力基础上与别人建立并维持关系，表现为运用权力控制、支配、领导他人；与之相反的人际反应特质则是抗拒权威，忽视秩序，或受人支配，追随他人，期待别人引导自己。控制需求并非管理者才有，一般员工也会具有这种特质。

3. 喜爱—憎恨

感情上对他人表示亲密，期待别人对自己表示亲密。其行为特质表现为喜爱、亲密、热情、同情等；与这种动机相反的人则表现为憎恨、冷漠、厌恶等。

二、建立人际关系的条件

①外表——外表吸引人，容易为人喜欢，容易建立良好的人际关系。

②态度——相同的价值取向，容易引起对方的支持和共鸣。共同点使关系巩固，容易促进交往，容易建立业务关系。

③需求——彼此需求的互补和满足。经济利益增强作用的满足，彼此心理特性的互补与满足，彼此公司或工作部门业务需求的互补和满足。

④情感——对对方或对方公司或对方业务员的认同、信任、热爱、敬佩等情感促进相互接近性，交往频率性有所增强。

三、人际沟通的效应

1. 社会认知效应

社会认知也称人际知觉，是指个人与他人交往接触时，推测他人心理状态、动机和意向的过程。由于社会心理规律，人们在信息符号互动的过程中，产生一种有共性的反应。具体如首因效应、近因效应、晕轮效应、定式效应、社会刻板效应等。

首因效应指人际沟通中，重视前面的信息，"先入为主"，并据此对别人下判断，而形成印象后，以后的信息就显得不是那么重要了。例如年龄、性别，以及表情、身材、姿态、服饰等非语言符号所给予的综合印象。

近因效应指人际沟通时根据所得材料对沟通对象产生的印象中，比较重视最新材料而形成的印象。

晕轮效应指对沟通对象的认知判断产生偏差的倾向。当对某人的品质形成印象后，就会认为这人的一切都是这样的（一切都好，或一切都坏）。这晕轮就像月亮周围的大光环是对月亮的扩大一样。

定式效应指人们头脑里存在着关于某一类的固定形象。与某人沟通并对某人认知时常按照事物的外部特征对他们进行归类，从而产生定式效应。

社会刻板效应指对某种类型的人持固有看法，并以此作为判断其人格依据的反映。这容易产生偏差，成为人际正常沟通的障碍。虽然并非恶意，但是一种对世界认识的过于简化。

2. 人际关系发展效应

人际信息传播达到沟通效应，使人际关系良性发展的过程是分阶段逐渐进行的。主要有如下几个阶段：

①注意阶段。沟通者有着与其他人不同的某种特征会引起沟通对象的注意，这是人际沟通的开端。例如身体靠近些，目光一直追随对方，或主动打手势、致意，主动无话找话说，无事找事联系等。

②吸引阶段。沟通者对对方有吸引力，促使对方产生愿意交谈，希望接近的愿望。

吸引的因素很多，如因外貌而吸引，据说美国社会心理学家曾经安排被测试人做法官，这"法官"对相同盗窃犯罪者的判决结果是，外貌不漂亮的罪犯平均被判刑5.2年，而漂亮的罪犯平均被判刑2.8年。又如因了解而吸引，信息交流越多，沟通次数越多，关系越和谐。再如能力吸引，反应力快、比较聪明的人，容易受到沟通对象尊重、敬仰。另外还如个性品质吸引，沟通者喜欢真诚、热情、友好的人，讨厌自私、奸诈、虚伪、冷酷的人。人际沟通活动中，最容易妨碍吸引的个性品质是虚伪、自私、不尊重人、忌妒心强、报复心强、猜忌心重、苛求于人、能力差、反应力慢、过分自卑、过分畏缩、骄傲自满、孤独固执。

③适应阶段。接收对方信息和输出自我信息，接受并同化对方个性行为，取得一致的认知。

④依附阶段。已经是亲密的沟通伙伴，思想意念上依附对方。一有问题就想找对方沟通，总想听取对方看法。

⑤稳定阶段。稳定的沟通关系是，能轻松愉快地实现信息共享，双方都能从沟通中获得

一定的利益和感情的满足。

人际信息传播未达到沟通效应，个人的某种企图没有得到满足，就会使人际关系恶性发展，其过程是：漠视阶段—冷漠阶段—疏远阶段—分离阶段。这是任何管理者或任何员工都不希望发生的事情。

①漠视阶段是对对方没有兴趣，很冷漠，不在乎对方，漠视对方的存在，不理睬对方，不想与对方打招呼。

②冷漠阶段是即使对方主动打招呼，主动微笑，也不愿意给予相同的回报，旁若无人，漠然置之。

③疏远阶段是明确提出不再交往，别来纠缠，表示没有必要来往，结束来往关系。

④分离阶段是人际关系恶化的最后阶段。无任何语言以及非语言的表示；或者面部表情消极，空间距离上相隔很远，时间距离上永不交往。

第三节　人际行为与人格状态

美国心理学家人际关系分析学创始人埃因克·伯恩内（Eric Berne）基于大量临床心理咨询治疗研究，提出了"相互作用分析"（TA）理论，得到广泛应用，尤其用于人际关系分析法。

按人际关系分析法理论，人际沟通的过程中，信息传播者与信息受传者双方的心理特征直接制约沟通效果。这常常与年龄无关，却又是以年龄为表现形式。人们与人相处，有时表现得像一个儿童，有时像一个成人，有时像一个父母。无论某个时刻，人的表现必居其一。无论沟通者所使用的是语言符号还是非语言符号，都可能发生明显变化。这是不同的人格特征。

一、人格的三种状态

埃因克·伯恩内的 TA 分析用"父母"、"儿童"、"成人"来表述人格的三种不同状态。

1. "父母"自我人格状态

"父母"只有一个确定的大家公认的特定含义，但又是一个不确定的词。因为这个概念所表示的意义还含有某种权利、某种权威、某种力量。

"父母"自我人格状态的人格表现是"教诲"与"权威"，是使自己在人际沟通中处于一种绝对的统治的态度和行为。表现为喜欢居于统治地位，居高临下，发号施令，要求别人绝对服从，对人动不动就是命令、训斥、责骂，与人进行信息沟通时，展示出权威和优越感，待人就像父母对待子女一样。

"父母"被看作一种状态，也被看作一种影响力量。这种状态，直接影响管理者的管理行为，常常发生在管理者的"内部对话"之中。不少管理者对员工进行赞扬、指责、警告和惩罚时，把自己放在"父母"位置，他眼里的沟通对象，已经不是具有独立人格的员工，而是蹒跚学步的可以任意欺凌的、无力与之对抗的"儿童"。

"父母"自我状态下所使用的语言符号常常是含有指导、建议、评价性的词语，使令句式使用频繁，如"不能"、"不准"、"必须"、"应该"等。并且所使用的非语言符号动作幅度很大，很有力，显示出不可辩驳的威风和力量。

2. "儿童"自我人格状态

"儿童"自我人格状态指人际沟通中处于儿童的自我状态之中，情感的流露与冲动均缺乏理智控制，自觉或不自觉中，所使用的语言符号和非语言符号都像一个孩子。

"儿童"自我状态表现为寻求保护，寻求积极肯定，处在一种任人指挥和摆布的状态。沟通时情绪化，喜怒无常，缺少理性，有时还好耍脾气，令人生厌。

"儿童"的自我状态是快乐的，因为把自己看作一个神圣的、逗人喜爱的，处于积极性、创造性得到自由发挥的情景；这种状态是悲哀的，因为要应付、要依赖"父母"，对其有所求，需要和欲望的动机使人变得卑微。

这种状态下所使用的语言符号常常是祈使与探寻性词语，非语言符号动作夸张、幼稚，与本身年龄有距离。

3. "成人"自我人格状态

"成人"自我状态指人际沟通中处于成人的自我状态之中。表现为沟通中目标明确，主动性强，具有理智性和逻辑性，能机智地传播信息和接收信息，能客观冷静地分析问题和解决问题，能控制感情，遇事不会失态，也不会对人盲目服从或滥下命令。

这种状态下使用的语言符号带有推断、商议的色彩，自尊、自信、自主意识强烈。如"我个人的看法是"，"也许应该"等，所使用的非语言符号显得矜持，有节制。

二、人际沟通的通道和行为分析

1. 互应性人格状态的人际沟通

人际沟通活动中，双方都以平行的自我人格状态进行信息传播，就形成互应性人格状态的人际沟通。即：

父母——父母　儿童——儿童　成人——成人

因为都是相同的人格状态，这是符合正常人际沟通的类型。但在这几种状态中，真正能持久稳定维持沟通关系的，是"成人——成人"的人格状态。这种沟通类型有利于信息传递的顺利进行，可以获取真实的不带感情偏激的反馈信息。假如管理者以成人自我状态向下属询问，下属也处于成人自我状态如实回答，就构成了互应性人际沟通。

案例

例1　主管："我们一定要总结经验，争取把这事做好。"
下属："我们会努力的。"

例2　下属："我今天生病，想回家休息，可以吗？"
主管："可以，你回去吧。"

例3　下属："本周末会有加班工作吗？"
主管："在我看来，可能会有的。"

2. 交叉性人格状态的人际沟通

沟通双方以不平行的人格状态进行信息交流，双方所处的自我状态发生交叉，使信息不能顺利传播或传播不能达到预期效果，称为交叉性人格状态的人际沟通。即：

父母——儿童　父母——成人　儿童——成人

这是不正常的人际沟通类型。由于人格状态的差异，信息传播过程可能中断，甚至可能产生争吵、打骂等恶劣后果。这种沟通主要表现为相处态度不正确，其中一方或者处于训斥式的父母状态，或者处于冲动式的儿童状态。

案例

例1　下属："我今天生病，想回家休息，可以吗？"
主管："身体不好就不该来应聘的，出去吧，出去吧！"

例2　下属："这次调资我能不能提级？"
主管："你连工作任务都完不成，还想加工资？"

例3　主管："你怎么搞的，这点事都做不好，只会吃干饭。"
下属："我今天心情不好，所以干不好，今天不干了，怎么样？我吃的是干饭，你吃的是狗屎。"

3. 隐含性人格状态的人际沟通

这种沟通方式的信息传播者与信息受传者都同时显示两种或多种人格状态，真正的信息不是明白地表现出来，而是隐含在另一种信息中，那是属双方心照不宣的信息。所谓指桑骂槐、含沙射影等都是隐含性信息传播。但有时，信息受传者并没有意识到信息所隐含的意思，因此很容易落入对方圈套。

案例

例1　主管："同事们说你应该调到分公司工作，可我觉得你并不怎么合适。"（我不同意）
下属："是的，我本来就不想去。"（不同意就算了）

例2　下属："我的同学又来请我吃饭了，他在猎头公司工作。"（猎头劝我跳槽）
主管："说起吃饭，厨师们都认为除了胡萝卜，也出得了席。"（你跳不跳槽无所谓）

第四节　影响人际沟通的因素

一、人际沟通中影响竞争与合作的因素

1. 动机

合作与竞争往往受双方沟通目的支配，为目的而参与沟通，为获得利益而参与沟通，企图通过沟通赢得更多。沟通的动机有内部动机和外部动机。

内部动机，由沟通者自身的自尊心、求知欲、合群欲、责任感、正义感、义务感、荣誉

感和成就感等内在因素引起。例如，本部门某女性员工受到主管刁难或欺侮，男性员工们挺身而出，义正词严地找主管论理。这种沟通行为属于内部动机。男性员工从心里把这看作是在刁难或欺侮自己的姐妹。中国人历来将保护女性，保护母亲和姐妹看作男性的责任，骂人要是骂别人妈怎样，妹怎样，老婆怎样，别人会认为受到了最大的侮辱。这是出于责任感、正义感、义务感、荣誉感行为。

外部动机是靠外界条件诱发的动机，由尊重者、授予者、群体或社会施加的社会义务。例如受组织派遣，与某合作单位的某人接洽，沟通状况直接与企业间合作或竞争相连。

沟通动机影响沟通效果。内部动机或外部动机的指导越强，越会驱使沟通者的求胜心理，力争通过沟通赢得更多，因此合作与竞争的沟通越顺利。

2. 刺激

刺激的影响因素是赢得金钱，例如长期业务往来关系的确立，或者是为了击败对方，战胜别人，独占市场。对工作好的人增加刺激，竞争的趋势就发生变化。学术界研究表明，当发奖金时，管理者与下属之间的沟通就多一些一致性与和谐性。但是，酬金的数量并不重要，而酬金的区别和变化则是很敏感的问题，因为这时金钱的刺激就不是很重要了，大家更关注的是竞争中的胜利。

3. 威胁

威胁不是平等的竞争与合作，在沟通时是以某种威胁的手段进行讨价还价。

在某种特殊情况下，沟通双方都没有凌驾于对方之上的特别力量，是平等地合作与竞争。但这时，其中一方为了赢得某种利益可能会以威胁作为手段胁迫对方，如果他有力量将他的威胁变成现实，更会在沟通时有恃无恐。研究表明，在对方有实力威胁而并未实施威胁时，女性表现出较强的合作性；而男性则往往会认为这是对方软弱，并加以利用，以争取赢得更多。通常男性与有威胁力的沟通者更容易合作，因为威胁在起作用。

4. 信息沟通

信息交流的状况、过程、模式，同样影响竞争与合作。关于这个问题的测试研究中，让具有各种动机的被测试者在竞赛前与同伴沟通信息，不管这种沟通的动机及其所唤起的动机如何，都有利于加强合作，这是信息交流的作用。只要有合作的可能，了解对方，尤其了解对方的动机，可以加强信任程度，促进合作。

二、人际关系协调模式和方法

人际关系中最容易发生的是人际冲突，冲突需要用沟通来协调解决。人际关系的沟通协调不是放弃原则和利益，而是该合作则合作，该竞争则竞争。

博弈论是可以确定产生最大利益的数学分析战略，告诉我们该如何一步一步去做，如何去获取最大利益。这也是协调人际关系的沟通模式：输赢法、双输法、双赢法。人际关系分析学家托马斯·哈雷斯（Thomas Harris），以游戏的方式对此进行了试验和说明。

1. 纯冲突消长——输赢法

纯冲突消长——输赢法是指不管沟通结果如何，沟通双方的得失加在一起为零的沟通方法。两个人的消长中，只要一个人赢，另一个必输。这是解决冲突中，一方利用各种手段获得利益，同时使另一方利益受损的方法。这种沟通中，双方没有共同利益，以一方的胜利和另一方的失败而告结束。

纯冲突消长输赢法的沟通过程是：沟通双方相互依赖，都明确各自利益界限；沟通时从自己的利益出发讨论问题；沟通时为赢得利益相互攻击揭短；把问题的解决方案作为争论的焦点；以一方赢、一方输为结果。

这是十分固执的方法，忽视对方的理由和权利，在任何情况下都要赢利，在任何冲突中都要占上风，采用各种方法强迫人家接受自己的要求，否则宁愿不做业务。另一方可能妥协放弃某些权利，以促进合作和解。

这种方法对双方都是有害的，而且，事实上这在社会生活中是不存在的，很多冲突是共同利益上的冲突。即使是战争的胜利者，也遭受了损失，也不是绝对的消长。例如买卖商品的谈判，讨价还价的结果，一方让利，另一方赢利，有输有赢，但输的一方买到了或卖出了商品，不也同样达到目的了吗？其他如工人罢工，劳资谈判，竞选活动，招聘解聘等等，无不如此。正如托马斯·哈雷斯所说："尽管冲突因素提供了戏剧性的利益，但是，相互依赖也是这种逻辑结构的一部分，他们要求合作或相互顺应，这是心照不宣的，即使为了避免双方的灾难也应该这样做。"

2. 纯合作消长——双输法与双赢法

运用纯合作消长——双输法与双赢法进行沟通，只是相互如何协调一致的问题难以沟通，沟通双方利益一致，结果是双方都获利，或结果是双方利益都受损失。

双输法的沟通过程是：明确共同利益；沟通中相互让步、妥协，找出折中方案；给其中一方提供无理补偿；无法沟通时，共同求助于其他解决途径，如现行规章制度或仲裁者的仲裁。在沟通中，双方常常进行逃避，在心理上或物理上离开冲突，做暂时退让以缓解冲突。

双赢法的沟通过程是：明确共同利益；明确共同困难；不是为了击败对方，而是为了团结对方，共同利用现有资源商议解决问题的方案；双方利益愿望均得到满足。

双赢技巧是：为求得双赢，双方都应试图说服对方，尤其在确信自己有理时，更会以说服方式使对方改变态度、观点和行为。或者进行讨论，或者心平气和地探寻、了解对方态度，努力寻找双方都能接受的办法，努力寻求一致性，以求获得一致认可的解决方案，最后一起赢利。

案例

假设许多在没有沟通的情况下却可以不约而同地提相同的问题，来检验被试者这方面的技巧，主要考查其决策能力。

例1 让双方各在一行不同的数字中，圈上一个数，如果你们双方圈的是同一个数字，那么，双方都能得奖赢利，否则，双方都无利可图。

为了双赢，就要找出双方都能接受的办法，努力寻求一致性，以求获得一致认可的解决方案。因此，首先应寻找对双方都有独特意义的数字，然后在这些数字中，能准确判断出对双方都印象特别深刻的数字。

例2 一对夫妇到商场购物，在电脑销售部前，两人为购买什么牌子的电脑更合适而争执不休。后来，他们在拥挤的人流中走散了。他们会怎么汇合？

从沟通的角度讲，夫妻争吵，或者两个合作伙伴单位在谈判中争执不休，是十分正常的事情，是好事。因为这是在沟通中各抒己见，双方都希望通过激烈坦诚的表述，让对方理解自己。很多磕磕绊绊的夫妻更能相亲相爱，白头到老，因为沟通使他们加强了理解，加深了感情，这是沟通的力量。而客客气气，有意见闷在心里，积怨太多，一有风吹草动，就很难弥合。

很多组织常常与谈判对手争论得尖锐激烈，谈判过去，谈判过来，有时争论中的一些话还很伤和气，但恰恰就是因为如此，这两个组织能够维持长期业务关系，是很好的合作伙伴。

因为争执使双方明白对方要求的条件和自己应该让步的程度，然后从双赢的原则出发，努力寻求一致认可的解决方案，寻找大家都能接受的条件，主要看最后的决策是否具有独特性、一致性，是否鲜明突出。

至于争执后走散了的夫妻，肯定都会想办法汇合的。要汇合，就要努力寻求一致性。这是双赢的基础。最后他们会发现电脑销售部是最合适的等候处，因为双方都有鲜明深刻的印象。

沟通中，持合作态度，彼此信任，双方都采取合作态度，寻找对方最容易和自己一致的决策，就会获得双赢；否则各自追求自己利益，就会双输。沟通的目的是追求双赢，双赢原则是人际沟通应该选择的最佳原则和方法。

按双赢原则沟通，应该注意以下几个问题：

（1）认识冲突发生信号

许多沟通者已经陷入冲突了，自己却尚未意识到，结果是一旦意识到时，已来不及进行有效控制和沟通了。因此，沟通的过程里要注意传播自己的意见，也应注意接受对方的意见，分析清楚两者之间的差异，尽早地认识冲突发生信号。

（2）持信息交流态度

持信息交流态度指沟通时应有对微妙的、隐含的信息的高度敏感性和真诚的、坦率的、明确的信息交流的方法。

社会学将涉及利益层面的冲突定义为"简单"冲突，例如事实、数据、目标等，均是可以通过信息交流进行沟通的，那是可以寻找、解释、推断、检验、澄清的，冲突可以化为特殊的处理方式，获得双赢。而观点、态度、人生观、价值观等的思想冲突，是"复杂"冲突，更需要耐心说服。持信息交流态度，是说服的第一步。

（3）合作而不是对抗

合作，而不是对抗，是获得双赢的基础。沟通中应避免会引起潜在冲突的语言和态度。双方要有自省能力，勇于做自我批评，有互助合作、互相依赖的与人相处方式，以及不卑不亢的待人态度，而不是盛气凌人，或者卑躬屈膝的待人态度。

那种只服从权威，只相信自己，只愿自己盈利，不考虑别人意愿的人，很难成功沟通，因为他办事无开放态度、无弹性，不愿意寻找过渡方案，看不到黑白之间的灰色，不愿意有意识地尝试以合作而不是对抗的态度处理问题。

（4）预先考虑处理办法

不打无准备的仗，预先考虑好沟通是否有可能失败：如果可能失败，那么，有可能失败在什么地方，应该怎样聪明地机智地应对那个局面。

最好使用角色扮演法，应该首先站在对方的立场上思考问题，模拟现实问题的情景，体会对方可能产生的情绪、动机和可能采取的行动。

课后讨论

下面两种听者，用什么办法能使他们倾听？请你首先准确地陈述前一个讲话者的观点，并且在对方表示满意后，再回答这个问题。

例 1　一个管理人员对下属说："不管你有任何问题，都可以毫不犹豫地来找我。"有一天，这位下属真的约好时间按时去办公室见那位管理人员。但是，下属的话还没有说完，问题就被扯到管理人员自己的事情上，结果沟通过程中所有的时间都用来谈管理人员的问题了。

例 2　开会讨论时，他用迟钝的目光看着发言者，心里想着一会儿自己该怎样发言。可是门外汽车的声音老是影响他的思考。他觉得眼前的发言者实在不应该在这种场合穿那样豪华的西服。发言者刚坐下，他就对坐在旁边的人说："你看他西装革履地在那里振振有词，其实他对自己所说的内容并不懂，我最不喜欢这种装腔作势的人。"

延伸阅读

沟通者可以试着自测倾听能力，以帮助自己克服倾听障碍。英国传播学者斯坦顿（Nicky Stanton）提出了下面自测倾听能力的方法。

你是一个好的倾听者吗？请回答下列问题进行倾听障碍自测。回答"是"，得 1 分。

（1）你是否会选择某个位置以使自己能听得更清楚？

（2）身旁那些你不喜欢的声音不会影响你倾听吗？

（3）你是只关注对方讲话的观点，而并未注意到他的语调和动作吗？

（4）你注意到自己既在注视着讲话者，也在注意听他所说的话吗？

（5）你不注意听细节而听他的看法和事实吗？

（6）你一直都在注意沟通的主题和讲话者所表达的主要意思吗？

（7）你努力思考讲话者所说内容的逻辑和理由吗？

（8）你不是以个人的是非标准和感情因素来评价讲话者的话吗？

（9）当你认为讲话者说错了时，你没有插话现象或不倾听现象吗？

（10）你总是用语言符号或非语言符号不断鼓励讲话者吗？

（11）你回答问题或表述意见前，认真思考过吗？

（12）讨论时，你愿意让别人做出最后结论吗？

检测结果表明，如果你的每个答案都是"是"——你没有诚实地回答问题。

如果你的得分少于 6 分——你是以自我为中心者，你思想狭隘，缺少诚意，注意力不集中，无耐心，不善于同感理解，不善于倾听。

第三章

组 织 沟 通

✤ 学习目标

1. 掌握组织沟通的概念及形式，影响组织沟通效率的因素并学会在实践中运用。
2. 熟悉了解组织内部沟通的类型、组织外部信息沟通。

☆ 学习方法

案例法、图示法、角色示范法

✤ 主要内容

现代社会是一个有严密组织的社会，强烈的协作意识和熟练的协作方法是现代社会对人类的新要求，这在组织控制的过程中尤为重要。如何建立有效的信息沟通系统，以适应组织内外信息环境，以消除信息沟通的障碍，是组织沟通的核心问题，是管理组织的核心问题。组织沟通与管理行为，组织沟通中提高管理者的信息传递效应，以及组织内外信息沟通是本章研究的主要问题。

➡ 引导案例

某公司是个大型的机械设备进出口公司，由于海外市场开发得不错，公司这两年的效益很好。但公司内部管理的问题却比较突出，部门之间的矛盾也日益增多。

一天，行政部的经理发现复印机坏了，就找到工程部的小王要求修理，因为是第一次出现这样的事情，加之比较紧急，小王就没有跟上级汇报就私自去了。回来后工程部的经理很是生气，觉得小王不听从直接上级的工作安排，并觉得行政部的经理不给他面子，没有征求他的意见就随便分配工作给他的下属，导致自己本部门的工作没有按时完成。

后来，行政部的复印机再次出了毛病。当行政部经理找上门来的时候小王吸取了上次的教训，说："你找我们经理去，让经理分配任务给我，因为假如经理没有分配这项工作，就不算工作量，领导也不会同意的。"听到这话，行政部经理觉得工程部的人故意和他作对，对于修理复印机这样的小事都推脱。于是在经理办公会上向总经理告状，从而再次引发行政部经理和工程部经理之间的矛盾。

类似的例子可能在每个公司都会发生过，因为公司本身就是一个合作的组织，大家都是为了这个组织工作，在这样的组织中，沟通的效率高低和组织运行的效率高低有着直接的关系。以上的案例中，如果行政部经理和工程部经理能进行有效的沟通，那么类似的矛盾就不会产生了。因此，在组织中，建立有效的沟通机制是非常必要的。

第一节　组织内部信息沟通

一、组织角色与组织沟通

1. 组织的概念

概念问题是一个敏感问题，每个学者都从自己的理解角度进行界定，然后不能认同其他定义。其实许多只是语义表达的区别，并无实质性重大分歧。我们认为，一般意义的组织是指由于生理的、心理的、物质的、社会的限制，人们为了达到个人的和共同的目标而进行合作的过程中形成的群体。管理学意义的组织是指按照一定的目的和程序而组成的一种责权角色结构。

组织结构就是表现在组织各部分排列顺序、空间位置、聚集状态、联系方式及各要素之间相互关系的一种模式。组织结构在整个管理系统中起"框架"作用。在这个框架中，进行正常的人流、物流、信息流，以实现组织目标。信息流是人流、物流的基础。组织内外要正常地进行信息流动，必须遵循组织沟通的科学原则。

2. 组织沟通的概念

现代社会对人与人之间协作意识和协作行为的要求，组织内的不协调因素和现象，都在组织中起作用，许多学者的研究都立足于解决这个问题。从被称为科学管理法之父泰罗为代表的古典管理学派开始，到现代管理学派的行为管理理论、管理科学理论，以及被称为现代管理丛林的理论，管理学界一直十分注重组织协作问题。而当代管理学家们，面临信息爆炸时代，更加注意合作与离散的难题，并且发现，设计与管理复杂组织的核心问题，就是如何进行有效的信息沟通，如何消除内部的沟通障碍，如何建立组织有效的信息系统，以面对来自社会环境中的激烈竞争。

美国组织社会学家巴纳德认为，各种组织都具有三种普通要求：协作意愿、共同目标、信息沟通。因此组织沟通是管理的最基本最重要的职能。

组织沟通是组织传播者（团体责任人、演说报告人、教师、政府首脑……）把大量分散的人组织起来进行信息传播或通过传播把人组织起来的信息沟通过程。这正如美国组织传播学者 G．M·戈德哈伯所说："组织沟通是由各种相互依赖的关系结成的网络，为应付环境的不确定性而创造的交流信息的过程，即组织内部成员间及组织与环境间的信息互动"。

组织理论学家们也普遍认为，组成组织的过程实际上就是信息沟通的过程。组织成员通过适当有效的信息交流来维系组织的稳定与发展，也是组织信息沟通的过程。

组织沟通要素包括组织成员的相互依赖，组织的信息，信息流通的网络、过程和环境。组织沟通系统包括个人信息系统、二人信息沟通系统、小群体信息系统和组织信息系统这几个层面。

组织信息沟通的网络显示组织中的人际信息沟通具有群体性,组织中有联络者,组织内部信息互动频繁。组织各群体间有联接者,组织内还有不入任何小群体的孤独者。而沟通行为都是受管理行为的制约和影响。

3．组织沟通的形式

组织沟通的形式很多,美国传播学者凯瑟琳·米勒于1999年将当前的组织沟通方式与当前沟通技术分为九种。

①电子邮件。使用计算机创建书面文档并通过计算机网络将其发送给其他使用者。其传输的信息可以恢复、存档或删除。

②电话留言。通过电话留言或恢复语音或语音合成信息,可以对信息进行编辑、存储、发送。

③传真。通过计算机或传真机将文本的图像发送到另一地点。

④音频和视频会议。与会者在不同的地点参加集体会议,可以传输声音、图像和图表资料。

⑤网络会议。可以同步或不同步参与特定议题。参与者可以向个人或全体与会者发送信息,可以对与会者进行投票统计和保留会议记录。

⑥信息管理系统。通过电脑系统将组织的信息加以存储、合并,以供制定决策时恢复和使用。

⑦集体决策辅助系统。通过配置计算机和通信技术来维护数据源、增大信息容量,为个人或团体提供决策构架。

⑧局域网或广域网。特定团体或大量组织成员的个人电脑联网,共享计算机资源。

⑨互联网与万维网。互联网是世界范围内计算机电信设备连接的复杂系统。万维网是在互联网基础上以多种途径提供图表、信息资源的系统,并且由此可以登录其他万维网站。

这九种方式和技术都是我们日常用着的,组织内有专门的技术人员进行操作。而商务活动中最直接最经常使用的沟通方式,主要还是讲演、谈判、会议、会见、商务文件、视图与数据。

二、组织沟通与管理行为

对组织的管理就是通过决策、计划、组织、领导、激励和控制等一系列职能活动,合理配置和优化运用各种资源,以达到组织既定的目标。其实质就是通过信息协调系统的内部资源、外部环境与预定目标的关系,实现系统的功能。

管理水平和管理效果与管理过程中信息流动的质量、流动的方式以及对信息的利用水平密切相关。

信息沟通贯穿于整个管理过程,信息沟通是管理的纽带,信息沟通是管理者的主要任务。管理学家明茨伯格把管理者的任务归纳为三大任务十种角色:人际关系任务、信息任务、决策任务。

明茨伯格认为管理者肩负一个组织的职权和地位,因此产生了各种人际关系,各种关系相互提供信息,以便做出决策。管理者必须设计并维护一种环境,使组织内外的人们得以在这个环境中协调工作,从而有效地完成组织目标。这个过程,实际也是组织信息沟通的过程。

管理者的任务也是组织信息沟通者的任务。具体应该是：

（1）协调人际关系

管理者作为该组织的头面人物，必须代表组织主持或参与各种社交应酬活动；作为领导者，要指挥下属完成工作任务，力求使下属的需求与组织的目标相配合；作为组织的联络人，要保持组织内部和组织外部的联络与沟通。

管理者与上级和下级，与顾客和供应商，与传播媒体，与同级人员或同级组织的交往，主要沟通形式是组织信息传播。

（2）集散信息

管理者作为内部环境和外部环境信息的收集者，必须不断地监视环境的变化，通过各种信息联络网使信息畅通无阻，以巡视、约谈、谈判和会议等各种方式，了解情况，收集信息；作为信息的发布者和传播者，必须将接收到的信息与组织共享。其中的大部分信息，需要与相关的组织成员共享；作为组织的发言人，必须对上级负责，对社会负责，必须向上级和外界介绍应该介绍的情况。

这些信息传播过程都是组织沟通的过程。

（3）保证决策及时正确

管理者必须通过组织信息传播实现组织沟通，确保决策的及时正确。管理者作为企业家，应该不断创新，不断开拓前进，及时制订并实施组织战略计划和行动方案；作为组织出现失控现象时的调解员，作为资源分配者，作为谈判与决策者，都要借助组织传播所获取的信息使工作得以进行，同时又是在进行组织沟通活动。

管理者作为信息的收集者、信息的发布者和信息的传播者，需要进行自我沟通、人际沟通和大众沟通，而其间以组织沟通为主。与此同时，每一样决策也都是以组织沟通所获取的信息为基础的。

管理过程就是组织沟通的过程。

三、组织沟通网络

1. 组织内部沟通网络模式

组织网络的主要模式有如下几种。

（1）链形网络

链形网络里，信息传播者与受传者之间信息的沟通是单线联系，信息自上而下，或自下而上进行流动。信息只在他们与临近员工之间传播，然后，他们各自再与其他相近的成员进行信息传播，这种网络信息沟通的范围和自由度很小。而且，由于是单向人际沟通方式进行，信息经过层层的传播，传播者根据自己的好恶进行筛选加工的情况不可避免，因此，信息在传递途中丢失或失真的可能性较其他几种网络的可能性更大。

（2）塔形网络

塔形网络指信息传递自上而下，逐渐扩展，形成塔形模式。即组织领导人通过向直接管辖的几个下级传播信息，这几个下级再向他所管辖的几个下级传播信息，如此逐级传播下去，信息受传者逐渐增多。

（3）环形网络

链形网络首尾相连，形成环形网络。相邻员工间，进行直接的信息沟通；不相邻员工间，间接进行信息流动。管理者不论处于什么位置，都能接收到反馈的信息。管理者只要向其中一个成员发出指令，信息都会反馈回来。

（4）全方位网络

全方位网络指组织管理者作用不明显，每个成员与其他成员都自由地相互沟通，无中心人物，组织成员处于平等地位，享受完全的信息传播自由，形成全方位的沟通结构，由于沟通渠道多、信息传播最快，协作度最高。

2. 组织内部信息沟通类型

组织内部信息沟通类型可以从不同的角度分类。

按组织沟通的功能分类，费斯廷格将沟通分为工具式沟通和心理式沟通两大类。工具式沟通指传递关于知识、经验、意见、组织任务的正式信息，以影响组织成员思想、态度，进而改变其行为的沟通形式。这是将沟通作为获取功利的沟通。这属于功利型沟通。心理式沟通指通过表达情绪状态，解除紧张心理，获得对方产生共鸣相同情，以改善关系的沟通形式。这属于情感型沟通。

按组织结构层次可以分为个体与个体的沟通，个体与团体的沟通，团体与团体的沟通。组织沟通里包含人际沟通。这两种分类前面均已经进行过阐述。

按沟通的性质，可以分为正式沟通与非正式沟通；按沟通的方向，可以分为上下沟通与平行沟通。

（1）正式与非正式信息沟通

正式沟通指通过组织规定的渠道进行组织工作信息的沟通，如组织之间的公函往来，组织内部规定的会议、请示、报告、制度、上级指示、文件下达等等。正式沟通目的和对象明确、直接，对组织成员约束力强。

非正式沟通，指与组织关系不大的信息沟通，如组织成员之间的私下交谈、小道消息的传递等等。这种方式容易暴露真实的思想和动机，能够获取正规渠道不易获取的信息，气氛轻松，有利于感情交流，但信息真实性差。

正式沟通是组织沟通的主流，非正式沟通是正式沟通的补充。管理者要善于发现非正式沟通中的谣言传播，要及时查明澄清，不能轻信。

（2）纵向与横向信息沟通

按组织内部的沟通方向，兰斯伯格将沟通分为纵向沟通与平行沟通。赫吉则进一步分为下行沟通、上行沟通相交叉型沟通三类。

下行沟通是上级向下级传播信息的沟通形式，如发布命令、指示、规章制度，作报告，发表讲演等。其信息内容包括：组织目标信息，工作指示信息，告诫提醒任务与关系的信息，工作程序与操作实务信息，工作绩效信息。下行沟通是一种权力的影响，管理者的官僚作风和生硬态度会成为下属的负担和压力，信息失真会造成工作损失，渠道不通畅会造成沟通障碍。因此，平等、热忱、清楚、明白地传递信息，激发员工的主人翁责任感，是使沟通渠道畅通的保证。

上行沟通是下级向上级传播信息的沟通形式，是管理者了解和掌握情况的重要途径。上行沟通的信息内容包括：下属组织的决策与工作活动信息，组织成员个人的需求，组织成员个人的表现等。沟通形式如请示、汇报、报告、申请等语言沟通，沟通渠道和形式多样，如设立意见箱，召开座谈会，进行倾听、会谈等。上级只有认真谦虚地倾听，并且愿意倾听此不同意见员工的看法，才能获取于工作有利的良好的意见和建议等。

交叉沟通又称为斜向沟通，指组织的某部门的成员与另一不同部门、不同级别的成员的沟通，还有如团体与团体，团体与个体等的沟通，也是交叉沟通。其沟通信息包括：部门的工作情况，各自的团体目标与组织目标，涉及两个团体共同利益的问题，团体间冲突的解决办法等。

横向信息沟通指组织内同级别部门间的或个人间的沟通，或不同组织同级别部门间的或人际间的沟通，主要用于业务协商、谈判，或增进团结，加强合作与了解。

上述各种沟通形式，都是信息传播者与信息受传者的信息互动。沟通都是双向的，为了沟通成功，必须也应该都有信息反馈。或者一方主动给予反馈，或者一方主动探寻反馈。尤其作为商务工作者，探寻反馈和建立反馈方式，以及奖励反馈，是获取沟通成功的重要手段。

第二节　组织外部信息沟通

一、组织与环境信息沟通

1. 组织与环境的信息关系

组织环境指在既定的组织存在的前提下，由各种机构、团体以及个人组成的更大范围的空间。组织受到环境的各种信息的影响和制约，同时，组织信息又作用于环境，组织的活动可以满足环境的信息需要。

例如，火锅店是一个既定的单一的组织实体，但作为来自组织环境如顾客、供应商、竞争对手等范围很广的组织和个体的各种信息，都会影响到火锅店的运作。

孤立的与外界没有任何关系的组织系统实际上是不存在的。组织在物质、能量、信息的各方面与环境都存在着交换的关系。一个生产企业要向社会采购原料，但同时也要向社会推销产品或服务；要向社会提供产品或服务，就要收集社会信息，为实现组织目标利用信息。环境向组织提供人力、物力、财力的同时，更提供有关的信息，组织与环境的关系，根本上是信息交换的关系。并且，环境信息的反馈，对组织活动起着调节作用。

2. 组织环境信息的内容

组织是社会的一个细胞，无论是组织的一般环境还是间接环境，都影响着组织活动。来自环境的信息如政治形势、宏观和微观的经济信息，文化背景、意识形态、社会价值观、风俗习惯、生活方式等文化信息，战争因素、军备、国防投资等军事信息，法律系统的性质、法律、执法、立法等法律信息，教育层次、教育内容、受教育人数、教育的普及程度、重视程度等教育信息，人口的数量、地域分布、年龄性别结构、知识结构等人口信息，自然资源的质量、数量、可获取性等资源信息、生态环境信息等等，都使组织活动受到制约。只有及时、准确地获取上述信息，才能消除组织所面临的不良影响。

格鲁尼格和亨特为了描述组织所必须应付的上述各种环境，提出了四种分类，认为最直接地影响组织的环境信息主要来自四个方面：

①授权型：政府，管理机构，审查、办发许可证的机构。

②功能型：原料供应商，雇员，职业中介机构，顾客，财政管理机构。

③规范型：贸易协会，行业组织，竞争者。

④普通型：当地社区，传播媒介，公众。

组织所处的复杂环境由上述不同特性、不同种类的信息传播者，同时又是信息受传者组成，组织是"和谐平稳"还是"动荡不安"，都有上述几方面影响。金泽尔·克雷默和萨顿在1993年提出：尽管组织信息的受传者会在很多层面上不断地变动，但我们最重要的问题还是，要辨别清楚对组织是支持性还是敌对性的环境成分。特别是当组织危机面对公众时，这种区分就显得尤为重要。因此，组织必须时时与组织环境进行信息沟通，管理者在沟通过程中的任务十分重要而且十分艰巨。

二、组织外部信息沟通功能

1. 组织间的协调

组织要在复杂的社会环境中生存和发展，组织之间必须形成持续的相互关系。这种错综复杂的组织关系，形成组织之间相互谅解，相互沟通信息，相互交换资源的"超系统"。怎样发展和维系这种组织之间形成的"超系统"组织的关系，范德维恩于1994年提出了组织信息沟通模式，认为组织之间关系发展要经历三个阶段：协调阶段、承诺阶段、执行阶段的信息沟通，如图3—1所示。

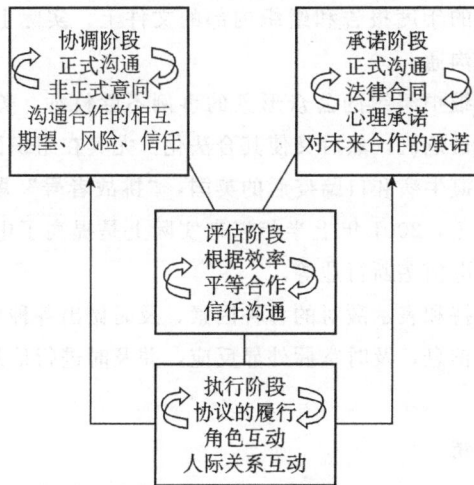

图 3—1 组织间信息沟通合作关系发展过程框架图

第一阶段，即协调阶段，双方形成对组织间合作前景的期望。这一阶段包括正式的协商和非正式的意向作为各方代表人会谈时，试图确定"与交易相联系的不确定性、各方将扮演的角色性质，以及对方的可信度"等等问题。

第二阶段，即承诺阶段，各方对"今后合作关系中互动的义务与规则达成一致"。

第三阶段，即执行阶段，组织各方履行协议的内容。在整个过程中，组织关系的发展将从完成任务的效率和组织各方平等与否两方面来评估。

这三个方面所构成的沟通过程，实际上是组织之间的交流。第一是物质的交流。第二是信息的交流，是组织之间象征性符号资源的（信息）的流动。这两种交流并不是各自独立的，组织之间的物质流动伴随着能动性信息的流动。

对上述组织间联系的层次，兰斯伯格同样作了三个层次的区分：第一，组织间联系，指在不牵涉特定的组织角色或个体时，组织之间发生的物质和信息交流；第二，代理式联系，一个角色充当组织的正式代表，与对方组织代理人进行相互沟通；第三，个体间联系，指在组织个体之间的物质和信息交流，各方面都站在组织而不是站在自己的立场上进行沟通。

当一位推销员去拜访其他组织的一位代理采购员，在讨论今后的销售计划时，就有可能发生代理式的组织沟通。当两家公司合力开发当地市场时，是属于组织间的物质交流，而这是建立在组织沟通的基础上的交流。并且，这种关系发展起来的组织沟通形式将是多方面的，例如贸易协会、代理机构联盟等，都有助于推动组织之间为着共同的某项组织目标，如合作项目、连锁经营等的实施及其成功。同时，这些做法也有助于推动组织内个体与较大社团目标的实现。

总之，无论怎样分析组织之间联系的层次和内容，这种错综复杂的组织关系，都是借助组织信息沟通进行组织间的协调。只有形成组织之间相互谅解，物质交换才有可能实现。

2. 组织形象的创立与维护

现代企业不是去适应环境，而是为了实现其长远目标，通过自身的存在与言行来塑造环境，创立与维护在公众中的积极的组织形象，或者令大众对企业形成一个叙述性的、评价性的，令人产生倾向性心理的良好印象。这种良好的公众形象有助于企业发展的长远目标的实现。诸如"生产增长，效率提高，质量提高，技术创新，良好声誉"等之类叙述性或评价性语言大量出现于组织对外的年度报告和组织内部的文件上，实际上也是为组织形象的创立与维护而进行的组织信息沟通。

借助组织沟通创立与维护组织的公众形象的事例不胜枚举。美国保险业就常常精心策划公众信息运动来引发诉讼危机，然后又使其合法化。尤其在组织面临危机时，组织形象的维护尤显重要。例如发生疯牛病和口蹄疫后的英国，"挑战者号"爆炸后的美国宇航局，购进大肠杆菌肉食品的汉堡王，2001年上半年以来实际上是提高了电话收费标推却又喋喋不休地大肆宣传降价的我国电信垄断行业等。

因为组织面对表示支持和表示敌对的各种因素，及时做出各种反应，调整各种解释，实际上都是在积极观察环境信息，及时掌握外界反应，并及时进行信息调控，以及时在变化中的环境里维护组织形象。

3. 沟通服务取代促销

信息经济和服务型经济的商业环境，要求企业向顾客提供的不只是实物商品，更包括向顾客提供有效的信息服务。服务形式和行为以及带给顾客的满足程度，直接影响企业竞争力和企业利润。

20世纪90年代以来，营销界已经开始由以企业为主控核心的"4P"（产品、价格、渠道、促销）进入以消费者为核心，强调与消费者沟通的"4C"（顾客、成本、便利、沟通）了。尤其进入21世纪后，通过信息传播达到沟通目的实现促销愿望的营销手段，定会逐步取代传统的促销活动。

我国长期的计划经济使很多企业忽视了向顾客提供有效服务的重要性，现在许多公司选择了十分积极的态度，向公众承认过去的服务不周，保证今后提高质量。我国许多城市的公交行业在这方面做得很成功。通过宣传售票员李素丽热心服务的事迹，改善了服务态度和服务质量。虽然提高了票价，但车上售票员的热情宣传、殷勤周到的服务并未使乘客人数减少。

组织外部沟通功能，在很大程度上取决于为顾客提供服务时的信息沟通态度。当然，提供服务有时会涉及员工的情感操劳以及相关压力，员工的紧张情绪除了靠员工的自我沟通来解决外，还涉及组织的不切实际的工作要求，这要靠组织管理人员与员工的沟通及其对员工的信息反馈来解决，也是组织沟通的一个重要方面。

综上所述，组织外部沟通无论是微观角度的向顾客提供服务，组织代理人以人际沟通的形式接待顾客，还是宏观角度的组织形象的建立与维护，或者与其他组织建立资源流通或信息交流的联系，都是为着实现组织目标。而这一切的外部沟通事件，在很大程度上都取决于将组织与外部世界连接起来的沟通者，组织信息沟通者在组织沟通活动中，以及对组织生产运作起着不容忽视的作用。

第三节 影响组织沟通效率的因素

一、组织准则与组织凝聚力

1. 组织准则

组织准则即组织规范，指在保证组织活动条件下由组织成员共同建立和遵守的行为标准或规则。组织准则包括组织正式的规定，如员工守则等；还包括未经组织权利系统确认的成员间约定俗成地形成一种默契的非正式规范，大家都心照不宣地遵守的规则。

组织准则既可约束组织成员的积极性，又可发挥组织成员的积极性和创造性。组织管理者应善于发现和改善不合适的组织准则，以求信息传播和人际关系的良性发展。

2. 组织凝聚力

组织凝聚力指组织本身对其成员的吸引力，以及成员之间相互的吸引力。凝聚力产生向心力。凝聚力强的组织，信息传播频繁，信息传播效果好，人际沟通和人际关系就和谐。

二、组织信息沟通者

1. 信息传播与信息受传

组织信息沟通者的任务是从环境中获取信息，经过组织处理后再向外部进行信息输出。组织的采购人员收集信息，销售人员向外传播信息。在这个过程中，他们一方面受到自己组织工作目标的压力，另一方面，要受到外部组织的协商对手的压力。双重冲突的压力下，还由于远离组织在外工作，难以避免组织内部的猜疑与不信任，沟通起来，瞻前顾后，格外费力，因此尤其要注意沟通技巧。

2. 信息选择与信息整理

信息筛选与信息整理的过程必须判断正确，不能错误地肯定，也不能错误地否定，否则会给组织造成严重后果。许多时候，进入组织的信息需要协商，但更多时候，接收环境信息只是需要仔细筛选、过滤。

例如对采购的原材料的验收，对出厂产品的检验，对应聘者的考核等等。其中对信息的错误肯定与否定，都会给组织造成不良后果。再如，对一个能力强的应聘者的拒绝，就可能会给竞争对手增加一个得力成员。从组织的角度过滤信息，可以避免自己的决策和组织的决策的失误。

3. 信息查询与信息收集

组织信息沟通者在瞬息万变的环境中，必须谨慎地查询和收集信息，高质量的信息可以决定组织的生死存亡，组织沟通部门对任何可能影响组织的信息必须保持高度的敏感。

需要查询与收集的信息主要有两类：

一是运作信息。日常决策所需的数据、资料监测收集较容易，因为知道信息源在哪里。例如，投资公司所需的有关股票、货币市场新动向的信息，以及国际国内的经济法规、企业并购的趋势等各种信息。

二是不可预知信息。这种信息一旦发生就有可能对组织产生不可预知的影响。例如食品结构中的某种物质对人体影响的信息，食品业就要有意识地跟踪某些医药杂志，查询影响组织运作的信息，随时都要保持高度的信息敏感性。

4. 代表组织提供信息

代表组织向外界发布有关组织自身的信息，以形成或影响他人对组织的认识行为。组织的职业公关人员、游说者、宣传代表以及广告策划者等，任务就是经营组织形象。不只是他们，哪怕是售票员、收银员，任何一个角色都会影响公司形象。而经常处于公众视线中的高层管理者，更是关键人物，正如比尔·盖茨是微软公司的象征一样。

5. 保护组织

组织沟通者还承担有保护组织免受外部环境的侵扰、承受外部压力的职能。

如果公司总裁或总经理事无巨细都一概包揽，公司又怎样发展？例如美国微软公司的总裁比尔·盖茨，他有时间天天接待每一个来访者吗？

对外沟通者的任务还包括对组织核心机制的保护任务。例如接待员、秘书、组织发言人、组织公关人员等，甚至包括警卫，他们的任务是防止外界侵犯、干扰组织核心，尤其当组织处于危机时刻，他们要代表组织沟通信息，代表组织应付公众，以保证管理人员集中精力处理各种事物，应付各种危机。

组织沟通者而对组织内外的各种状况，要完成上述各种沟通任务，就必须进行组织内外信息的良性沟通，以实现组织目标和组织计划。同时，组织沟通者还必须协助组织领导认真策划并实施切实有效的沟通实务，如会议、讲演、谈判、商务文件、视图与数据等。

问题讨论

1. 什么是组织沟通？组织沟通都有哪些形式？
2. 组织内部信息沟通有哪些类型？
3. 描述一个你印象最为深刻的组织沟通方面的成功案例。

讲演的准备

很多人害怕公众演说，怕讲演时感到紧张、害羞。其实只要做好讲演准备，做到胸有成竹，讲演并不困难。

1. 首要问题

（1）讲演时间

讲演者准备何时进行讲演，要确保足够时间准备讲稿、讲演方法和演示材料。

讲多长时间？时间越短，越要精心准备。怎样在最短的时间里表达观点，最能检验讲演的技巧和水平。"若你只请我讲几分钟，我要用两周时间准备；若你请我讲一小时，我用一周时间准备；若你不在意我讲多久，我现在就讲给你听"。

（2）讲演地点

自己是否熟悉环境，听众是否熟悉环境？环境的状况，在讲演前要亲自去现场参观和询问。有不满意的要及时提出来，尽早安排。例如：房间大小、类型，原有用途，座位是平地式还是阶梯式，计算机、幻灯、投影仪等设施是否齐备，音响效果怎样，灯光怎样，都是考虑因素。

座位的安排以与听众距离近为好，容易形成信息互动。也可采用半圆形布局，比教室型更亲切自然。窗户要通风透气，避免使听众不适。灯光要明亮，不要把灯光放在讲演者背后，以免造成剪影。计算机、投影仪应接通电源，并且开关顺手。自己会挡住屏幕吗？讲台有麦克风吗？自己站立还是坐着，凳子在哪，怎么坐？相关细节都应观察和调整。

（3）听众

听众是属于哪个群体？讲演者要大致了解听众的思想状况，文化程度，知识结构，年龄性别结构，职业状况，愿望要求，急需解决的问题，以及他们对讲演内容的了解程度和所持的观点、态度、主张等。

（4）讲演原因

自己进行讲演是出于例行公事，还是完成专项组织任务，还是由于自己的特殊地位或特殊学识。讲演者明白讲演的内容对企业的意义，对社会环境的意义，对听众的意义，讲演时就会有针对性。

（5）讲演方法

讲演者在思考讲演的技巧和方法时，要考虑怎么讲的问题，是正式讲演，还是座谈，还是引导讨论。如果讲演过程安排有讨论的时间，可以不讲全部内容，以便留下时间给听众讨论，以使自己在讨论时能提出有针对性的问题，使自己在答问时有新内容可说。同时，讲演时提问的时间、提问的方式等也应列在讲演时间的考虑之中。

2. 适应环境

讲演者在讲演前应该对讲演环境进行实地考察，理想环境与实际环境不协调时，要对环境进行修改和协调。讲演场地的大小最好适合于听众的人数。如果上司要求的听众人数多，而场地小，或者说服上司增加讲演次数，或者调整场地。灯光、音响、座位等，都应当预先调试相适应。

罗素·康威尔的著名讲演《如何寻找自己》被誉为世界上最成功的讲演之一，他先后讲过近六千次。他每次讲演都要提前到达该城镇讲演现场考察，而且还要去该城镇的邮局、旅店、学校甚至理发店同人们交谈，了解他们的经历及其目前所拥有的发展机会，然后才发表演说，对那些人谈论适合于他们的题材和他们熟悉的当地的题材。

第四章

大 众 沟 通

✤ 学习目标

1. 掌握大众沟通的概念、特征及功能。
2. 了解商务沟通对舆论控制的方式以及信息受传者在沟通活动中的控制因素。

★ 学习方法

观察法、案例法、文献阅读

✤ 主要内容

本章中将主要介绍大众沟通的特点及功能，大众沟通中如何进行舆论引导以及大众沟通受众的相关理论知识。

➡ 引导案例

"当你的粉丝超过 100，你就好像是一本内刊；超过 1000，你就是个布告栏；超过 1 万，你就像一本杂志；超过 10 万，你就是一份都市报；超过 1 亿，你就是 CCTV 了。"——这段在网络上广为人知的话，形象地概括了微博营销的市场潜力，微博将是未来几年最具影响力的新媒体。微博营销在电子商务营销中发挥着越来越大的作用。

微博之始，戴尔公司已通过 Twitter 创造了接近 700 万美元销售额；凡客诚品发起"秒杀韩寒《独唱团》"杂志活动，1 天内成功收获 2000 粉丝；周鸿的 42 篇微博，一道"笔误门"让金山软件一天之内蒸发逾 6 亿港元市值……

大众沟通的媒介从书籍、报刊、广播、电影电视，发展到如今微博、微信等形式的网络媒介，对商务活动方式及内容产生了巨大影响。

21 世纪，大众沟通在企业获取新客户、提高产品销售方面的作用日渐明显，企业在各种类型的媒体传播领域的投入随之不断增加。企业通过大众传播可以表达自己的企业文化，以及对热门话题的观点和态度，并策划企业营销活动，以树立正面的企业社会形象，提升企业或产品的知名度和品牌价值。企业还可利用意见领袖的巨大影响力进行媒体营销和危机公关，对突发危机事件做出最快速的反应，树立企业良好形象。

第一节　大众沟通概述

西方学者对大众沟通的界定进行了许多研究，也产生了许多争论。比较重要的问题是对大众沟通的界定，以及大众沟通的特征和对舆论的导向等。

一、大众沟通的概念

大众沟通是指特定的社会集团通过各种大众传播媒介向分布广泛的、素不相识的、对象不确定的多数人进行信息传播活动的过程。

大众沟通的信息传播者、传播媒介、信息内容等，都有特定对象；信息受传者众多，但其具体对象和数量不确定。

二、大众沟通的特征

1. 广泛性

因为借助媒介传播信息容易达到沟通目的，所以信息受传者广泛、分散，且成员复杂、隐匿。复杂，表现在人数多，受传者是不同的年龄、文化程度，不同的兴趣爱好、风俗习惯，属不同的人种，不同的国家；分散，表现在受传者分散在地理条件有差异的不同地区，各自在社会上扮演着不同角色，传播者难以对其控制；隐匿，指信息传播者在明处，信息受传者在暗处，不易沟通。

2. 单向性

信息传播者单向地通过传播媒介向信息受传者传播，信息难以反馈，沟通效果难以检测。

3. 超越性

大众沟通的方式能使信息超越时空，不同的地域接收到信息后可以经录音、录像后反复播映，信息传递不受时空的限制。

4. 组织性

信息传播者是从事信息生产和信息传播的专业化媒介组织，如报社、杂志社、出版社、广播台、电视台、制作发行公司等。西方媒介组织以公共法人和企业法人形态为主，我国采取企业经营方式的公有制事业机构形态为主。总之，都是有组织的信息传播行为。

5. 及时公开性

大众沟通由于有前面几个特点，其信息传播快捷、及时，具有公开性、纪实性的特点。

三、大众沟通的功能

大众商务沟通的本质功能就是传播企业商务信息，促进企业形象和产品形象的建立，促进销售。

1. 报道信息

大众沟通可报道本企业面向公众公开的各种信息，如产品的类型、价格等。

2. 舆论导向

大众沟通可以操纵舆论信息流，获得舆论导向，达到既定商务计划目标。

3. 教育大众

大众沟通有利于普及思想观念和科技文化，促进社会发展，塑造企业形象。

4. 提供娱乐

大众沟通在传递企业信息的同时，可以达到"寓商于乐"、"寓教于乐"的目的，好的商务信息和传播技巧，为群众喜闻乐见，可以整合表达多种社会功能。

第二节　大众商务沟通与舆论控制

"舆"在我国春秋末期就已出现，当时指的是车。"舆人"指造车的人，后来被赋予抬轿人的意思。后来又出现了"舆人之诵"、"舆人之谋"、"舆人之谤"等概念，都是指下层百姓对朝廷旨意的议论。现代对舆论有特定的界定。

一、商务信息良性舆论产生条件

1. 舆论的含义

舆论是指有意见分歧的情况下出现的多数人意见的总和，是以总体面貌出现的意见。舆论有三要素：争议，意见，对立。

争议指对大家都关心的人、事、物有不同看法，指对同一对象意见不统一。

意见指多种不同的意见，有多数意见和少数意见之分。

对立是指因为有了争议而产生的意见分歧和立场对立。

2. 舆论产生的条件

（1）社会联系

以信息传播为媒介，人类相互交往，传递信息，沟通思想，统一认识。个人、群体、组织、国家，社会关系的网络是舆论产生的重要条件。

（2）社会变动

人类社会的历史是不断变动的历史，这个过程是持续不断的。其间既有社会形态的大变化，又有社会现象的细微变化，如自然环境变动、人口变动、经济变动、文化变动等。其变动是各种因素相互作用所致，而变动总是先以舆论为先导的。另一方面，社会变动也构成了舆论产生的客观社会基础。

（3）信息传播

信息传播是舆论产生的最重要条件。信息传播是形成舆论的渠道，舆论的形成离不开信息传播。通过信息传播，提供议论、评价的信息，舆论主体通过自己的心理感受和相互沟通交流，形成舆论。

现代社会，大众沟通是舆论形成的重要途径。大众沟通以信息量大，覆盖面广，信息传播及时迅速而左右舆论，这是其他传播途径和其他沟通形式所不能替代的。

二、舆论的形成过程与途径

1. 舆论的形成过程

舆论产生于分散的、彼此没有联系或很少联系的个人意见。这一阶段，个人意见处于自发潜在状态。这时，社会个体根据自己的个体社会体验，对某一社会现实做出判断、评价，经过人际沟通、组织沟通进行信息交流，使无数个体的意志开始融合，并相互寻找共同点，转化为社会共同意见，成为一种显现状态，从而形成了舆论圈。舆论圈由共同见识的人构成，它一旦形成，就会不断扩散，辐射出更多的舆论圈。圈与圈之间意见不一致，就形成了对立。不同层次、不同社会环境的舆论圈连成一个整体，各个局部、分散的意见转化而为多数人的共同意见占优势起支配作用，舆论便形成了。

因此，舆论形成的标志是社会的公认，舆论获得社会公认，就具有权威性，达到公众愿意接受、信服和遵从的地步。这绝对不是表面的服从和自我忍受，而是公众自觉地接受舆论的支配，服从舆论的选择。

2. 舆论的形成途径

（1）自下而上

自下而上的舆论途径是先由某个成员造出有关问题的舆论，向上提出意见。

（2）自上而下

自上而下的舆论途径是先由上级就某件事情提出意见，传播给群众，与群众沟通，形成舆论。

（3）水平方向

水平方向的舆论途径是横向水平面传播信息，范围有大有小，信息在一个组织或一个团体，在一个阶层或一个省市市民，或一个国家的国民之间传递，终致形成舆论。

三、商务沟通对舆论的控制

大众沟通以其信息量大，覆盖面宽，传播迅速而强有力来左右舆论。尽管这种影响有一定限度，但它对舆论的形成有着其他方式所不能替代的作用。控制舆论的形式多种多样，例如下面的两种方式。

1. 开展沟通活动

大力开展组织沟通实务、大众沟通实务，借助如报刊、广播、电视、网络等信息传播媒介进行宣传。或者直接通过媒体出面讲话，或者召开记者招待会。记者招待会上记者的提问虽然五花八门，但招待会主人是在传播自己的信息，说自己想说的话，表述自己的意见和主张。还可以召开新闻发布会议，政府或政府官员常常借助传播媒介发布新闻信息。美国总统从罗斯福开始，历届总统都要利用电台或电视台发表讲话，表述意见和主张，再由记者传播开去。近几年兴起的博客、微博等自媒体也成了进行大众沟通的独特方式。

企业也可以就产品或企业的信息直接发布某些消息，或者发布某些背景材料。许多企业首席负责人也常常出面进行讲演，宣传企业信息，进行大众沟通。即使只是吹吹风，同样能达到造成舆论、影响舆论、控制舆论的作用。

2．制止流言

为了控制舆论，必须制止流言。

（1）流言及其产生原因和传播过程

流言，指对某一社会事实进行的误解或歪曲的传播过程。即在社会中流传的却没有人声称对此负责的信息。

流言不同于无中生有，它有一定事实依据。由于第一传播者尚未辨清这个事实，再加上自己本人的情感因素，以口头方式扩散，经过多次传播后使事实面目全非。

流言不同于传说，传说的内容与历史相关，是过去的信息，流言则与现在相关。

流言不同于童话、寓言或其他滑稽故事，不是信不信由你，而是竭力使你信服。

流言不同于谣言，流言并无恶意。但是，尽管流言没有恶意，也会造成恶劣后果。谣言怀有恶意，是有目的的歪曲事实真相，企图达到某种目的。

法国"流言信息研究基金会"前主席卡浦费尔教授认为，流言不等于"未经证实的消息"，不能将流言归入虚假或真实之类概念讨论。流言传播的有些事实只能假定是他人所证实的，何况生活里传递流言的往往是最信任的人。中国人关于流言的认定一般是用"无风不起浪"、"麻雀飞过都会留下影子"等俗话加以认可。

流言产生的原因很多，人们对自己感到稀奇的事物容易产生流言，大众沟通渠道不畅也会产生流言。就社会而言，主要原因是社会变动、自然灾害、社会危机。战争、经济衰退等是社会最大的危机。我国由于经济体制转轨，个别不法分子趁机制造假冒伪劣产品，致使个别制造真货的企业也遭受流言。另一方面，就企业和个人而言，社会地位上升时，一举一动都会引发流言，并且流言最容易在市井中滋长蔓延；而当一个企业或一个人处于无足轻重的地位时，流言相对会少一些。人们可以"躲进小楼成一统，管它冬夏与春秋"。但企业却不能躲起来，"只埋头拉车，不抬头看路"，路会越走越窄，最后产品销路会被堵塞，企业也就因此没有了出路。

流言的类型很多，主要有憎恶型和恐怖型。憎恶型流言源于社会危机、社会偏见、个人偏见；恐怖型流言源于传播者所处的恐怖、动荡不安的社会环境。

（2）对流言的预防和制止

预防和制止流言的方法是使社会安定，使信息传播畅通。安定的社会环境靠政府，但也要靠公民的共同努力，人人都有责任创建一个祥和安定的社会氛围。要使信息传播畅通就要使用灵活的沟通手段。

出现流言时，企业应该组织力量研究流言产生的原因，可能产生的后果，以及人们听信流言的深层心理，然后主动与消费者沟通，经常沟通。组织信息沟通者应该准确地把握分散在大众内部的潜在的不满、愤怒、愿望、要求等，将其转化为大众的明确需要，针对其需要改进自己工作，也针对其需要进行沟通。沟通的方式和内容也应该有的放矢。

企业应该有一个常设性的有效宣传的组织，实施宣传方案的目的并不只是制作宣传广告，还应包括研究消费者对企业产品潜在的不满和要求，预防流言。大众信息传播媒介是政府与百姓间沟通的工具，同时也是企业与消费者之间的沟通工具。大众沟通中的信息传播虽然会产生流言，但也能制止流言。

对那些不利于组织，不利于企业，不利于政府的信息，有关方面最常用的办法是对有关的事件进行封锁，制止不利信息泄露，以控制舆论。

第三节　商务沟通引导大众流行

一、流行的特征和形成

1. 流行的含义

流行是指在一个时期内，社会上流传广泛、盛行一时的大众心理现象和社会行为。所谓时尚、时髦，就是指一时流行的大家崇尚的形式。

2. 流行的特征

（1）对某种生活模式的追求和效仿

社会上流传广泛、盛行一时的对某种生活模式的追求和效仿，如斗鸡、赛马、打太极拳、武打热、吃喝风、穿皮大衣、穿牛仔服、穿真丝裙、喝口服液、买彩票，等等。

（2）具有历史的连续性和现代性

流行往往具有历史的连续性和现代性特征。例如 20 世纪 90 年代流行 20 世纪 30 年代的式样和色彩，宣泄出浓郁的怀旧情绪。又如清代《儒林外史》揭露的丑恶的腐败现象，现在的腐败分子又不顾党纪国法，重新上演。美好的事物和丑恶的事物都有可能由于历史的延续性和现代性而得以流行。

（3）传播面广，追随者多

由于流行信息传播面广，追随者出于从众、服从、模仿、暗示、流行等因素，使某种生活模式在无组织性的群体中流行起来。

（4）代表人们的感受和鉴赏力

流行代表人们在某个时期内，比较一致的审美倾向，如感受和愿望等，受社会环境和文化思潮的影响较深。

3. 流行的形成与变迁

（1）以一定条件为基础

流行是以一定社会政治、经济、文化条件为基础的。原始部落、农业社会和等级社会中，没有现代意义的流行现象，有了经济条件和选择自由时才有可能去追随流行，才有可能去社会时尚中表现自我。

如美国西部最早的淘金者选择牛仔裤，因为它有实用价值，坚固耐磨，穿着随意、方便。后来，西部大开发成为美国人进取精神的例证和骄傲，西部牛仔的青春、活力、粗犷、豪放、开拓和进取感染着人们，成为人们心中的英雄，而牛仔服也因此成为青春活力和开拓进取精神的象征。人们争着购买牛仔服，无论男女老少，无论在任何场合，都喜欢穿牛仔服。这时，人们已经不是为了去开发西部，而是为了表现个性，因此，牛仔服成为流行服装，由美国流行至全球。

20 世纪 60—70 年代末，我国无论男女老少都喜欢穿蓝制服或军装。在那个中国人遭受十年浩劫的极左年代，穿蓝制服表示艰苦朴素，与当时政治上提倡的"拒腐蚀，永不沾"相呼应，表示"对资产阶级思想的抵制"；穿军装则表现自己的革命态度。

改革开放以来，人们争相展示着自己的个性和风采，色彩斑斓的服饰数款流行。衣着越来越大胆、新潮，是因为社会政治、经济、文化为流行创造了条件。

（2）社会心理特征和社会追求的结果

由于个人受非社会控制的刺激后就会进行模仿，通过模仿、仿效和再现他人的一定外部特征和行为方式，掌握了这种方式，并在思想上给予认同，再在行为上实施，于是逐渐形成一股风潮，席卷来的人越来越多，在外部特征和行为方式上相同的人也越来越多，流行得以形成。

（3）大众沟通的结果

没有信息的沟通就谈不上流行。街上自由、流畅的生活风貌；博览会、展销会、时装表演、电影、电视、广告，一切传播媒介，都在传播时尚的信息。流行是大众沟通的结果。

二、商务沟通对大众流行的影响

企业商务信息的传播应该以影响大众流行为目标，流行可以刺激消费，刺激生产，提高经济效益。

1. 商务沟通促成流行

企业与大众进行沟通，其商务信息的传播表达了社会情感。饮食、服饰、文娱、体育，都可以借助商务信息的传播表达共同的社会情趣。唱片公司和影视媒介借助各种广告形式推出各种歌曲，是商业行为，同时又表达了人们的社会感悟。例如歌曲《一无所有》，声嘶力竭，表达了部分人落魄失意又不甘沉沦的心境，是改革开放途中迷惘而又正在寻找出路的进取的人们的声音。《十五的月亮》，传统的唱法表现爱人的约会与等待，改编后的唱法唱出军人对爱情生活、亲人、祖国的热爱，也唱出了人们的亲情，这些歌曲因此形成流行，流行促进商品的销售。

大众商务沟通形成社会风气。由于商务信息的传播，有些广告语甚至成了人们的口头禅，直接影响着人们的购买力。如一则广告中一句简单的"味道好极了"的广告词，已经被人们用于各种场合。有些电影的名字连同其情节早已被人遗忘，而它的主题歌却一直流行。大众商务沟通增加了人与人之间的认同感，共同的偏好促成新的生活方式形成。人与人之间的认同感、凝聚力，因信息传播而得以增强；新的生活方式，新的价值观，社会生活习惯的变革，都因商务沟通而得以实现。

2. 流行导致生活方式变迁

（1）生活方式的含义和特征

生活方式指消费者如何享用消费资料的方式。广义的生活方式指包括生产方式在内的人类全部的社会生活现象，是人类的政治、经济、劳动、文化、艺术、精神、家庭生活的总和。

生活方式具有社会性，受社会制约，是在一定的社会环境中形成和发展的。不同的社会形态有不同的生活方式。生活方式具有历史性，随社会的发展而表现出历史的稳定性及其延续与变迁。一种风俗习惯可以延续若干世代，历经若干社会制度而不衰变。

生活方式具有差异性，由于生产方式的不同，不同的国家、不同的民族、不同的阶层、不同的社区、不同的人都有自己固有的生活习惯和偏好。

生活方式具有独立性与综合性。一方面，生活方式表现为人的多方面、多角度、多层次的生活需要与生活活动，人生理想、生活能力和生活态度都显示出来。另一方面，它又落后或者超前于生产方式的变化，既促进生产方式的变革，又成为生产方式变革的开始和外在反映。

商务沟通进行的信息传播所引起的流行，使生活方式得以超越其固有特征而形成生活方式的变革。

（2）生活方式的分类

生活方式的分类尤其是消费生活方式与劳动生活方式之间因职业、年龄、社会制度的区别而有所不同。从文化的划分层次看，生活方式分为三个层面：

表层，构成生活方式之一的生活资料及其外部特征，如言行举止、服饰、发型等。

中层，与文化制度相对应的人们具体的生活方法、生活样式和生活中的行为规范等。

深层，与文化的意识层面相对的，人们的精神风貌、生活态度、价值观等。

大众商务沟通从生活方式的分类入手，把商务信息的传播与人们生活方式各个层面的各种因素相连，进行有针对性的宣传鼓动，必然导致消费方式的改变和购买方式的改变。我国 20 世纪 90 年代至 21 世纪初，为了拉动内需，促进消费，在生活方式的引导上，大众传播媒介功不可没。

（3）生活方式变迁的特点

大众沟通导致生活方式变迁。生活方式变迁有如下特点：

一是由表及里。衣着、饮食、住房、娱乐，表面的生活现象逐渐由低层次走向高档。近年我国先富起来的一小部分人由以往的吃饱穿暖变为追求高层次生活条件，要求漂亮的衣着，营养的饮食，宽敞的住房，高档的用具，形形色色的娱乐活动。

二是自发性变迁。在符合社会道德规范以内的生活方式，社会一般不会干预，如服饰的颜色、式样，个人的行为举止，都因自己的经济、文化和社会地位的不同而自发地变迁。这种变迁一方面受国家和传播媒介导向影响，而另一方面，还在于自身的生活状况与素养，两者相结合形成的改变。

三是具有继承性和借鉴性的变迁。随着改革开放的深化和加入世界贸易组织（WTO），国际、国内的交流日益频繁深入，通过直接交往和传播媒介的大众沟通，异国、异族的生活方式成为借鉴的对象，本国的生活方式成为继承对象，生活方式走向多元化。期间，企业在对多元化生活方式的理解、服务与商务信息传播方面走在前面，进行引导，是很有必要的。

三、沟通与生产和消费

1. 当代物质消费特点与商务沟通的关系

大众沟通所进行的商务信息传播使精神和物质呈现出现代格局，表现为如下方面：

（1）生活空间扩大

随着我国西部大开发战略的实施和城市化进程的加快，以及人事制度、户籍制度等的改革，随着经济体制的转轨，商务信息在大众传播媒介中的引导、商务信息的沟通，促进了生产，也促进了消费，更促进了人们的生活方式选择，使人们的生活空间逐渐扩大。

城市各行各业的人们根据实际情况频频更换工作，农民则慢慢脱离农村，走南闯北，从事各种副业活动或进入第三产业。人们面对城乡的各种娱乐设施的建设，不再拘泥于家庭生活的小圈子，走出去进行假日的旅游休闲活动，有了更多的社会交往。尤其改革开放提倡民主、和谐、宽松的政治气氛后，人们彼此在交往和信息沟通中开启封闭多年的心扉，不再担心隔墙有耳，不再惧怕"抓辫子、打棍子"之类极左做法，畅所欲言中感受天高地阔，享受多姿多彩的服饰和美味佳肴，观赏精彩的文娱体育活动。

（2）生活观念发生变化

中国处在社会主义初级阶段，是一个没有经历过社会启蒙运动的国家，人们文化水平普遍低下，精神生活一贯贫乏，小农经济意识严重。除了如今良好的改革开放政策外，还在于大众沟通，是信息传播使得舆论兴起，形成流行，使人们精神消费和物质消费的选择大胆而多样，使生活方式变得新型而文明。

如今，广播、电视、报刊、网络，各种大众沟通媒体上频频出现的"观念更新"、"信息技术"、"知识经济"已成为流行语，"艰苦朴素"、"节俭为荣"已成过去式。高档次、高消费、超前消费，豪华、竞争、攀比，已是生活观念和生活方式变迁后的生活现象。

生活观念发生变化表现在人们更加重视精神文化消费、享乐消费、人情消费。影视、音响、歌厅、舞厅、请客、送礼、下馆子，都在成为人们追逐的目标。消费水平、消费方式很大程度上是商务沟通的结果。

（3）生活快捷多样

商务信息的传播鼓励消费，人们开始拼命地干，拼命地挣钱，拼命地购物，拼命地玩。街上到处是行色匆匆的人群和色彩斑斓的物品，购物场景随处可见。快捷多样，丰富多彩的生活方式正在流行。

2. 商务沟通对生产和消费的影响

商务沟通促进消费选择，是社会沟通的中介，是社会协调和变革的辅助剂。商务沟通在社会生产和消费中充当着各种角色，起到了良好的作用。

（1）导向

商务沟通引导流行形成于每个社会角落，是制造和传播流行信息的工具。

通过信息传播，企业和传播媒介向人们介绍多方面的知识，进行社会教育和社会启蒙，给予生活经验，示范生活方式和方法，引导生产和消费的选择，起到了导向作用。例如山东的鲁花花生油公司，在电视上进行食物烹饪宣传，对人仍如何用植物油进行煎、炒、炸，进行示范，既引导了消费，又宣传了本企业产品，促进了企业的生产及与消费者的沟通。

（2）信使

商务沟通充当信使，使人们不断收集信息，促进流行的兴衰更替。消费者对产品信息和生活知识的获取，借助大众传播媒介的商务沟通，即使足不出户，同样能够清楚地了解各种商务信息，同样能够进行购物选择。商务沟通对生产和消费起到了信使的作用，在企业和消费者之间架起了桥梁。

（3）伙伴

大众传播媒介在现代社会里已经成为人们生活不可或缺的生活伙伴，人们生活中消遣、求知、求购、求职，一切均可利用传播媒介完成。大众沟通中商务信息传播对促进消费选择，对于提高人民生活水平，促进文明、健康、科学的生活方式起着重要作用。

第四节　大众商务沟通的受传者

一、信息受传者概述

1．信息受传者的概念

信息受传者是各类沟通活动中的信息接收者。例如报刊的读者，电话、电报的接收者，广播的听众，电影、电视的观众，互联网的网民等等。

2．信息受传者分类

信息受传者类别很多，按人口学分，可分为男、女、老、中、青、少年、儿童；按受传者素质分，可分为高级受传者和普通受传者；按受传者对信息的关注程度分，可分为广泛受传者和专门受传者。专门受传者指只接收某种单一信息（如足球、象棋、赛马、钓鱼等）的受传者。

3．信息受传者的地位和权利

信息传播者应该了解信息受传者的权利和地位，这有助于沟通活动的顺利进行。

（1）知信权

知信权指获取信息的权利。联合国《世界人权宣言》中指出：人人有通过任何媒介和国界寻求、接收和传递信息和思想的权利。

世界上每个人，作为人格平等的社会个体，作为信息受传者将寻求并获得关于客观世界和人类社会变动的各种信息，这应当被看作是获得最基本人权的重要内容。

一个人如果得不到与自己生产和生活有关的社会信息，就无法对事物进行认知，无法在生活上和工作上做出准确的判断和决策，这将会使自己的生活陷入惊恐不安之中。因此，知信权是人生存的基本权利。

（2）传递信息权

信息受传者并非单方面的信息的被动接收者，他有自己的思想、观念、看法和主张，他希望在沟通活动中，在接收信息时加入自己的思想，再传播开去。受传者拥有信息，拥有传播信息的愿望和权利。例如近年的观众点播、电话采访、电话连线直播等，都是在为信息受传者发布信息创造条件，同时也是传播者获取信息反馈的重要途径。

全世界在这一权力的实现上是不平衡的。发达国家的跨国公司垄断了发展中国家的信息传播机构，将大量的时间、版面用来报道自己的或自己感兴趣的或对自己有利的信息，而发展中国家的信息却难以及时传播出去，无法与人们进行沟通。这在一定程度上影响了发展中国家的形象和建设。这实际上是对信息受传者知情权和传递信息权的一种侵犯。

某校的某学院在网上发布了本院 MBA 教师的信息，其间的一部分信息是属于教师的私人信息，如年龄等，同时上面提供的有些信息还是不准确的，并且在发布前和发布后都没有征得教师的同意，也没有告诉教师。在网上发布，就是向全世界公开。这实际上是对教师隐私权、知信权和传递信息权的一种侵犯。

（3）交流权

信息受传者享有充分的信息交流权。社会的进步，民主权利的实施，要求每个人都有权参与社会管理，参与决策过程。每个人都应该拥有通过有效渠道及时表述自己意见、建议的权利。参政、议政的权利也是信息交流权、讨论权。受传者享有这种权利，对提高社会生活质量，对稳定企业的、社会的局面都是有重要意义的。有的单位，尤其是国有企业，部分领导搞"暗箱操作"，容易导致腐败，不利于调动员工工作积极性。企业传播的商务信息是否有真实性、科学性，信息受传者也有权知道，有权议论。

（4）批评权

受传者有权监督并批评信息传播者，批评权指纠正传播者错误行为的权利。社会性的传播机构，专业传播者，非专业信息传播者，都应该对自己传播的信息负责，对信息受传者负责。尤其专业传播机构和传播者，是在代表受传者进行沟通活动，对来自受传者的质询和批评，应该积极地给予真实的回答，并及时纠正自己错误的沟通行为。

二、受传者接收信息的动机

人的需要层次（生理、安全、社交、尊重、求知、求美、实现自我）使信息受传者产生信息需要。按心理学的划分，人的需要层次是逐级上升的。

心理学家马斯洛认为人的需要层次共分为七个阶段（见图4—1）：

①生理需要——呼吸、饮食、衣着、居住、休息、医疗、性生活；②安全需要——保证、稳定、依赖、保护、秩序、法律等安全感；③社交需要——归属需要（团体、交往、友谊等），爱的需要（爱情、关怀、被接受）；④尊重需要——自尊（自尊心、自豪感、自主性），他尊（权利、威望、荣誉、地位）；⑤求知的需要——好奇心、了解、探索；⑥求美的需要——匀称、整齐、美丽；⑦自我实现的需要——追求自我成就、实现人的潜力。

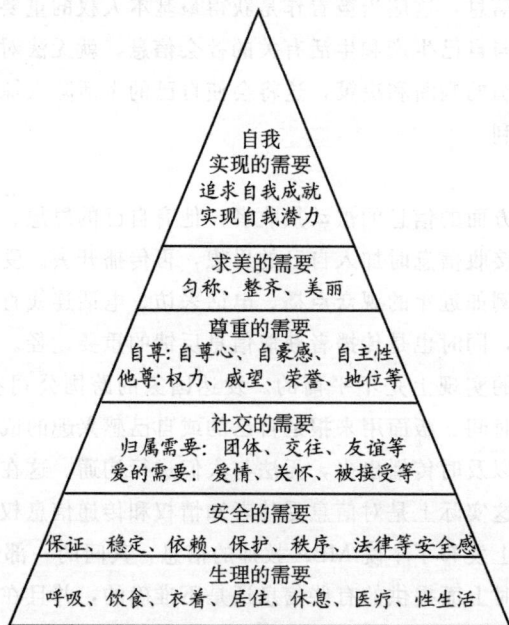

图4—1 马斯洛需要层次图

随着社会的发展，人类的进步，人类文明程度的不断提高，人的需要层次中社会性因素逐渐增多，生物性需要因素逐渐减少，人们遇到的问题也就越来越复杂。这使人的信息需要和信息沟通行为永远不会停止。

广泛的、多样的、富于社会性和发展性的信息需要，使人类奋力进行信息沟通以接收未知信息，凭借接收到的各种信息进行社会认知与自我认知，面对自我，完善自我，再通过自我信息沟通以超越自我。由人的需要层次，决定了信息受传者对信息的如下需要：

①对信息内容的需要。信息受传者要求获得有助于问题解决的特定信息。如信息具有科学性、实用性等。

②对信息类型的需要。信息受传者要求占有各种信息，对不同类型的信息如知识、消息、数据或事实资料；口头信息、文字信息、图像信息；图书期刊等文献信息，都强烈需求。

③对信息质量的需要。信息受传者要求信息正确、可靠、完整、全面，而不是模糊、错误、零散、片面、虚假的信息。用户对产品的不满意，更多的并非数量，而是质量。

④对信息数量的要求。信息受传者要求信息数量适度，易于接收。如果信息受传者接收的信息数量超过了其信息处理和利用能力的限度，就被称为"信息过载"。

三、信息受传者在沟通活动中的控制因素

1. 信息受传者在沟通活动中的主动控制

（1）选择性控制

选择适当的信息源进行查询，选择恰当的方式获得，对信息源最大限度的理解。从某一个信息集合中，把符合需要的一部分挑选出来。不同人在不同的时间、地点和环境下有不同的信息选择标准，其标准核心是相关性和实用性。

（2）选择性理解

理解信息是一个思维过程。理解需要解释和表征。解释是寻求被解信息与解释信息及解释中所包含的信息导致原有信息向纵深发展或与原预期事物相反的信息。解释的过程与受传者心理因素有关。

注意，对信息受传者的解释和受传者自身对信息的解释，是信息传播者在信息加工改造过程中的核心环节。

（3）选择性记忆

这是受传者接收信息的心理过程的最后一个环节。经过选择性的注意理解后，留下的信息在大脑信息库中又面临新的选择。无意识记忆有时能够终身不忘，就是由于选择性记忆的结果。选择性记忆包括三个阶段：信息输入—储存—输出。

2. 信息受传者在沟通活动中的被动控制

（1）遵从性心理

信息受传者在沟通活动中由于群体的影响和群体的压力，再加上某些心理因素，容易产生遵从性心理。

（2）不同的文化背景

由于信息受传者不同的宗教信仰、不同文化教育水平、不同精神生活方式和物质生活方式以及不同生活环境，信息受传者在沟通活动中的被动控制状况也就各不相同。

四、传播者与受传者的关系

1. 信息共享

沟通关系是由一些双方共同感兴趣的信息符号聚集在一起而形成的。沟通过程是信息传播者与信息受传者分享信息符号、分享信息的过程，传播者与受传者分享那些代表信息并导致彼此了解、从而会聚到一起的符号。

2. 信息反馈与行为互动

信息反馈具有迟延性、间接性、零散性、积累性的特点。

信息沟通过程中，信息传播者的信息传递与受传者的信息接收相互依存，相互影响，形成互动。

信息传播者只有尽量提供那些符合受传者需要的信息，才会为受传者接受，才会达到预期的沟通效果。信息传播者与信息受传者双方都是一个信息反馈与行为互动的积极的过程。

课后讨论

1. 什么是大众沟通？结合具体案例说明大众沟通具有哪些特征及功能。
2. 大众商务沟通通过哪些方式对舆论进行控制？对生产和消费有哪些影响？
3. 举例说明信息受传者在大众沟通活动中的控制因素。
4. 为促销某产品制订一个广告策划方案。

延伸阅读

广告策划的基本程序

一、广告的策划程序模式

广告策划的一般程序模式如图 4—2 所示。

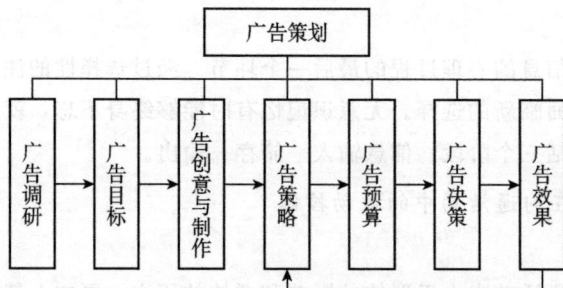

图 4—2　广告策划流程图

二、广告策划的程序

1. 广告调研

广告调研是指广告经营部门以及与广告有关的单位或部门为了征求、制作、发布和管理广告而进行的调查研究活动。

（1）广告环境调研

广告环境对广告有直接导向作用与制约作用。广告必须服从于环境的需要。策划广告时要调研如下环境信息。

自然环境：包括气温、季节、气候、地理位置等信息。直接受环境的气温影响的产品很多，如暖气和降温设备、清凉饮料、啤酒等的销售，都受气温制约。研究自然环境对广告时间、地点的选择有重要意义，否则会造成经济损失。

国际环境：各国政治、经济、军事现状，对外贸易政策，国际性贸易组织，国际会议议程，国际重大赛事，国际间的友好往来和战争、军事争端，都是广告策划应该考虑的问题。

产业环境：产业间的竞争，同类产品间的竞争，投资在产业间的转移，各产业的兴衰变化，都是广告策划应考虑的问题。

企业环境：本企业的竞争者，竞争者和自己各自在本行业中的地位，在社会中的地位，占有市场的份额都应调研。

商品环境：商品所处的生命周期，竞争力的强弱，品牌间的竞争情况，应予调研。

广告环境：广告环境指广告设计与广告媒介环境。对特定的消费群体，特定的商品，应有针对性地考虑文字、画面、音乐、表演和媒介的选择。同时，广告媒介的政策和现状，时间的安排情况，都要调研清楚。

政治经济环境：国家法令、法规、法律，政府政策等，也在广告调研之列。例如，国家严格控制国营单位进行集团购买时，一部分商品和市场的服务就会出现暂时的萎缩。而控制令一解除，情况会复原。

（2）广告主体调研

广告主体调研要确定产品的主要销售对象、个性内涵和产品的精神价值。

确定产品的主要销售对象即确定产品卖给谁，销售对象是哪些群体，是哪些个人。例如，中国杭州的"娃哈哈"的销售对象定位在有小孩的家庭，尤其是家庭主妇。待打开儿童市场后，他们再向成人市场扩大。

个性内涵即确定产品本身的特征和品质。例如原料成分、产地、用途、外观造型、色彩、包装、商标和产品档次等。由于个性内涵不同，定位也就有所不同。如中低档产品的广告设计，就不能过分豪华；设计饮料、酒等广告，要突出原料和工艺；设计时装广告要突出款式的新颖；设计药品广告要突出药的效力、成分、服用方法及其与其他药品的区别。

确定产品的精神价值即确定产品能给人精神生活带来的利益。电视机、IT 数码等产品可以直接给消费者带来精神享受，而其他产品所能带给消费者的精神享受要靠广告制作者进行精心的挖掘。例如旅游景点的石头，我们可以赋予石头精神意义。云南石林的阿诗玛、长江三峡的神女峰等等，它们都只不过是高高耸立的石头，只是人们将其人格化，并赋予了人的生活故事和精神境界。

2. 确定广告目标

确定广告目标，即确定为什么做广告，做什么广告，怎样做广告，要达到什么效果。这个步骤即是实施美国著名政治学家、传播学奠基者哈罗德·拉斯维尔提出的著名的"5W"

传播模式："描述传播行为的一个简便方法，就是回答下面五个问题：谁？说了什么？通过什么渠道？对谁？产生什么效果？"

3. 广告创意制作

目标确定后，就进行广告创意与制作。要表现广告主题，必须进行精心的、创造性的构思，使广告能够得到充分的、艺术性的表达主题。在此基础上，广告制作者应根据创意，考虑运用哪些技术和方式，去完成广告表达，以实现预期的广告效果。

4. 广告策略

广告策略主要是研究怎样突出广告主题，体现广告创意。目的是选择合适的广告媒介，以恰当的表现方式和恰当的广告时机，在合适的范围内进行广告宣传，达到预期的广告目的。

5. 广告预算

广告的设计制作、媒介的使用、广告时间的确定、覆盖范围的大小，都涉及广告经费，都受经费制约。

6. 广告决策

广告决策指对广告各种方案分析对比后进行选择，确定最佳实施方案。

7. 广告效果检验

广告效果检验可以在广告发布之前或之中、之后，并且不是一次性而是多次性进行。旨在通过检验，对广告的效果和必要性进行评估，以便对广告策略进行调整和充实。

三、广告的目标

1. 广告目标的含义

广告目标指某一特定时间内，广告主对特定信息受传者所要完成的特定商务信息传播任务，即广告主所要达到的目的。

2. 广告目标的内容

广告目标包括扩大产品的销售规模；提高产品的知名程度；保证已经占有的市场份额；树立良好的企业形象和品牌形象；引导流行，改变传统的消费习惯。

四、广告创意与创作

1. 广告创意的含义

广告的创意是指对广告创作对象进行想象和创造，使广告内容与形式能够很好地结合起来。包括对题材的选择，主题的提炼，形象的典型化，文字的精练，图画的意境和体裁，表现方法与表现风格等方面的综合思考和想象。

2. 广告创意的过程

广告创意的过程包括收集材料，进行准备；对材料进行分析和创造性的想象；进行提炼和构思，使想法成型和完善；比较和实验，如果验证结果满意，就叫广告设计部门完成广告作品。

五、广告的策略

1. 产品定位策略

产品定位策略是确定本产品销售的时间、地点。

（1）实体定位

实体定位指在商务信息传播中突出产品的新价值，与同类产品相比所具有的优越性，以及顾客从中得到的利益。主要包括以下几个方面：功效定位，主要与同类产品相比较，突出本产品效力；品质定位，强调本产品的良好品质，如美国的百事可乐强调产品是天然原料所做，不含咖啡因，对人体无害；市场定位，是确定本产品在市场上占有的份额；价格定位，是突出本产品的价格优势，价廉物美。

（2）观念定位

观念定位，是突出产品的新意义，主要包括三个方面。

其一，递向定位。借助竞争力强且在市场上有很大名气的竞争对手的荣誉来引起消费者对自己产品的关注和支持。例如有的广告声称："我们仅处在第二位，只在某某方面比他们更强，我们还将努力提高"。这在表面上是自甘落后，而实际上是突出自己的强项，美化自己的形象，以改变消费者观念，赢得消费者。

其二，非定位。把商品市场加以区分，以确定自己的位置。例如美国的七喜汽水，定位时巧妙地把饮料分为两种类型，声称自己是"非可乐型"，因此打破可口可乐和百事可乐垄断市场的局面，为自己争得一席之地。

其三，跨文化定位。在商务信息传播时注意不同国家、不同种族的文化习俗和生活方式，寻找合适的广告语。

2. 产品周期策略

产品生命周期的长短不同，广告目标、广告对象、媒介选择和广告策略就有所不同。

（1）产品成长期

产品刚进入市场，消费者还感到陌生，广告策略以告知信息为主，突出与旧产品的差异，是为引起消费者的注意和兴趣。

（2）广告中期

广告中期指产品已经进入成熟期，获得了消费者信任，销售额在上升，同类产品正参与竞争。这时期广告应以巩固市场为目的，以强有力的诉求和优于同类产品的信息导引消费者认准自己的品牌。

（3）饱和期与衰退期

供求饱和的情况预示产品已进入饱和期与衰退期，这个时期的目标是维持产品市场，不断提醒消费者购买。内容上应突出售前与售后服务，时间上可以间隔性地、定时性地发布广告。

3. 目标市场策略

目标市场策略是指为满足特定人群的需要而选择一定的市场范围，以达到预定目标的策略。其中包括如下几种策略：

（1）无差异目标策略

无差异目标指在一定时间内，针对同一目标市场，以同一主题为内容的广告。有利于各种媒介同时用同一内容发布商务信息，迅速提高产品知名度。

（2）差异目标策略

差异目标指在一定时期内针对细分的目标市场，做不同主题、不同内容的广告。因为这时市场需求分化突出，各细分的子市场各有不同的特点，因此在广告设计、制作、主题、媒介选择等方面都不同。

（3）集中性目标策略

集中性目标策略是指把广告商务信息传播的力量集中在细分后的一个或几个子市场上的策略。一般应挑选对自己销售有利的，能发挥自己优势的，自己力所能及的市场集中力量进行商务信息传播。

4．心理能动策略

运用心理学的原理来策划广告，诱导消费者心理，使之认识信息的因素及其行为，再修正因素以影响行为，这被称为心理能动策略。

广告活动中所运用的心理学原理是需要、注意、联想、记忆、诉求。

①需要，包括消费者实用价值的需要和心理满足的需要，广告应引起需要和刺激需要，应针对需要设计广告。②注意，是指加强消费者对广告信息的注意作用。广告的艺术性如形式、色彩等都是容易引起消费者注意的因素。③联想，是激发消费者联想力以使广告的空间扩大，时间延长。④记忆，是指让消费者购买产品时想起广告，想起广告宣传的产品的优越性。⑤诉求，是告诉消费者哪些是生活里需要的，应该如何去满足需要，敦促其为了满足需要而购买产品。

消费者心理与社会文化密切关联，应了解消费者的社会期待和行为，然后通过广告沟通信息修正消费者的社会期待，以影响其消费行为的策略。

5．广告媒介策略

广告媒介策略是指根据广告的各种定位需要，选择广告媒介和有机搭配组合广告媒介的策略。

（1）广告媒介性质

广告媒介性质是指商务信息传播媒介的影响力及其能产生的心理效益。媒介覆盖的范围大小，媒介的社会文化影响状况怎样，消费者对媒介的信任程度如何，都直接影响购买动机和购买行为。

广告媒介的收费标准和广告作品设计制作费用也是考虑的问题之一。企业应该根据自己的财力和自己的需要量体裁衣。相对价格与实际平均费用都要很好地测算清楚。

不同媒介如何有机配合，怎样才能在广告目标下使选用的媒介取长补短，交错运用，创造销售气氛，吸引消费者注意，都取决于最佳媒介组合方案的选择。

（2）媒介传播时间

通过传播媒介发放广告的时间有以下几种方式：

集中性时间，是在较短的时间内集中广告优势、使用多媒介组合，造成强大的广告声势，促进销售。

均衡时间，指有计划、有步骤地、反复地、较长时间地进行商务信息传播，以扩大产品的知名度和影响力。

季节性时间，主要针对销售季节性强的产品。在销售旺季来临前进行大肆宣传，旺季到来即达宣传顶峰，之后逐渐减弱，季节结束即停止。节假日的商务信息传播也根据这个原则进行广告发放时间的安排。

第二部分
商务沟通礼仪

第五章

礼仪概述

学习目标

1. 学习了解礼仪的基本概念及礼仪的产生与发展；
2. 深刻认识礼仪是人们在社会活动中应该遵守的行为准则。

学习方法

阅读相关礼仪书籍，学习礼仪的基本原则；通过具体案例分析，了解礼仪的重要地位与作用。

主要内容

礼仪的概念，礼仪的形成与发展，礼仪的基本原则，礼仪的作用与地位。

引导案例

"你会坐吗?" 一次公关部长聘任考试

一家公司准备聘用一名公关部长，经笔试筛选后，只剩 8 名应试者等待面试。面试限定他们每人在两分钟内对主考官的提问做出回答。当每位应试者进入考场时，主考官说的是同一句话："请您把大衣放好，在我面前坐下。"然而，在进行面试的房间中，除了主考官用的一张桌子和一把椅子外，其他什么东西也没有。

有两名应试者听到主考官的话以后，不知所措，另有两名急的直掉眼泪；还有一名听到提问后，脱下自己的大衣，搁在主考官的桌子上，然后说了句："还有什么问题?"结果，这五名应试者全部被淘汰了。

剩下的三名应试者，一名听到主考官发问后，先是一愣，旋即脱下大衣，往右手上一搭，躬身致礼，轻轻地说道："这里没有椅子，我可以站着回答您的问话吗?"公司对这个人评语是："有一定的应变能力，但创新开拓不足。彬彬有礼，能适应严格的管理制度，可用于财务和秘书部门。"

另一名应试者听到问题后，马上回答道："既然没有椅子，就不用坐了。谢谢您的关心，我愿听候下一个问题。"公司对此人的评语是："守中略有攻，可先培养用于对内，然后再对外。"

最后一名应试者的反应是，听到主考官的问话后，他眼睛一眨，随即出门去，把候考时坐过的椅子搬进来，放在离主考官侧前约一米处，然后脱下自己的大衣，折好后放在椅子背后，自己就在椅子上端坐好。当"时间到"的铃声一响，他马上站起来，欠身一礼，说了声"谢谢"，便退出考试房间，把门轻轻地关上。公司对此人的评语是："不着一词而巧妙地回答了问题；性格富有开拓精神，加上笔试成绩佳，可以录用为公关部长。"

礼仪是一种为时代共识的行为准则或规范，为大家所认可，可以用语言、文字和动作进行准确描述和规定的行为准则，并成为人们自学学习和遵守的行为规范。作为人类历史发展中逐步形成并积淀下来的一种文化，始终以某种精神的约束力支配着每个人的行为，是现代人的处世根基，成功者的潜在资本。尤其是对于有着悠久历史，被称为"礼仪之邦"的中华民族，礼仪的作用更是不可小觑。

怎样放置大衣，怎样坐下，能够在短暂的两分钟之内赢得别人的另眼相看，看起来是一个很简单的问题，但却处处体现了对于一名公关人员礼仪要求。在现代商务交往中，行为举止上的一个小细节便能反映出一个人的精神面貌和仪表风度。只有通过身体力行，在一举一动中都展现出礼仪的魅力，才能在处理公共关系和社会交往中安之若素，在竞争日益激烈的商业竞争中有的放矢。在实际公共关系处理和商务沟通中，能够表现的大方得体，巧妙处理各种问题的人，更容易给对手留下良好的印象，从而在竞争中取胜。

第一节　礼仪的概念与发展

一、礼仪的概念

礼，在汉语中本意为"敬神"，后引申为"敬人"。仪，《说文解字》中"仪，度也。"本意为法度、准则、典范，后引申为礼节、仪式和仪表。

礼仪属于道德范畴，是人类社会活动的行为规范，是人们在社交活动中应该遵守的行为准则。礼仪具体表现为礼貌、礼节、仪表、仪式等。

礼貌是指人们在相互交往过程中表示尊重、友好等谦虚恭敬的规范行为。按东汉经学家赵岐的解释："礼者，接之以礼也；貌者，颜色和顺，有乐贤之容"。司马光则进一步要求："凡待人无贵贱贤愚，礼貌当一。"意思是说，在交往中，无论对什么人都要一视同仁，讲究礼貌，都要用言语、行动对对方表现恭敬谦虚。如果一个人在待人接物时傲气十足、出言不逊、动作粗俗或衣冠不整，就是对他人没有礼貌。

礼节是人们在日常生活中，特别是在交际场合中，相互表示尊敬、祝颂、问候、致意、哀悼、慰问，以及给予必要的协助与照料的惯用形式。礼节是待人处事的规矩，是人类在长期的社会生活中自然产生、约定俗的行为规则。它虽然不像法律那样至高无上，但是，要得到别人的理解、社会的承认，必须遵守人与人之间交往的规则和方式，即遵守礼节。

仪表是指人的外表，包括容貌、姿态、风度、服饰及个人卫生等，是礼仪的重要组成部分。

仪式是指特定场合举行的专门化、规范化的活动。

总之，礼貌、礼节、仪表、仪式等都是礼仪的具体表现形式，它们是互相联系的。

二、礼仪的形成与发展

1. 礼仪的产生

礼仪的起源可以追溯到原始社会的远古时代。那时，社会生产力十分低下，人类处于一种愚昧状态，在大自然面前显得软弱无力，对斗转星移、四季更换、风起云涌、电闪雷鸣等自然现象感到神秘莫测、惶惑不解，在地震、旱涝、疾病等自然灾害面前感到束手无策。于是，人们就把生活中的得失或成败归之于自然的恩赐或惩罚。

人们相信在天地之间，还有超自然的神主宰着世间万物，天、地、日、月、山、川等皆由神主管，并且还有形形色色的鬼在世间作祟。人们为了避免受伤害，便虔诚地向神鬼跪拜敬礼，祈求免祸致福，从而产生了人类以祭天、敬神为主要内容的"礼"的雏形。在长期敬神祭鬼的活动中，使得各种程序与形式逐渐完善并固定下来，这就是最初的礼仪。可见，礼是原始社会宗教信仰的产物。

2. 礼仪的发展

随着私有制、阶级和国家的出现，人类社会进入到奴隶社会，这是人类社会的一大进步。人类的文明程度也随之得到提高，原始社会时期的亲婚群婚、茹毛饮血等野蛮现象基本消失，各种礼仪制度相继确立。

礼作为一种行为尺度和规则被打上了阶级的烙印，礼仪也从主要的原始宗教仪式发展成为一整套的伦理道德观念。奴隶主贵族用礼来树立君主的尊严和绝对权威，维护自己在政治、经济、文化及社会各方面的统治。正所谓"礼，国之大柄也"。古人云："中国有礼仪之大，故称夏；有服章之美，故称华。"古代华夏民族正是以丰富的礼仪文化受到周边其他民族的赞誉的。早在孔子以前，已有夏礼、商礼、周礼三代之礼。西周时代是我国古代历史上的礼治时代，在周公主持下制定的《周礼》内容较为广泛，礼法更为详尽，是我国最早也是最重要的礼仪论著，对后世礼仪的发展影响极大。

春秋战国时期，以孔子、孟子、荀子为代表的学者更加系统地阐述了礼的起源、本质与功能。孔子是我国历史上第一位礼仪学专家，他把"礼"作为治国安邦的基础。他主张"为国以礼"，"克己复礼"，倡导人们"约之以礼"，做"文质彬彬"的君子。并积极投身于礼仪教育，以"诗、书、礼、乐教，弟子盖三千焉；身通六艺者，七十有二人"。

孟子也很重视"礼"，如他所说："恻隐之心，人皆有之；羞恶之心，人皆有之；恭敬之心，人皆有之；是非之心，人皆有之。恻隐之心，仁也；羞恶之心，义也；恭敬之心，礼也；是非之心，智也"。把仁、义、礼、智作为基本道德规范。他还认为"辞让之心"和"恭敬之心"是礼的发端和核心。荀子著有《礼论》，论证了礼的起源和社会作用。他说："礼者，人道之极也。"把礼看作是做人的根本目的和最高理想，把识礼、循礼与否作为衡量人的贤愚和高低贵贱的尺度。

到了封建社会，礼的演进进入了礼仪时期，而且礼仪制度有了新的特点，即被打上了严格的等级制度的烙印，其主要作用是维护封建社会的等级秩序。在中国，封建社会的最高统治者皇帝自命为"真命天子"，他的话就是金科玉律。朝见天子，须三跪九叩，念念有词。

这些都适应了封建社会地主阶级等级森严的政治制度的需要。

到了现代社会，维护尊卑等级的陈旧没落的形式被废除，代之以人与人之间相互尊重、相互平等的礼仪，礼仪从形式到内容都发生了很大变化。

现代礼仪有许多继承了传统礼仪中的精华。如《礼记》中载道："言语之美，穆穆皇皇。"即语言之美在于谦恭、和气、文雅；并规定人与人交往时，应"不失足于人，不失色于人，不失口于人"，也就是不要在行动上出格，不要在态度上失态，不要在语言上失礼。

《论语·雍也》篇中说："质胜文则野，文胜质则史。文质彬彬，然后君子。"就是说若仅品格质朴，而不注重礼节仪表，就会显得粗野；若只注重礼节仪表，而缺乏质朴的品格，就会显得虚浮。只有外在的仪表同质朴的品格结合，这才能算得上是一个有教养的人。这些言论为现代礼仪的形成奠定了基础。还有"责己严、待人宽"，"温良恭俭让"，"尊老爱幼"等行为规范也都为今人所用。

交际礼仪在今天的发展又呈现出新的趋势：

一是形式趋简，如中国古代交际礼仪中的"拜"随着时代的变迁，为适应当代人快节奏生活方式，致意的礼仪相继以握手、点头、微笑等代替。

二是礼仪内容日渐丰富。当代人交往频繁，范围扩大，礼仪也有很大变化。如言语礼仪增加了大量的外语词汇，而非言语交际礼仪更显示了当今科技、生产力发展水平，以及生活方式与文化思想的和谐。如现在刊登广告贺新婚、电视（台）点歌祝寿、电话、短信拜年等已成为最新颖的礼仪形式。

总之，从礼仪产生和发展的轨迹可以看出：礼仪作为人们的行为模式和规范，属于社会的上层建筑，由社会的经济基础所决定，并随着社会实践而不断地丰富和发展。在任何一个阶级社会里，占统治地位的礼仪思想和制度总是那个社会统治阶级思想和意志的体现，是为统治阶级服务的工具。而现代礼仪无疑有了本质的飞跃性的进步，它最终由社会的物质生活条件所决定，并且它又将以自己特有的方式对社会的发展起着越来越重要的作用。

第二节 礼仪的原则与作用

一、礼仪的基本原则

孔子说："礼仪三百，威仪三千"。虽未免言过其实，但说明礼仪名目之多。今天的礼仪细则也很纷繁，加上世界各国的礼仪习俗，更是五彩缤纷。因而，除了人类共同遵守交往的基本礼仪准则以外，还应注意以下几个方面的原则。

1. 系统整体原则

礼仪是一个完整体系，几千年来已经无所不包，因而在对外交往和公关交往中，我们一定不能忽视它的整体性，并注意采集信息应完整。因为来宾或合作对象的性别、年龄、国籍、民族、宗教、信仰、职业，都决定了他适应并喜好什么样的礼仪接待，搞错一个环节都可能招来负面效果。

国内某公司有一次准备在接待来华的意大利来宾时送每人一件小礼品。于是,该公司订购制作了一批纯丝手帕,是杭州制作的,还是名厂名产,每个手帕上绣着花草图案,十分美观大方。手帕装在特制的纸盒内,盒上又有公司社徽,显得是很像样的小礼品。中国丝织闻名于世,料想会受到客人的喜欢。

公司接待人员带着盒装的纯丝手帕,到机场迎接来自意大利的宾客,欢迎词热情、得体。在车上他代表公司赠送给每位来宾两盒包装甚好的手帕作为礼品。没想到车上一片哗然,议论纷纷,来宾显出很不高兴的样子。特别是一位夫人,大声叫喊,表现极为气愤,还有些伤感。公司接待人员心慌了,好心好意送人家礼物,不但得不到感谢,还出现这般景象。中国人总以为礼多人不怪,这些外国人为什么怪起来了?

原来,在意大利和西方一些国家有这样的习俗:亲朋好友相聚一段时间告别时才送手帕,取意为"擦掉惜别的眼泪"。

在本案例中,意大利宾客兴冲冲地刚刚踏上盼望已久的中国大地,准备开始愉快的旅行,你就让人家"擦掉离别的眼泪",人家当然不高兴,就要议论纷纷。那位大声叫喊而又气愤的夫人,是因为她所得到的手帕上面还绣着菊花图案。菊花在中国是高雅的花卉,但在意大利则是祭奠亡灵的。人家怎不愤怒呢?

本案例告诉我们:旅游接待与交际场合,要了解并尊重外国人的风俗习惯,这样做既对他们表示尊重,也不失礼节。

2. 公平对等原则

礼仪的核心点,即尊重交往对象,以礼相待。社会交往中每个人都希望得到尊重,体现自我价值。因而,对任何交往对象都必须一视同仁给予同等程度的礼遇。如果因为交往对象彼此之间存在年龄、性别、种族、文化、职业、身份、地位、财富等方面的差异,如果有亲有疏,厚此薄彼,或傲慢冷落,或曲意逢迎,都会被视为不礼貌。故交往时应公平大方,不卑不亢,主动、友好、热情又有所节制。

某公司的场地构造有点特殊,进门的玄关旁边有一个座位,由于负责财务的刘姐不用和他们项目组的同事坐在一起,所以玄关旁边的位子就是她的座位。该公司前几个月新来了一个大学毕业生,每次进门首先看见刘姐,招呼不打一声,头也不点一下不说,还直瞪瞪看她一眼就走进去了。刘姐怀疑这个大学毕业生可能以为她只是一个前台的阿姨,所以如此不屑一顾。后来过了几天,大概这个大学毕业生终于搞清楚刘姐并非是什么接接电话、收收快递的阿姨,而是掌管她每个月工资的"财政大臣",猛地就开始殷勤了起来,一进门"刘老师"叫得山响。可是,刘姐心里的感受却不一样了,即使现在对她再怎么尊敬,毕竟是有原因的,刘姐对这个大学毕业生也生不出什么好感来。

新人刚进职场,礼貌很关键,人际关系一定要妥善处理,不能以貌取人或者想当然,要记得地位低下的员工同样也是前辈或者长辈。哪怕是打扫卫生的阿姨,如果正好清理到自己的纸篓什么的,不忘记说一声"谢谢",就会平添自己很多的亲和力和人缘。刚刚毕业的大学生真的是要好好树立自己在公司的第一印象，这可不是闹着玩的。

3．遵时守约原则

中国传统文化讲人际交往，做人要以信义为本，提倡"一诺千金"。在交际应酬之中，每一位参与者都必须自觉遵守礼仪，用礼仪去规范自己的言行举止，现代社会节奏加快，遵时守约更为重要。任何人，不论身份高低、职位大小、财富多寡都有自觉遵守、应用礼仪的义务，守法循礼，守约重诺，再正当的理由失约后也应道歉，无故失约将会受到公众的指责。

守时就是遵守承诺，按时到达要去的地方，没有例外，没有借口，没有理由，任何时候都得做到。即便你因为特殊原因不得不失约，也应该提前打电话通知对方，向对方表示你的歉意。这不是一件小事，它代表了你的素质和做人的态度。这里不是要告诉你守时这条原则的重要程度，是要告诉你一些它如此重要的原因。如果你对别人的时间不表示尊重，你也不能期望别人会尊重你的时间。一旦你不守时，你就会失去影响力或者道德的力量。但守时的人会赢得职员、助手、货商、顾客……每一个人的好感。借用戴尔·卡耐基的一句话：如果你想结交朋友和有影响力的人，就要准时。

例如，上班守时很重要，迟到是不能得到谅解的行为，因为这表示你对工作不够重视。一些年轻人刚到公司的时候，对公司的规章制度看得较轻，工作上虽十分卖力，但迟到早退却往往是纪律严明的公司所不能容忍的，因为他们认为守时是最基本也是最重要的品质。假如和人约好了时间却未准时地到达，那老板对你的印象不只是大打折扣，而是立刻一落千丈。常常迟到、早退，或是事先毫无告知便突然请假，既会让事情变得杂乱无章，又会妨碍全体成员的工作进度。这样的人无法为他人所信赖的，更无法让老板信任。

4．和谐适度原则

古人云："君子之交淡如水，小人之交甘如醴。"此话不无道理。在人际交往中，沟通和理解是建立良好人际关系的重要条件，但如果不善于把握沟通时的感情尺度，即人际交往中缺乏适度的距离感，结果会适得其反。

例如，在一般交往时，既要彬彬有礼，又不能低三下四；既要热情大方，又不能轻浮诡诶。在接待服务时，既要亲切友好，尊重客人；又要自尊自爱，端庄稳重。特别要注意做到把握分寸，认真得体。"礼仪使人们接近，礼仪使人们疏远。"为什么呢？在陌生人初次见面时，礼仪可以表现为有教养，可以展示内在气质与人格魅力。但不分场合，乱用礼仪，反而会表现出不懂教养，令人难以相处，甚至会弄巧成拙。因此，应用礼仪要和谐适度，具体情况具体分析，因人、因事、因时、因地恰当处理。

5．尊重习俗原则和风俗禁忌原则

"十里不同风，八里不同俗"，"进门见礼，出门问忌"，这些劳动人民有益的格言都说明尊重各地不同风俗与禁忌的重要性。特别是在对外交往中不懂外国禁忌，不懂少数民族禁忌可能会造成不愉快的后果。因此，必须坚持入乡随俗，充分了解与交往对象相关的习俗、禁忌，才能真正做到尊重交往对象。

案例分析

焦雪梅是一名白领丽人，她机敏漂亮，待人热情，工作出色。有一回，焦小姐所在的公司派她和几名同事一道，前往东南亚某国洽谈业务。焦小姐和她的同事一抵达目的地，就受到了东道主的热烈欢迎，在随之为他们特意举行的欢迎宴会上，主人亲自为每一位来自中国的嘉宾递上一杯当地特产的饮料，以示敬意。轮到主人向焦小姐递送饮料之时，一直是"左撇子"的焦小姐不假思索，自然而然地抬起自己的左手去接饮料，见此情景，主人却神色骤变，重重地将饮料放回桌上，扬长而去。

原来，在那个国家里，人们的左右手有着明显的分工。正规情况下，右手被视为"尊贵之手"，可用于进餐、递送物品以及向别人行礼。而左手则被视为"不洁之手"，用左手递接物品，或是与人接触、施礼，在该国被人们公认为是一种蓄意侮辱。焦小姐在这次交往中违规犯忌，说到底是由于她不了解交往国的习俗所致。

案例分析

有个酒店住入了一少数民族团体，团体中美丽的少女们都各戴着一顶很漂亮的鸡冠帽。有个酒店男员工与之混熟了一点后，出于好奇，用手摸了一下一位少女的帽子，结果被弄到族长那里去，族长以为男员工爱上了那位少女，向她求婚。后经酒店领导出面调解，二者以兄妹相称。

在历史上这个少数民族曾在一夜里受到外族的入侵，恰巧一公鸡鸣叫，唤醒了人们，才免去了一次灭族之灾。以后，为了纪念这只公鸡，村里美丽的少女都戴上鸡冠帽，男子一触摸就表示求婚。因此在与少数民族的交际中，应了解并尊重少数民族的风俗习惯，不做他们忌讳的事，这样才有利于各民族之间平等友好的交往。

6. 外事礼宾顺序原则

外事礼宾顺序原则指在外事活动中，根据礼宾需要列出的排名顺序规范。这一原则几乎渗透一切外事交往中，迎来送往、衣食住行、会见、升旗等，谁先谁后都要符合礼仪规范，稍有差错就会被认为对一个国家的不尊重。有《维也纳外交关系公约》对此做出明文规定，所有从事涉外公关工作人员都应掌握这一原则。

案例分析

1995 年 3 月在丹麦哥本哈根召开联合国社会发展世界首脑会议，出席会议的有近百位国家元首和政府首脑。3 月 11 日，与会的各国元首与政府首脑合影。照常规，应该按礼宾次序名单安排好每位元首、政府首脑所站的位置。首先，这个名单怎么排，究竟根据什么原则排列？哪位元首、政府首脑排在最前？哪位元首、政府首脑排在最后？这项工作实际上很难做。

丹麦和联合国的礼宾官员只好把丹麦首脑（东道国主人）、联合国秘书长、法国总统以及中国、德国总理等安排在第一排，而对其他国家领导人，就任其自便了。好事者事后向联合国礼宾官员"请教"，答道："这是丹麦礼宾官员安排的。"向丹麦礼宾官员核对，回答说："根据丹麦、联合国双方协议，该项活动由联合国礼宾官员负责。"

国际交际中的礼宾次序非常重要，在国际礼仪活动中，如安排不当或不符合国际惯例，就会招致非议，甚至会引起争议和交涉，影响国与国之间的关系。在礼宾次序安排时，既要做到大体上平等，又要考虑到国家关系，同时也要考虑到活动的性质、内容，参加活动成员的威望、资历、年龄，甚至其宗教信仰、所从事的专业以及当地风俗等。礼宾次序不是教条，不能生搬硬套，要灵活运用、见机行事。有时由于时间紧迫，无法从容安排，只能照顾到主要人员。此例就是灵活应用礼宾次序的典型案例。

7．女士优先原则

"女士优先"是国际社会公认的一条重要的礼仪原则。"女士优先"的含义是：在一切社交场合，每一名成年男子，都有义务主动自觉地，一视同仁地去尊重、照顾、体谅、关心、保护妇女。

外国人强调"女士优先"的主要原因，并非是因为妇女被视为弱者，值得同情、怜悯，最为重要的是，他们将妇女视为"人类的母亲"。因此，"女士优先"是西方的一个体现教养水平的重要标志。中国人讲"扶老携幼"，外国人可能不接受，但为女士开门、让座、引路、行走时让出安全的一边等，则都体现出懂礼貌和具有绅士风度。

案例分析

在一个秋高气爽的日子里，迎宾员小贺，着一身剪裁得体的新制衣，第一次独立地走上了迎宾员的岗位。一辆白色高级轿车向饭店驶来，司机熟练而准确地将车停靠在饭店豪华大转门的雨棚下。小贺摆好姿势，并目视客人，礼貌亲切地问候，动作麻利而规范、一气呵成。小贺看到后排坐着两位男士、前排副驾驶座上坐着一位身材较高的外国女宾。小贺一步上前，以优雅姿态和职业性动作，先为后排客人打开车门，做好护顶关好车门后，小贺迅速走向前门，准备以同样的礼仪迎接那位女宾下车，但那位女宾满脸不悦，使小贺茫然不知所措。

通常后排座为上座，一般凡有身份者皆在此就座。但是在西方国家流行着这样一句俗语："女士优先"。在社交场合或公共场所，男子应经常为女士着想，照顾、帮助女士。诸如：人们在上车时，总要让妇女先行；下车时，则要为妇女先打开车门；进出车门时，主动帮助她们开门、关门等。西方人有一种形象的说法："除女士的小手提包外，男士可帮助女士做任何事情。"迎宾员小贺未能按照国际上通行的做法先打开女宾的车门，致使那位外国女宾不悦。

二、礼仪的作用与地位

人类自从诞生以来，就从未间断过相互之间的交往，礼仪也随之产生发展，它是人类文明的重要标志。讲究礼仪、尊重他人，是一个人精神状态、文化教养和道德水平的反映。古人云："国尚礼则国昌，家尚礼则家大，身尚礼则身正，心有礼则心泰。"可见，礼仪在社会生活中的地位和作用何等重要。

1．促进社会和谐发展

礼仪促进了社会关系的发展，同时也促进了生产力的发展。

不论是女娲的子孙，还是亚当的后代，他们都渴望和平、渴望友好，以礼相待是人们从心底发出的呼声，礼仪是人类自身发展的产物。古人云："礼以安上化人。"礼仪正是维系、巩固这种人们之间联系和社会关系的纽带。礼尚往来不仅促进了社会关系的发展，同时也促进了生产力的发展。

2．治国之本

礼仪是治国之本，也是民族凝聚力的体现。

在孔子时代，"礼仪"被看做是治国之本，当时人们所演习的"六艺"之中，"礼"一直被当做重要的必修课，是孔子治国的理想。荀子在《修身篇》中提出："故人无礼则不生，事无礼则不成，国无礼则不宁。"《管子》中说："礼义廉耻，国之四维。"将礼列为立国四精神要素之首，其突出的社会作用不言而喻。

习俗是一种神圣的，不可侵犯的，除环境和文化进步之外不屈服于任何权力的东西。由此可见，不论任何国家、任何民族，礼仪在现实世界中是非常重要的，是民族凝聚力的体现。

3．道德标志

礼仪既是个人道德水准的体现，也是教养程度的重要标志。

古人云："人之所以为贵者，以其有信有礼。"礼仪是以对别人的尊重为基础的，是一个人的道德水准高低和有无教养的重要标志。"美德是精神上的一种宝藏，但是决定它们生出光彩的则是良好的礼仪。"

现实社会中，人们都在以各种不同的方式追求着自身的完美，寻求通向完美的道路。加强礼仪修养则是实现完美的最佳方法，它可以丰富人的内涵，从而提高自身素质与内在实力，使人们面对纷繁的社会，有勇气、有信心充分地实现自我，展示自我。

4．促进改革开放与文化交流

礼仪促进改革开放、促进文化交流，为中华民族走向世界架设了通达桥梁。

在世界各国人民的长期交往过程中，不论是使节往来、文化交流，还是宗教传播、通商贸易，礼仪都起着沟通与桥梁的作用。随着中国入世后，社会的快速进步和文明程度的不断提高，完备的礼仪可以联络人与人之间的感情，协调上下左右的关系，加强国际间的合作。正如西班牙伊丽莎白女王所说："礼节乃是一封通行四海的推荐书。"

复习思考题

1．什么是礼仪？

2．什么是礼貌？什么是礼节？什么是仪表？什么是仪式？

3．礼仪有哪些原则？礼仪有哪些作用？

4．你对中国是"礼仪之邦"这一美称如何认识？

★进一步阅读材料

李惠中．跟我学礼仪．北京：中国商业出版社，2002

实践课堂

1．实践内容：进行礼仪知识宣传活动。

2. 实践目的 ：通过礼仪知识的宣传活动，传播中华礼仪文明，提高全民素质。

3. 实践环节：组织学生在王府井商业街（或其他主要商业街道）向群众发放礼仪知识手册（手册内容包括礼仪常识及冠名企业及产品的介绍）。同时，由学生表演各自的才艺节目，以歌舞和礼仪形体展示为主，宣传礼仪文化。

4. 技能要求：熟知各种礼仪常识，并能在各种场合进行应用。

第六章

仪表仪容与服饰

✤ **学习目标**

1. 了解仪表仪容、仪态服饰的基本要求；知晓化妆礼仪、服饰穿戴的基本原则。
2. 纠正不良姿态，在交际中展示人的精神力量和仪表风度，创造和谐的气氛，达到思想和审美共鸣。

☆ **学习方法**

通过多媒体演示，介绍仪表仪容、仪态服饰的基本要求，提示化妆、服饰穿戴中需要注意的问题。

✤ **主要内容**

仪表风度、仪容化妆、仪态服饰。

➤ 引导案例

中国女性为何不优雅

大家都很熟悉朱军的艺术人生的访谈节目，其中有一期，或许并不显眼，但却可以引起人们的反思。该期节目的访谈嘉宾是位中年女人。我们或许都不认识她，但却不得不被她所散发出的优雅"气息"所吸引。荒木由美子，就是那位20年前红遍中国的《排球女将》的小鹿纯子。朱军对面的荒木由美子保养良好，最主要的是眼神清澈笃定，完全没有有些四十多岁的中国女人的疲惫和迷茫，让人不由得心生向往。人们不禁会想，为什么人家就能如此优雅呢？

有本叫《虹》的女性杂志和某网站策划了"20位最令人美慕的中国女人"评选。上面都是些公众人物，刘嘉玲、张曼玉、章子怡、杨紫琼、莫文蔚、杨澜、张小娴，总之很抓人眼球。对于男人，是视觉的豪华盛宴；对于女人，潜移默化中起到了榜样引导的作用。这是一类集合了美丽、自信与成功的女性，她们无疑个个都拥有着令人着迷的魅力，是中国女性的旗手。如果区别于大多女性的乏味庸俗，她们也可以并入优雅一类，尽管其中有些人散发着充满争议的攻击性。可惜，中国这样的优雅女性太少了。

首先需要解决一个概念问题，什么是优雅？优雅这东西只能感觉，难以用语言清晰地表达，是只能用排除法和关联法定义的概念。首先，漂亮不等于优雅。这个观念如今基本上人人都能接受。漂亮和优雅的区别，用我们周围的事物来比拟的话，就好比花朵的颜色与香味的关系一样：一朵花可能姹紫嫣红，却不一定暗香浮动，疏影横斜。

优雅也不是物质堆砌出来的，不是抹上雅顿、兰蔻、SK－II，穿上什么桑蚕纱就可以拥有的。那叫时尚，是外在的。而优雅却是由内而外，自然流露，是闪光的钻石，是静静绽放的百合。

一个女孩子在20岁是漂亮，她们其中的一部分在合适的土壤中经过一以贯之的修炼。在30岁以后，有优雅的光泽，就可以永葆青春，魅力指数如滔滔江水，像一杯久经发酵和酝酿的美酒，已经不在于它的原料，而是来自于时间的积淀和醇香，就像荒木由美子，就像"20位最令人羡慕的中国女人"。

内在美的衡量，取决于女性的精神状态、个人气质、品德情操和生活习惯，它是在长期的陶冶中形成的。如果能够做到活泼但不轻佻，谦虚但不自卑，自信但不自傲，忍让但不软弱，诚实但不愚蠢，就是比较完美地具有内在美了。它是一个人在仪态与仪容，仪态与服饰中最集中的体现。

美不仅是天生的外表美，还要具有内在的心灵美。这样，才能产生美的魅力。内在美似无形而实有形，往往从一个人的外部特征中表现出来。对女性而言，内在美表现在生活上，谦和恭敬、柔情似水；社交上，善良、有同情心、体贴他人、帮助弱者；工作上，宽容默契、通情达理、吃苦耐劳、默默奉献。心胸狭窄、遇事斤斤计较、妒忌他人、损人利己，是内在美的大敌。同时，也直接影响外表美的形象。

女人的风度美是高层次的美。优雅的风度是内在的素质与外表的动人的结合。

优雅的风度从何而来？有人认为，它来自言行、姿态。言行、姿态与风度固然密不可分，但它们毕竟是风度的表现形式，是风度的流而不是源。仅仅在风度的外在形式上下工夫，盲目效仿别人的谈吐、举止及表情的话，只能给人留下浅薄的印象。

例如，在言谈上，想学习别人的幽默感。然而由于内涵不够，也未弄清楚何谓幽默，何时、何地、何种对象面前才适宜幽默，在这种不明所以的情况下"幽默"，会使别人啼笑皆非，甚至闹出误会。

也有人说，风度美就是心灵美。这话并不全对。心灵美指人的思想品质高尚，属于内在美；而风度美受内在美制约，但毕竟是通过言行所表现出来的一种神韵，属于外在美。应当承认，有的人心灵十分美好，但他们不都具有良好的风度。这是因为，外在美有其相对的独立性，它有它独特的表现形式和规律。想用心灵美取代风度美是错误的。

那么，优雅的风度究竟从何而来？

首先，知识与才干。

既然风度是人的内在素质的外在表现，因此，良好的风度必须以丰富的知识与涵养为基础。风趣的语言、宽和的为人、得体的装扮、洒脱的举止等等，无不体现一个人内在的良好素质。当你的智力在敏捷性、灵活性、深刻性和批判性等方面得到发展，你在知觉、表象、记忆、思维等各方面得到了提高，加之你拥有丰厚的涵养，那么，优雅的风度就自然而然地为你所拥有了。

其次，性格与修养。

性格和修养，是女人风度、风韵、风格的核心。每个人的性格不尽相同，好动或好静，开朗或内向，合群或独僻，热情或冷峻……有人对自己性格的优缺点很了解，却无力驾驭它。现代女性，应当有锻炼自己性格的自觉性。每个人的个性特点不同，所以性情陶冶对不同对象的意义也不同，方法也因人而异。每个人可以根据自己的性格，有针对性地选择自己性格中的薄弱环节，采取恰当的方法，下一番工夫改造。修养，就是对自己性格的锻造磨炼。

健全丰满的性格，应该柔中有刚，韧中有勇，谦虚而不自卑，自信而不鲁莽，细腻而不拖沓，热烈而不狂放。有意义的人生是真善美的统一，良好的性格是获得人生幸福的基石。

最后，陶冶与净化。

女人风度和风韵的内在气质，需要外在力量的陶冶。当我们走向大自然，面向江海，脚踏青山，我们会感到大自然的伟大和力量。中国文化传统历来强调审美活动中大自然对人的陶冶，西方美学则注重净化。陶冶，是感情的培养，是人把在审美活动中的美好感受保存下来，融入自己的气质之中。

情感，既需要生成、培养健康有意义的生活情趣，又需要宣泄，即把已经成熟的感情散发出来，在吐故纳新中保持旺盛的生命力，这就是净化。当然，陶冶作用并非山水、大自然审美所独有，人们在欣赏社会美和艺术美的同时，也会受到很大的陶冶。

作为现代生活中的人，要真正培养自己较好的风度形象和具有魅力的风韵，首先应当从"大"处着眼，从素质上提高自己。如果对自己的风度训练仅仅局限于如何举手、如何投足、如何说话、如何颦笑，往往收效甚微，以至弄到俗气的地步。换句话说，太多讲究举止、故意地追求优雅，反而失去了风度。

第一节　仪表仪容

一、仪表与风度

（一）仪表

仪表是指人的外表，包括人的容貌、服饰、姿态和个人卫生等方面，它是一个人精神面貌的外在表现。

仪表在人际交往的最初阶段，是最能引起对方注意的，人们常说的"第一印象"大多来自一个人的仪表。仪表端庄、穿戴整齐就显得有教养，也更懂得尊重别人。

行为学家迈克尔·阿盖尔曾做过这样的实验，一次他穿着西装以绅士模样出现在街上，与他相遇的陌生人，大多彬彬有礼，这些人看上去属上流社会，颇有教养。另一次，迈克尔装扮成无业游民，接近他的人以流浪汉居多，或是来借火或是来借钱的。这个实践证明，仪表虽是人的外表，却是一种无声的语言，在人们初次交往时能给人以鲜明的印象。注重仪表是讲究礼节、礼貌的表现，是对他人的一种尊重，同时又是一个人自尊自爱的表现。

（二）风度

风度是指人的言谈、举止、态度。风度是一个人的性格、气质、文化水平、道德修养、审美情趣的外在写真。良好的风度是众人所追求的，而它则是以人的良好的素养、渊博的学识、深邃的思想和灵活的应变能力为核心的，那些金玉其外、胸无点墨的人，任其仪表怎么美丽，也不可能具有美好的风度。只有加强自身内在的涵养，才能将这种内在的美转化为良好的风度。

公共关系人员在交际中要充分利用体态语言，举止落落大方，姿态合乎规范，充分展示一个人的精神力量和仪表风度美，使交际对象有一种美的感受，创造和谐的气氛，达到思想和审美共鸣的境界。

《宋书·自序》："［沈伯云］温雅有风味，和而能辩，与人共事皆为深交。"周恩来总理的座右铭："面必净，发必理，衣必整，钮必结；头容正，肩容平，胸容宽，背容直；气勿傲、勿暴、勿怠；颜色宜和、宜静、宜庄。"这些都是我们学习的典范。

（三）不良姿势及纠正

1. 站姿

站立时，不可驼着背、弓着腰，或一肩高一肩低，懒洋洋地靠在墙上或椅子上，这样将破坏自己的形象。交际场合双手不可叉在腰间，不可抱在胸前或双臂胡乱摆动，也不宜将手插在裤袋里；更不要下意识地做小动作，如摆弄打火机、香烟盒，或咬指甲、缠发辫等。这些不良姿势不但使人显得拘谨，给人以缺乏自信和经验的感觉，而且也有失仪表庄重。

标准的站立姿势要求：挺胸收腹，双肩齐平，双臂自然下垂，双手有侧放式、前腹式、后背式；双腿直立，身体重心在两脚之间。女士双膝和双脚要靠紧，双脚可调整成"V"字形或"T"字形；男士的双脚可略微分开，但宽度不宜超过肩膀。

标准站姿如图6—1所示。

图6—1　标准站姿

2. 坐姿

入座后，切忌两腿分开过宽成八字形，或将脚伸得过远，也不要跷起二郎腿，不停地抖动；不可在椅子上前俯后仰，或将腿架在沙发扶手上、茶几上；坐时不要将双手放在两腿之间或压在臀下，女士叠腿要慎重、规范，不要把一条腿搭在另一条腿上。不规范的坐姿是不礼貌的，是缺乏教养的表现。如图6—2所示为不雅坐姿。

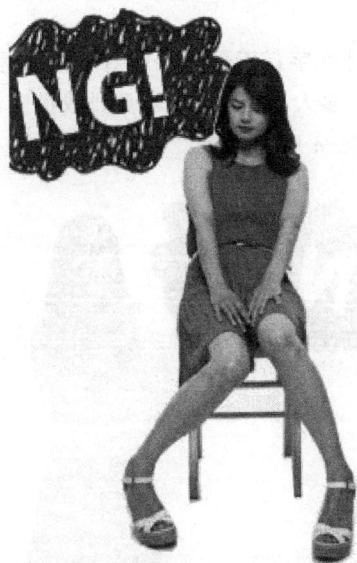

图 6—2　不雅坐姿

　　正确的坐姿要求：入座时要轻柔和缓，起座时要端庄稳重，一般从座位的左边入（左边出）只坐椅子的三分之二，不要坐满或只坐一点边儿。女士入座时，若是裙装，应用手稍微拢一下。坐定后，身体重心垂直向上，上身保持正直，可将右手搭在左手上，平放于腿面，双膝自然并拢，双腿正放或侧放，双脚并拢或交叠。男士可将双手掌心向下，自然放在膝上，亦可放在椅子或沙发扶手上，双脚可略分开。在同左右客人谈话时，应有所侧重，即上身与腿同时转向一侧。总之，优美的坐姿让人觉得安详舒适，这是体态美的重要内容。正确坐姿如图 6—3 所示。

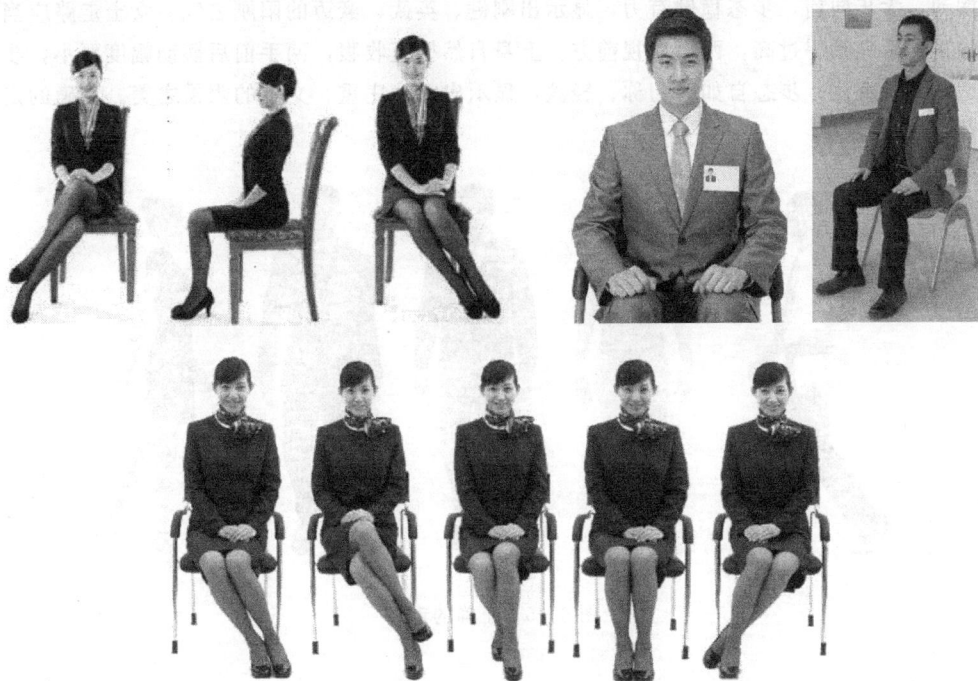

图 6—3　　正确坐姿

3. 不良走姿及纠正

行走时，最忌讳内八字、外八字；不可弯腰驼背、摇头晃脑、扭腰摆臀；不可左顾右盼，无精打采，身体松松垮垮；多人一起行走，不要排成横队，勾肩搭背，说说笑笑，这都是不美的表现。不良走姿如图 6—4 所示。

图 6—4　不良走姿

正确的走姿应是：男性走路应当抬头、挺胸、两眼平视、上身不动，两肩不摇，两臂自然摆动，大步向前，步态稳健有力，显示出刚健、英武、豪迈的阳刚之气。女士走路应当头部端正，不宜抬得过高，两眼直视前方，上身自然挺直收腹，两手前后摆动幅度要小，步幅合适，走成直线，步态自如、匀称、轻盈，显示出女性庄重、文雅的阴柔之美。正确的走姿如图 6—5 所示。

图 6—5　正确的走姿

二、仪容

仪容一般指人的面部和头部，对仪容的修饰即对人的面部与头部的修饰，通过修饰以展现或淡雅清秀或健康自然的富有个性的容颜。

（一）发式（发型）

头发处在人的仪表最显著的部位，头发整洁、发型大方会给人留下神清气爽的印象，而头发脏乱、发型不整会给人以萎靡不振的感觉。因此，除了保持头发整洁以外，发型的选择十分重要。一个好的发型，能弥补头型、脸型的某些缺陷，使人显得神采奕奕，体现出内在的艺术修养和良好的精神状态。（见图6—6）。

发式本身无所谓美丑，只要选择与自己的脸型、肤色、体型相匹配，与自己的气质、职业、身份、年龄相吻合就可以扬长避短，显现出真正的美。

图6—6　发型图

（二）面容

面容是人的仪表之首，也是最为动人之处。

1. 男士面容的基本要求

男士应养成每天修面剃须的良好习惯，切忌胡子拉碴就去参加各种社交活动，尤其是外事活动，因为这是对他人不敬的行为（见图6—7）。

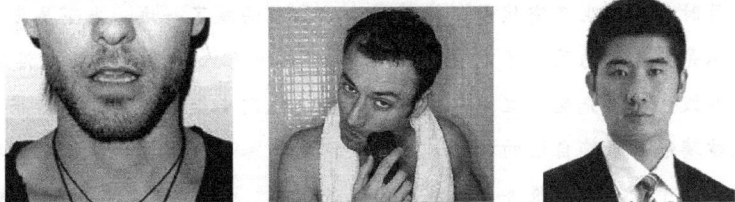

图6—7　男士面容图

2. 女士面容的基本要求

女士面容的美化主要是化妆。美容化妆是生活中的一门艺术，恰到好处的容妆，可以充分展示女性容貌上的优点。不同行业、不同层面的人，有不同的化妆风格，但从礼仪角度讲，社交妆宜淡不宜浓，宜雅不宜俗。

不论是公关活动、洽谈商务、出差公干，还是赴约聚会，化妆均应以"雅"为佳。用优雅的淡妆与得体的着装，烘托出高雅的气质。切忌蓬头垢面或"加厚面部包装"，那样有失自尊，也有失礼仪。

案例分析

王芳，某高校文秘专业高材生，毕业后就职于一家公司做文员。为适应工作需要，上班时，她毅然放弃了"清纯少女妆"，化起了整洁、漂亮、端庄的"白领丽人妆"：不脱色粉底液，修饰自然、稍带棱角的眉毛，与服装色系搭配的灰度高、偏浅色的眼影，紧贴上睫毛根部描画的灰棕色眼线，黑色自然型睫毛，再加上自然的唇型和略显浓艳的唇色，虽化了妆，却好似没有化妆，整个妆容清爽自然，尽显自信、成熟、干练的气质。

但在公休日，她又给自己来了一个大变脸，化起了久违的"青春少女妆"：粉蓝或粉绿、粉红、粉黄、粉白等颜色的眼影，彩色系列的睫毛膏和眼线，粉红或粉橘的腮红，自然系的唇彩或唇油，看上去娇嫩欲滴，鲜亮淡雅，整个身心都倍感轻松。

心情好，自然工作效率就高。一年来，王芳以自己得体的外在形象、勤奋的工作态度和骄人的业绩，赢得了公司同仁的好评。

（三）化妆礼仪及应注意的问题

引导案例

某报社记者吴先生为作一次重要采访，下榻于北京某饭店。经过连续几日的辛苦采访，终于圆满完成任务。吴先生与二位同事打算庆祝一下，当他们来到餐厅，接待他们的是一位五官清秀的服务员，接待服务工作做得很好，可是她面无血色显得无精打采。吴先生一看到她就觉得没了刚才的好心情，仔细留意才发现，原来这位服务员没有化工作淡妆，在餐厅昏黄的灯光下显得病态十足，这又怎能让客人看了有好心情就餐呢？

当开始上菜时，吴先生又突然看到传菜员涂的指甲油缺了一块，当下吴先生第一个反应就是"不知是不是掉入我的菜里了？"但为了不惊扰其他客人用餐，吴先生没有将他的怀疑说出来。但这顿饭吃得吴先生心里总不舒服。最后，他们唤柜台内服务员结账，而服务员却一直对着反光玻璃墙面修饰自己的妆容，丝毫没注意到客人的需要。到本次用餐结束，吴先生对该饭店的服务十分不满。服务员不注重自己的仪容、仪表或过于注重自己的仪容、仪表都会影响服务质量。

1. 化妆的浓淡要考虑时间与场合

根据参加活动时间、场合的不同，化妆也应有相应的变化。白天，自然光下，一般女士略施粉黛即可，职业女性的工作妆以淡雅、清新、自然为宜。夜晚，一般是娱乐活动时间，夜色朦胧，无论浓妆淡妆都能为众人所接受，如图6—8所示。在正式场合，女士不化妆会被认为是不礼貌的。

图6—8　女士化妆图

2. 不要在公共场所当众化妆

我们经常会遇见一些女士对自己的形象过分在意，不论是工作、学习、上街、社交或是赴宴，一有空闲，就会拿出化妆盒对镜修饰，旁若无人，如图6—9所示。在公共场所，众目睽睽之下修饰面容，是对他人的妨碍，也是对自己的不尊重，是没有教养的行为。特别不能当着男士化妆，以免引起误会，即便是男友或丈夫也不例外，应保持一定的距离。如果必须化妆或补妆，一定要到无人处或洗手间去完成。

图6—9　女士当众化妆图

3. 不要非议他人的化妆

由于民族、文化传统的不同，个人审美情趣的不同，以及肤色上的差异，每个人的化妆会有不同，所以，切不可对他人的化妆品头论足。

4. 不要借用他人的化妆品

借用他人的化妆品，不仅不卫生，而且也不礼貌。

5. 正确美容

化妆美容，虽然能弥补个人容貌的一些缺陷，暂时增添几分妩媚，但这是消极美容。要想使容颜不衰，永葆花容月貌，并非浓妆艳抹。唯一正确的方法是采取体内调和、正本清源的积极美容法：即适当参加户外体育锻炼，促进表皮细胞的繁殖；保持良好的心态与充足的睡眠，这样有助于面部皮肤的新陈代谢；注意合理饮食，从内部给予皮肤营养；坚持科学的面部护理，促进血液循环，以使面容红润。如图6—10所示。积极美容能使自己长久地保持青春的光彩，充满朝气与活力。

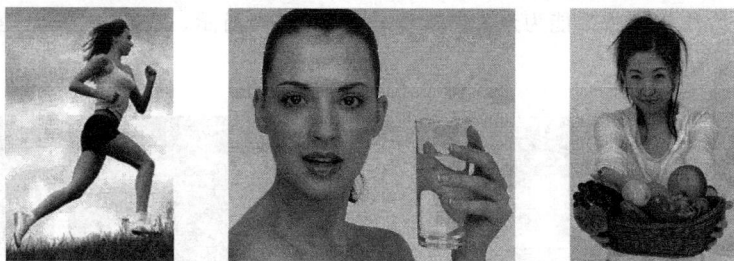

图6—10　女士正确美容图

第二节　仪态服饰

一、服饰概述

服饰是个人形体的外延，包括衣、裤、裙、帽、鞋、袜、手套及各类饰物。它们除了起着遮体、御寒的作用，更重要的是起着美化人体的作用。服饰是一种文化，它可以反映一个民族的文化素养、精神面貌和物质文明发展程度。服饰又是一种无声的语言，它显示着一个人的社会地位、思想修养、个性特征、心理状态、审美情趣等多种信息，也能表现出一个人对自己、对他人以至对生活的态度。

得体和谐的服饰有一种无形的魅力，它可以使一个人平添光彩。当服饰与穿戴者的气质、个性、身份、年龄、职业，以及穿戴的环境、时间协调一致时，就能真正达到美的境界。古希腊"和谐就是美"的美学观点在服饰美中得到了最充分的体现，服饰的美要达到和谐统一的整体视觉效果，人们就应恪守服饰穿戴的基本原则。

（一）西方国家的服装和我国的服装

1．西方国家穿着的服装

西方各国日常穿着的服装有各式外衣、衬衫和西装，参加各种隆重的典礼仪式要着礼服或深色西服。

（1）男士着装

男士的礼服分为晨礼服和大礼服。晨礼服，又称常礼服。通常上装为灰色、黑色，后摆为圆尾形，下装为深灰色底、黑条子裤，系灰色领带，穿黑皮鞋，戴黑礼帽。大礼服，也称燕尾服。黑色或深蓝色上装，前摆齐腰剪平，后摆剪成燕尾状，翻领上镶有缎面，下装为黑或蓝色，配有缎面、裤腿外侧有黑丝带的长裤，系白领结，穿黑皮鞋，黑丝袜，戴白手套。这种礼服适合在参加宴会、音乐会时穿着，如图6—11所示。

图 6—11　男士着装图

（2）女士着装

女士服装种类样式繁多，礼服可分为晨礼服、小礼服和大礼服。晨礼服，又称常礼服，如图 6—12 所示。通常为质料、颜色相同的上衣与裙子搭配，有的则以华丽而有光泽的面料缝制成的连衣裙，佩戴合适的帽子和薄纱短手套。这种礼服适合在白天参加庆典、婚礼时穿着。

图 6—12　晨礼服

小礼服，也叫晚礼服，如图 6—13 所示。它是一种质地高档，长至脚背而不拖地的露背式单色连衣裙服装。根据连衣裙衣袖的长短，选配长短适当的手套，一般不戴帽子或面纱。这种礼服适合于参加晚六点以后举行的宴会、音乐会穿着。

图 6—13　小礼服

　　大礼服，是一种袒胸露背的、拖地或不拖地的单色连衣裙式服装，并配以颜色相同的帽子、薄纱手套以及各种头饰、耳环、首饰等，如图6—14所示。这种礼服适于在晚间举行的正式宴会、交谊舞会穿着。

图6—14　大礼服

　　现在除少数国家在个别场合另有规定外，大多数国家在穿着方面越来越趋于简化。

　　2．我国穿着的服装

　　我国穿着的服装，没有严格的礼服与便服之分。

　　（1）男士着装

　　男士的礼服中山服，这是我国的民族服装。一般为上下身同色的黑色、深蓝色或深灰色的毛料精制而成，内穿白衬衣，穿深色袜、黑皮鞋。这种礼服在国外的礼仪场合很受尊重。现在更多的男士穿西装参加正式活动，如图6—15所示。

图6—15　男士着装

　　（2）女士着装

　　女士按季节和活动性质的不同，可穿西装（在国内可配穿长裤，在国外正式场合，一般配穿裙子而不配长裤）、民族服装、中式上衣配长裙、旗袍或连衣裙，如图6—16所示。旗袍是中华民族历史上流传下来的最具有民族特色的女装，也是我国女性最高档的礼服。它能很好地表现出东方女性柔美的身体曲线，显得高雅、端庄、仪态万千，因而受到各国妇女的赞赏。我国的出国人员基本上按国内服装穿着，但也应尊重当地的习惯和东道主的要求。女士在正式场合不应穿长裤，应穿旗袍或裙子。

图 6—16　女士着装

一位西欧颇有身份的女士来华访问，下榻北京一家豪华大酒店。酒店以贵宾的规格隆重接待：总经理在酒店门口亲自迎接；从大堂入口处到电梯走廊，都有漂亮的服务员夹道欢迎，问候；贵宾入住的豪华套房里摆放着鲜花、水果……西欧女士十分满意。陪同入房的总经理见女士兴致很高，为了表达酒店对她的心意，主动提出送一件中国旗袍，她欣然同意，并随即让酒店裁缝给她量了尺寸。总经理很高兴能送给尊敬的女士这样一件有意义的礼品。

几天后，总经理将赶制好的鲜艳、漂亮的丝绸旗袍送来时，不料这位洋女士却面露愠色，勉强收下，后来离店时却把这件珍贵的旗袍当作垃圾扔在酒店客房的角落里。总经理大惑不解，经多方打听好不容易才了解到，原来这位洋女士在酒店餐厅里看到女服务员都穿旗袍，误以为那是女侍者特定的服装款式，总经理赠送旗袍，是对自己的不尊敬，故生怒气，将旗袍丢弃一边。总经理听说后啼笑皆非，为自己当初想出这么一个"高明"的点子而懊悔不已。

（二）各种场合的服装

1. 庄重场合

庄重场合主要是指庆典仪式、正式宴会、商务谈判、会见外宾等。这种场合的服饰要以庄严、端正、整洁为主要基调，如图 6—17 所示。如果请柬上规定来宾一律穿礼服，那么无论男女宾客都应服从，不可别出心裁。

图 6—17　庄重场合着装

2. 喜庆场合

喜庆场合一般指节日纪念、开业典礼以及其他联欢晚会等。这些场合大都气氛热烈、温馨、愉快、轻松，所以，要求人们在服饰上也相应地热烈、明快、活泼一些。

男士，除在正式的喜庆场合穿中山装、西装或自己民族的服装外，其他的喜庆场合可以着各种便装，如夹克、牛仔服等，但要穿得大方、整洁，千万不要穿皱皱巴巴的衣裤。出席婚礼，鞋子必须是黑色的而不能是茶棕色的。

女士服装款式多样，套裙、连衣裙、旗袍等均可，穿得美观大方，并适当化妆，戴一些美丽、飘逸的饰物。但如出席婚礼，穿着不宜超过新郎、新娘，也不要打扮得过于怪异。

3. 悲哀场合

悲哀场合主要是指殡葬仪式、吊唁活动、扫墓等场合。这种场合的气氛比较沉痛、肃穆，所以，要求人们在服饰上应以黑色或其他深色、素色为主，内穿白色或暗色衬衣。

丧服的原则是不露肌肤，所以不能穿大领圈、无袖的服装和超短裙。女士不宜过分打扮，不涂口红，不佩戴饰物。男士在举行追悼仪式时不要忘记脱帽，也不要敞怀袒胸。

二、服饰穿戴的基本原则

1. 服饰穿戴要与环境相协调

人置身于不同的环境、不同的场合时，就应该有不同的服饰穿戴，要注意所穿戴的服饰与周围环境的和谐。比如，身居家中，可以穿随意舒适的休闲服；办公上班，则需身着端庄典雅的职业装；出席婚礼，服饰的色彩可鲜亮点；而参加吊唁活动，则以凝重为宜。

2. 服饰穿戴要与社会角色相协调

在社会生活中，每个人都扮演着不同的角色。不同的社会角色必须有不同的社会行为规范，在服饰的穿戴方面自然也有规范。例如一位女性，在家身为太太时可以自由穿戴；上街购物，作为顾客，不作精心修饰也无可厚非；然而作为"上班族"的一员出现在工作场所，面对她的同事与上司时，就不能无所顾忌，随心所欲了。

总之，无论你出现在哪里，无论你干什么，最好先弄明白自己扮演的角色是什么，然后挑选适合于这个角色的服饰来装扮自己，这会使自己增强自信，更会使旁人对自己多几分好感。

案例分析

郑伟是一家大型国有企业的总经理。有一次，他获悉有一家著名的德国企业的董事长正在本市进行访问，并有寻求合作伙伴的意向。他于是想尽办法，请有关部门为双方牵线搭桥。让郑总经理欣喜若狂的是，对方也有兴趣同他的企业进行合作，而且希望尽快与他见面。到了双方会面的那一天，郑总经理对自己的形象刻意地进行一番修饰，他根据自己对时尚的理解，上穿夹克衫，下穿牛仔裤，头戴棒球帽，足蹬旅游鞋。无疑，他希望自己能给对方留下精明强干、时尚新潮的印象。然而事与愿违，郑总经理自我感觉良好的这一身时髦的"行头"，却偏偏坏了他的大事。

根据惯例，在涉外交往中，每个人都必须时时刻刻注意维护自己形象，特别是要注意自己在正式场合留给初次见面的外国友人的第一形象。郑总经理与德方同行的第一次见面属国际交往中的正式场合，应穿西服或传统中山服，以示对德方的尊敬。但他没有这样做，正如他的德方同行所认为的：此人着装随意，个人形象不合常规，给人的感觉是过于前卫，尚欠沉稳，与之合作之事当再作他议。

3. 服饰穿戴要与自身条件相协调

人们追求服饰美，就是要借服饰之美来装扮人自身，即利用服饰的质地、色彩、图案、造型和工艺等因素的变化来美化自己。在了解服饰诸因素的同时，人们必须充分了解自身的特点，只有这样，才能达到扬己之美，避己之丑的目的。

比如，身材矮小者适宜穿着造型简洁、色彩明快、小花型图案的服饰。肤色偏黄者，最好不要选与肤色相近的或较深暗的服色，如棕色、土黄、深灰、蓝紫色等，它们容易使人显得缺乏生机。"V"型夹克衫适合双肩过窄的男性穿着，而"H"型套裙对腰粗腹大的女性来说是再合适不过了。

4. 服饰穿戴要与时节相协调

注重了环境、场合、社会角色和自身条件而不顾时节变化的服饰穿戴，自然也是不可取的。比如，寒风凛凛中身穿一条超短"迷你"裙的做法就不可取。比较理想的穿戴，不仅要考虑到服饰的保暖性和透气性，而且在其色彩的选择上也应注意与季节相适宜。春秋季节宜选用中浅色调的服饰，如驼色、棕色、浅灰色等；冬季服饰色调以偏深色为宜，如咖啡、藏青、深褐色等；夏装可选丝棉丝物，色调以淡雅为宜，如图6—18所示。

图6—18　穿戴与时节协调图

以上是服饰穿戴最基本的原则。除此之外，还应特别注意保持服饰的清洁与整齐。

三、着装必须兼顾的五个方面

着装，即指服装的穿着。严格地说，它既是一门技巧，更是一门艺术。站在礼仪的角度来看，着装是一门系统工程，它不仅仅单指穿衣戴帽，更是指的由此而折射出的人们的教养与品位。

从本质上讲，着装与穿衣并非是一回事。穿衣，往往所看重的是服装的实用性。它仅仅是马马虎虎地将服装穿在身上遮羞、蔽体、御寒或防暑而已，而无须考虑其他。着装则大不相同，着装实际上是一个人基于自身的阅历、修养或审美品位，在对服装搭配技巧、流行时尚、所处场合、自身特点进行综合考虑的基础上，在力所能及的前提下，对服装所进行的精心选择、搭配和组合。在各种正式场合，不注意个人着装者往往会遭人非议，而注意个人着装的人则会给他人以良好的印象。

依照社交礼仪，着装要赢得成功，进而做到品位超群，就必须兼顾其个体性、整体性、整洁性、文明性、技巧性。对这五个方面，哪一方面都不能偏废。

案例分析

（张小姐 26 岁 杂志社记者）

说起穿衣礼仪，有一段至今让我无法忘记的尴尬经历，从某种程度上来讲甚至是一种屈辱。记得我刚进杂志社不久，领导安排我去采访一位某民营企业的老总，女性。听说这是一位既能干又极有魅力的女性，对工作一丝不苟，对生活却是极其享受，最关键的是，即使再忙，她也不会忽视身边美好的东西，尤其对时尚非常敏感，对自己的衣着及其礼仪要求极高。这样的女性，会让很多人产生兴趣。还未见到她，仅仅是介绍，我已经开始崇拜她了，所以我非常高兴能由我来做这个专访。

事先我做了大量的准备工作，采访纲要修改了多次，内心被莫名的激动驱使着。那几天，我始终处于兴奋状态。到了采访当天，穿什么衣服却让我犯愁。要面对这样一位重量级的人物，尤其是位时尚女性，当然不能太落伍了。

说实在的，我从来就不是个会打扮的女孩，因为工作和性格关系，平时穿衣都是怎么舒服、方便就怎么穿。时尚杂志倒也看，但也只是凑热闹而已。现在，还真不知道应该穿什么衣服才能让我在这样一位女性面前显得更时尚些。终于在杂志上看到女孩穿吊带装，那清纯可人的形象打动了我，于是迫不及待地开始模仿起来。那天采访，我穿了一件紧身小可爱，热裤（虽然我的腿看起来有点粗壮），打了个在家乡极其流行的发髻，兴冲冲地直奔采访目的地。当我站在该公司前台说明自己的身份和来意时，我明显看到了前台小姐那不屑的眼神。我再三说明身份，并拿出工作证来，她才勉强地带我进了老总的办公室。

眼前的这位女性，高挑的身材，优雅的举止，得体的穿着，让我怎么看怎么舒服。虽然我不是很精通衣着，但在这样的场合，面对这样的对象，我突然感觉自己的穿着就像个小丑，来时的兴奋和自信全没了。还好，因为采访纲要准备还算充分，整个采访过程还比较顺利。结束前，我问她，日常生活中，她是如何理解和诠释时尚、品位和魅力的。她告诉我，女人的品位和魅力是来自内心，没有内涵的女人，是散发不出个人魅力，也无法突显品位的。时尚不等同于名牌、昂贵和时髦，那是一种适合与得体。说完这话，她微笑地看着我。我感觉自己无法正视她，采访一结束，我逃似地奔离了她的办公室。

俗话说："穿衣打扮，各有所爱。"意思是自己喜欢穿什么样的衣服那是个人的事情，与别人没有关系。但是作为职场中的人来说，你的衣着却不仅仅是个人的事。因为，你的衣着要和你的职业身份相符合，身上所穿的衣服，不仅代表了自己的品味，还代表着单位的形象，代表着对别人的尊重。

在社交场合，从某种意义上说，你的衣着就是一封无言的介绍信，向你的交往对象传递着各种信息，别人可以从你的衣着上看出你的品位，看出你的个性，甚至可以看出你的职业状况。

著名影星索菲亚·罗兰就深有感触地说过："你的服装往往表明你是哪一类人物，它们代表着你的个性。一个和你会面的人往往自觉不自觉地根据你的衣着来判断你的为人。"莎士比亚也说过："服装往往可以表现人格。"因此，从这个意义上来说，服装就不仅仅具有蔽体、遮羞、挡风、防雨、抗暑、御寒的作用，它可以美化人体，扬长避短，展示个性，体现生活情趣，还具有反映社会分工、体现地位和身份差异的社会功用。

1. 个体性

正如世间每一片树叶都不会完全相同一样，每一个人都具有自己的个性。在着装时，既要认同共性，又绝不能因此而泯灭自己的个性。着装要坚持个体性，具体来讲有两层含义：第一，着装应当根据自身的特点，要做到"量体裁衣"，使之适应自身，并扬长避短。第二，着装应创造并保持自己所独有的风格，在允许的前提下，着装在某些方面应当与众不同。切勿穷追时髦，随波逐流，使个人着装千人一面，毫无特色可言。

2. 整体性

正确的着装，应当基于统筹的考虑和精心的搭配。其各个部分不仅要"自成一体"，而且要相互呼应、配合，在整体上尽可能地显得完美、和谐。若是着装的各个部分之间缺乏联系，"各自为政"，它哪怕再完美也毫无意义。着装要坚持整体性，重点是要注意两个方面。其一，要恪守服装本身约定俗成的搭配。例如，穿西装时，应配皮鞋，而不能穿布鞋、凉鞋、拖鞋、运动鞋。其二，要使服装各个部分相互适应，局部服从于整体，力求展现着装的整体之美，全局之美。

3. 整洁性

在任何情况之下，人们的着装都要力求整洁，避免肮脏或邋遢。着装要坚持整洁性，应体现于下述四个方面：首先，着装应当整齐。不允许又折又皱，不熨不烫。其次，着装应当完好。不应又残又破，乱打补丁。至于成心自残的"乞丐装"，在正式场合亦应禁穿。再次，着装应当干净，不应当又脏又臭，令人生厌。以任何理由搪塞应付而穿脏衣，都没有道理。最后，着装应当卫生。对于各类服装，都要勤于换洗，不应允许其存在明显的污渍、油迹、汗味与体臭。

4. 文明性

穿着服装，是人与兽的一大区别。在日常生活里，不仅要做到会穿衣戴帽，而且要努力做到文明着装。着装的文明性，主要是要求着装文明大方，符合社会的道德传统和常规做法。

穿着的具体要求如下：

一是要忌穿过露的服装。在正式场合，袒胸露背，暴露大腿、脚部和腋窝的服装，应切忌穿着。在大庭广众面前打赤膊，则更在禁止之列。

二是要忌穿过透的服装。倘若使内衣、内裤"透视"在外，令人一目了然，当然有失检点。若不穿内衣、内裤，则更要禁止。

三是要忌穿过短的服装。不要为了标新立异，而穿着小一号的服装。更不要在正式场合穿短裤、小背心、超短裙这类过短的服装。它们不仅会使自己行动不便，频频"走光"、"亮相"，而且也失敬于人，使他人多有不便。

四是要忌穿过紧的服装。不要为了展示自己的线条而有意选择过于紧身的服装，把自己打扮得像"性感女郎"，更不要不修边幅，使自己内衣、内裤的轮廓在过紧的服装之外若隐若现。

5. 技巧性

不同的服装，有不同的搭配和约定俗成的穿法。例如，穿单排扣西装上衣时，两粒纽扣的要系上面一粒，三粒纽扣的要系中间一粒或是上面两粒。女士穿裙子时，所穿丝袜的袜口应被裙子下摆所遮掩，而不宜露于裙摆之外。穿西装不打领带时，内穿的衬衫应当不系领扣，等等。这些，都属于着装的技巧。着装的技巧性，主要是要求在着装时要依照其穿法而行，要学会穿法，遵守穿法。不可以不知，也不可以另搞一套，贻笑大方。

四、男士着装礼仪

男士的穿着不求华丽、鲜艳，不宜有过多的色彩变化，以不超过三色为首要原则。

1. 领带

在比较正规的场合，穿西装须系领带，既礼貌又庄重。领带必须打在硬领衬衫上，领带长度以到皮带扣处为佳，领带颜色和图纹可依西装、衬衫颜色搭配，一般以冷暖色相间为好。若内穿毛衣或背心等，领带必须置于毛衣或背心内，且衣服下端不能露出领带头。领带夹的位置不能太靠上，一般在衬衫从上往下数第4粒纽扣处为宜，如图6—19所示。

图6—19 领带与衬衣搭配图

2. 帽子与手套

在室内的交际场合不能戴帽子和手套，与人握手时，如戴着手套则会被认为是不礼貌的。向人致意时，应把帽子取下，以示对他人的尊重，如图2—20所示。

3. 衣裤

各式休闲外衣、牛仔裤等日常穿着的服装均为便装，适合一般场合穿；而参加正式、隆重、严肃的典礼或仪式，则应当穿礼服或深色西装。

西装被认作男士的脸面，要让它增彩生色的话，有"八忌"需多多注意。

一忌：西裤过短（标准西裤长度为裤长盖住皮鞋）；

二忌：衬衫放在西裤外；

三忌：不扣衬衫扣；

四忌：西服袖子长于衬衫袖；

五忌：西服的衣、裤口袋内鼓鼓囊囊；

六忌：领带太短（一般长度应为领带尖盖住皮带扣）；

七忌：西服上装两扣都扣上（双排扣西服则应都扣上）；

八忌：西服配便鞋（休闲鞋、球鞋、旅游鞋、凉鞋等）。

图 6—20　戴帽子与手套的礼仪图

4．鞋袜

在一切正式场合，只宜穿黑色或深棕色皮鞋。至于白色或浅色皮鞋，则适合于娱乐时穿。穿袜，要注意袜子的长度、色调及其质地。袜长要高及小腿中、上部，颜色以单一色调为佳，如图 6—21 所示。穿礼服时，最好配一双与裤色相近的袜子，无论如何不要在正式场合穿一双白色的运动袜，因为这与环境气氛是极不和谐的。

图 6—21　鞋袜搭配图

五、女士着装礼仪

俗称"男穿牌子，女穿样子"。女士比男士在穿着上有更大的随意和更多的变化。西方的"女士优先"原则在女士着装上也有充分的体现。

1．帽子与手套

正式场合中，无论室内外，女士均可戴帽，但帽檐不能过宽，以免因遮挡别人的视线而显得失礼。与人握手寒暄时，女士可不必脱下手套。

2．衣裙

应穿着典雅大方的套装（以上衣、下裙为宜）参加各种正式场合的活动，如会议、庆典等。传统古典的礼服或民族服装（如中国旗袍、印度纱丽、日本和服等）较适合在各类文艺娱乐场所穿着，如图 6—22 所示。穿着袒胸露背、露脐露肩等过于性感的服装最好不要或少在社交场合露面，工作场所、办公室里更应避免。薄纱型衣、裙、裤，因其透光性较强，穿着时应尤为慎重，需有内衬，不然会显得十分不雅。

图 6—22 女士衣裙搭配图

对外国朋友来说，"透"比"露"更难让人接受。因为在他们看来，"透"不仅有碍观瞻，而且还说明穿戴者有不自爱之嫌。裙子长短应适度，不能过短，中老年及职业女性尤应注意，所穿裙子至少应长及膝盖。

3．鞋袜

女士在社交场合，除凉鞋、拖鞋外，穿其他任何一种鞋子均可以随意，无统一规定，只是要注意鞋子和衣裙在色彩、款式上的协调。如穿套裙时不能穿布鞋，否则就会有不伦不类的感觉。

穿裙子时，应配穿长统或连裤丝袜，颜色以肉色为宜，且袜口不得短于裙摆边。袜子是女性腿部的时装，要注意不能穿着挑丝、有洞或补过的袜子外出。另外袜子的大小松紧要合适，不要走不了几步就往下掉，或显得一高一低，当众整理自己的袜子是有失体统的。

六、日常服装五忌

①忌露。公关人员工作与外出时，着装不能露出肚脐、脊背等。

②忌透。衣服再薄、天气再热，也不能使内衣、内裤等若隐若现，更不能让内衣外穿之风刮进商界。

③忌紧。衣服过于紧身，追求所谓曲线美，或让内衣、内裤的轮廓显露在外，都是不文雅、不庄重的。

④忌异。公关人员不是时装模特，穿着不能过分新奇古怪，招摇过市。

⑤忌乱。穿着不可过于随便，卷袖子，不扣衣扣，颜色过杂，饰物乱配。

七、饰物

饰物的佩戴要有品味，佩戴得当，能向他人传递某种不可言传的美妙，也显现了佩戴者的爱好与修养，对此虽然不必完全循规蹈矩，但在涉外交往中不可不慎。

戒指通常应戴于左手。左手食指上的戒指代表无偶求爱；戴在中指上，表示正处在恋爱之中；戴在无名指上，表示佩戴者已订婚或结婚；而把戒指戴在小指上，则暗示自己是位独身主义者，将终身不嫁（娶）。在不少西方国家里，未婚妇女的戒指是戴在右手的中指上；修女则把戒指戴在右手无名指上，这意味着将爱献给上帝。一般情况下，一只手上只戴一枚戒指，戴两枚或两枚以上均不适宜。

手镯和手链的佩戴与戒指相仿。已婚者应将之佩戴在自己的左腕或左右双腕同时佩戴；仅戴于右腕者则表示自己是自由不羁的人。一只手上不能同时戴两只或两只以上的手镯或手链。项链、耳环、胸花的佩戴因人而异。总地来说，除扬长避短外，只要佩戴得不过分耀眼刺目就行了。

复习思考题

1. 什么是仪表？什么是风度？
2. 化妆礼仪应注意哪些问题？
3. 饰物佩戴有哪些基本原则？

★进一步阅读材料

1. 蔡践. 礼仪大全——现代文明人必备的礼仪指南（珍藏版）. 北京：当代世界出版社
2. 黄菊良. 大学生礼仪修养. 上海：华东师范大学出版社

实践课堂

1. 实践内容：举行一次小型聚会，实践仪表和着装礼仪。

2. 实践目的：通过组织小型聚会，提供化妆、服饰、仪态等自我表现，通过纠正不正确的走姿、坐姿、站姿，掌握正确的礼仪风度。

3. 实践环节：设计小型聚会的主题（生日、庆功等），首先根据聚会主题自我表现，然后分为两组，一组模拟不正确的走姿、坐姿、站姿；另一组指出存在问题，并进行示范。

4. 技能要求：熟知公关人员应该有的仪表风度和化妆服饰基本常识，树立良好的公关形象。

第七章

商务会务与仪式礼仪

✤ **学习目标**

1. 了解面试、商务谈判、商务接待和仪式等实用商务礼仪和技巧。

2. 理解各种商务谈判和会晤的原则和礼仪，能够在各种商务场合娴熟地应用各种商务礼仪，举止端庄有礼，体现公关人员的良好素质。

★ **学习方法**

本章具体讲述了面试、商务谈判、商务接待和仪式礼仪等商务礼仪的相关知识和基本原则。通过现场观摩或模拟方式较为直观地体验面试、商务谈判、商务接待和仪式礼仪。

✤ **主要内容**

在公关及商务活动中为了以礼接待商务同仁，给对方留下礼貌周到的印象，必须懂得商务礼仪的惯例和规范，讲究秩序和原则。商务会务礼仪主要包括发布会礼仪、展览会礼仪、赞助会礼仪、茶话会礼仪；商务仪式礼仪主要包括签约的礼仪、开业的礼仪、剪彩的礼仪、交接的礼仪。

引导案例

微笑也要有分寸

某晚华灯初上，一家饭店的餐厅里客人满座，服务员穿梭于餐桌之间，一派忙碌气氛。这时一位服务员跑去向餐厅经理汇报，说客人投诉有盘海鲜的蛤蜊不新鲜，吃起来有异味。

这位餐厅经理自信颇有处理问题的本领和经验，于是不慌不忙地向投诉的客人那个餐桌走去。一看，那不是熟主顾老食客张经理吗！他不仅心中有了底，于是迎上前去一阵寒暄："张经理，今天是什么风把您给吹来了，听服务员说您老对蛤蜊不大对胃口……"这时张经理打断他说："并非对不对胃口，而是我请来的香港客人尝了蛤蜊后马上讲这道菜千万不能吃，有异味，变了质的海鲜，吃了非出毛病不可！我可是东道主，自然要向你们提意见。"餐厅经理接着面带微笑，向张经理进行解释，蛤蜊不是鲜货，虽然味道有些不纯正，但吃了不会要紧的，希望他和其他客人谅解包涵。

不料此时，在座的那位香港客人突然站起来，用手指着餐厅经理的鼻子大骂起来，意思是，你还笑得出来，我们拉肚子怎么办？你应该承担相应责任，不光是为我们购药、支付医疗费而已。这突如其来的兴师问罪，使餐厅经理一下子怔住了！他脸上的微笑变成了哭笑不得的表情。

到了这步田地，他揣摩着如何下台阶。他在想，总不能让客人误会刚才我面带微笑的用意吧，又何况微笑服务是饭店员工首先应该做的。于是他仍旧微笑着准备再做一些解释，不料，这次的微笑更加惹起了那位香港客人的恼火，甚至流露出想动手的架势，幸亏张经理及时拉拉餐厅经理的衣角，示意他赶快离开现场，否则简直难以收场了。

微笑，这本是从事服务业的人员所必备的，但是并不表示这是一成不变的。在案例中的场合，微笑却变成了本次公共关系事件的"杀手"。从这一微笑事件中我们可以悟出一些道理，微笑也是要有分寸的。尤其是在越来越复杂的社会交际和商务交往中，并不能恪守死板的教条，要根据环境和条件的变化不断调整行为礼仪，学会随机应变，掌握沟通技巧，在轻松愉快的交流沟通中实现商务活动的双赢。具备扎实的商务礼仪知识，能够游刃有余地应对各种公关危机，掌握商务交际中礼仪的度，是在现代社会生存和发展的一个制胜法宝。

第一节　面试礼仪

我们在现代生活中比较重要的是礼仪问题，服饰打扮、举止言谈、气质风度、文明礼貌，无一不在影响着你的形象，决定着你的前程和命运。由于举止得体，面试获得了机会，这个机会是工作机会也是学习机会，你将在工作中不断提高自己的能力。反之，如果职场上不注重礼仪，本来很好的机会，可能由于举止言行的某一个失误，则将面试失败，机不再来。

面试时，招聘单位对你的第一印象最重要。你要仪态大方得体，举止温文尔雅。要想树立自己的良好形象，这就肯定要借助各种公关手段和方法。各种公关手段主要有言词语言公关、态势语言公关和素养公关。这些公关手段又包括数种方法，如幽默法、委婉法等。除此之外，还应掌握一些公关的基本技巧。

只有在了解有关公关的常规知识之后，才能顺利地、成功地树立自己良好的形象。如果你能使一个人对你有好感，那么也就可能使你周围的每一个人甚至是更多的人都对你有好感。往往是风度翩翩者稳操胜券，仪态平平者则屈居人后。

在人际交往中，人们常常用"气质很好"这句模糊其意的话来评价对某个人的总体印象，似乎正是其模糊性才体现较高的概括力。然而，一旦要把这个具体的感觉用抽象的概念作解释，就变得难以表达了。

其实，言谈举止就反映内在气质，从心理学的角度来看，一个人的言谈举止反映的是内在修养。比如，一个人的个性、价值取向、气质、所学专业……不同类型的人，会表现出不一样的行为习惯，而不同公司、不同部门，也就在面试中通过对大学生言谈举止的观察，来了解他们的内在修养、内在气质，并以此来确定其是否是自己需要的人选。

面试能否成功，是在应聘者不经意间被决定的，而且和应聘者的言谈举止很有关系。而这些内在素质，都会在平常的言谈举止中流露出来。

如果说气质源于陶冶，那么风度则可以借助于技术因素，或者说有时是可以操作的。风度总是伴随着礼仪，一个有风度的人，必定谙知礼仪的重要，既彬彬有礼，又落落大方，顺乎自然，合乎人情，外表、内涵和肢体语言的真挚融合为一，这便是现代人的潇洒风度。每个人都有自己的形象风格，展现自我风采的另外一个重要因素便是自信，体现出一种独特的自然魅力。

案例分析

有一批应届毕业生22个人，实习时被导师带到北京的国家某部委实验室里参观。全体学生坐在会议室等待部长的到来，这时有秘书给大家倒水，同学们表情木然地看着她忙活，其中一个还问了句："有绿茶吗？天太热了。"秘书回答说："抱歉，刚刚用完了。"林然看着有点别扭，心里嘀咕："人家给你水还挑三拣四。"轮到他时，他轻声说："谢谢，大热天的，辛苦了。"秘书抬头看了他一眼，满含着惊奇，虽然这是很普通的客气话，却是她今天唯一听到的一句。

门开了，部长走进来和大家打招呼，不知怎么回事，静悄悄的，没有一个人回应。林然左右看了看，犹犹豫豫地鼓了几下掌，同学们这才稀稀落落地跟着拍手，由于不齐，越发显得零乱起来。部长挥了挥手："欢迎同学们到这里来参观。"

"平时这些事一般都是由办公室负责接待，因为我和你们的导师是老同学，非常要好，所以这次我亲自来给大家讲一些有关情况。我看同学们好像都没有带笔记本，这样吧，王秘书，请你去拿一些我们部里印的纪念手册，送给同学们作纪念。"

接下来，更尴尬的事情发生了，大家都坐在那里，很随意地用一只手接过部长双手递过来的手册。部长脸色越来越难看，来到林然面前时，已经快要没有耐心了。就在这时，林然礼貌地站起来，身体微倾，双手握住手册，恭敬地说了一声："谢谢您！"部长闻听此言，不觉眼前一亮，伸手拍了拍林然的肩膀："你叫什么名字？"林然照实作答，部长微笑点头，回到自己的座位上。早已汗颜的导师看到此景，才微微松了一口气。

两个月后，同学们各奔东西，林然的去向栏里赫然写着国家某部委实验室。有几位颇感不满的同学找到导师："林然的学习成绩最多算是中等，凭什么推荐他而没有推荐我们？"导师看了看这几张尚属稚嫩的脸，笑道："是人家点名要的。其实你们的机会是完全一样的，你们的成绩甚至比林然还要好，但是除了学习之外，你们需要学习的东西太多了，修养是第一课。"

一、注重时间观念

守时是职业道德的一个基本要求，最佳的到达时间是提前10～15分钟，可以熟悉一下环境，稳定一下心神。提前半小时以上到达，会被视为没有时间观念；但在面试时迟到或是匆匆忙忙赶到，却是致命的。如果你面试迟到，那么不管你有什么理由，也会被视为缺乏自我管理和约束能力，即缺乏职业能力，给面试者留下非常不好的印象。

不管什么理由，迟到会影响自身的形象，这是一个对人、对自己尊重的问题。而且大公司的面试往往一次要安排很多人，迟到了几分钟，就很可能永远与这家公司失之交臂了，因为这是面试的第一道题，你的分值就被扣掉，后面的事情你也会因状态不佳而搞砸。

如果路程较远，宁可早到30分钟，甚至一个小时。城市很大，路上堵车的情形很普遍，对于不熟悉的地方也难免迷路。但早到后不宜提早进入办公室，最好不要提前10分钟以上出现在面谈地点，否则聘用者很可能因为手头的事情没处理完而觉得很不方便。外企的老板往往是说几点就是几点，一般绝不提前。

当然，如果事先通知了许多人来面试，早到者可提早面试或是在空闲的会议室等候，那就另当别论。对面试地点比较远，地理位置也比较复杂的受聘单位，不妨先跑一趟，熟悉交通线路、地形，甚至事先搞清洗手间的位置，这样你就知道面试的具体地点，同时也了解路上所需的时间。

但招聘人员是允许迟到的，这一点一定要清楚，对招聘人员迟到千万不要太介意，也不要太介意招聘人员的礼仪、素养。如果他们有不妥之处，你应尽量表现得大度开朗一些，这样往往能使坏事变好事。否则，招聘人员一迟到，你的不满情绪流于言表，面露愠色，招聘人员对你的第一印象就大打折扣，甚至导致满盘皆输。因为面试也是一种人际磨合能力的考查，你得体、周到的表现，自然是有百利而无一害的。

二、注重第一形象

一进面试单位，若有前台，则开门见山说明来意，经指导到指定区域落座；若无前台，则找工作人员求助。这时要注意用语文明，开始的"你好"和被指导后的"谢谢"是必说的，这代表你的教养；一些小企业没有等候室，就在面试办公室的门外等候；当办公室门打开时应有礼貌地说声："打扰了"，然后向室内考官表明自己是来面试的，绝不可贸然闯入；假如有工作人员告诉你面试地点及时间，应当表示感谢；不要询问单位情况或向其索要材料，且无权对单位做评价；不要驻足观看其他工作人员的工作，或在落座后对工作人员所讨论的事情或接听的电话发表意见或评论，以免给人肤浅嘴快的印象。

到了办公区，最好径直走到面试单位，而不要四处张望，甚至被保安盯上；走进公司之前要将口香糖和香烟收起来，因为大多数的面试官无法忍受你在公司嚼口香糖或吸烟；手机坚决不要开，避免面试时造成尴尬局面，同时也分散你精力、影响你的成绩。

三、等待面试

进入公司前台，要把访问的主题、有无约定、访问者的名字和自己名字报上。到达面试地点后应在等候室耐心等候，并保持安静及正确的坐姿。如果此时有的单位为使面试能尽可能多地略过单位情况介绍步骤，尽快进入实质性阶段而准备了公司的介绍材料，应该仔细阅读以先期了解其情况；也可自带一些试题重温，而不要来回走动显示浮躁不安；也不要与别的接受面试者聊天，因为这可能是你未来的同事，甚至决定你能否称职的人，你的谈话对周围的影响是你难以把握的，这也许会导致你应聘的失败。

更要坚决制止的是：在接待室恰巧遇到朋友或熟人，就旁若无人地大声说话或笑闹；吃口香糖，抽香烟，接手机等。

四、与面试官的第一个照面

1. 把握进屋时机

如果没有人通知，即使前面一个人已经面试结束，也应该在门外耐心等待，不要擅自走进面试房间。自己的名字被喊到，就有力地答一声"是"，然后再敲门进入，敲两三下是较为标准的。敲门时千万不可敲得太用劲，以里面听得见的力度为宜。听到里面说"请进"后，要回答"打扰了"再进入房间。

开门关门尽量要轻，进门后不要用后手随手将门关上，应转过身去正对着门，用手轻轻将门合上。回过身来将上半身前倾30度左右，向面试官鞠躬行礼，面带微笑称呼一声"你好"，彬彬有礼而大方得体，不要过分殷勤、拘谨或过分谦让。

2. 专业化的握手

面试时，握手是最重要的一种身体语言。专业化的握手能创造出平等、彼此信任的和谐氛围。你的自信也会使人感到你能够胜任而且愿意做任何工作。这是创造好的第一印象的最佳途径。怎样握手？握多长时间？这些都非常关键。因为这是你与面试官的初次见面，这种手与手的礼貌接触是建立第一印象的重要开始，不少企业把握手作为考察一个应聘者是否专业、自信的依据。所以在面试官的手朝你伸过来之后就握住它，要保证你整个手臂呈 L型（90度），有力地摇两下，然后把手自然地放下，如图7—1所示。

图7—1　正确握手姿势图

握手应该坚实有力，有"感染力"。双眼要直视对方，自信地说出你的名字，即使你是位女士，也要表示出坚定的态度，但不要太使劲，更不要使劲摇晃；不要用两只手，用这种方式握手在西方公司看来不够专业。而且手应当是干燥、温暖的。如果他/她伸出手，却握到一只软弱无力、湿乎乎的手，这肯定不是好的开端。如果你刚刚赶到面试现场，用凉水冲冲手，使自己保持冷静，如果手心发凉就用热水捂一下。

握手时，长时间地拖住面试官的手，偶尔用力或快速捏一下手掌，这些动作说明你过于紧张，而面试时太紧张表示你无法胜任这项工作；轻触式握手显得你很害怕而且缺乏信心，你在面试官面前应表现出你是个能干的、善于与人相处的职业者；远距离在对方还没伸手之前，就伸长手臂去够面试官的手，表示你太紧张和害怕，面试者会认为你不喜欢或者不信任他们。

3. 无声胜有声的形体语言

加州大学洛杉矶分校的一项研究表明，个人给他人留下的印象，7％取决于用词，38％取决于音质，55％取决于非语言交流。非语言交流的重要性可想而知。在面试中，恰当使用非语言交流的技巧，将为你带来事半功倍的效果。

除了讲话以外，无声语言是重要的公关手段，主要有：手势语、目光语、身势语、面部语、服饰语等，通过仪表、姿态、神情、动作来传递信息，它们在交谈中往往起着有声语言无法比拟的效果，是职业形象的更高境界。形体语言对面试成败非常关键，有时一个眼神或者手势都会影响到整体评分。比如面部表情的适当微笑，就显现出一个人的乐观、豁达、自信；服饰的大方得体、不俗不妖，能反映出大学生风华正茂，有知识、有修养、青春活泼，独有魅力，它可以在考官眼中形成一道绚丽的风景，增强你的求职竞争能力。

（1）如钟坐姿显精神

进入面试室后，在没有听到"请坐"之前，绝对不可以坐下，等考官告诉你"请坐"时才可坐下，坐下时应道声"谢谢"。坐姿也有讲究，"站如松，坐如钟"，面试时也应该如此，良好的坐姿是给面试官留下好印象的关键要素之一。坐椅子时最好坐满三分之二，上身挺直，这样显得精神抖擞；保持轻松自如的姿势，身体要略向前倾。不要弓着腰，也不要把腰挺得很直，这样反倒会给人留下死板的印象，应该很自然地将腰伸直，并拢双膝，把手自然的放在上面。

有两种坐姿不可取：一是紧贴着椅背坐，显得太放松；二是只坐在椅边，显得太紧张。这两种坐法，都不利于面试的进行。要表现出精神和热忱，松懈的姿势会让人感到你疲惫不堪或漫不经心。切忌跷二郎腿并不停抖动，两臂不要交叉在胸前，更不能把手放在邻座椅背上，或做玩笔、摸头、伸舌头等小动作，容易给别人一种轻浮傲慢、有失庄重的印象。

（2）眼睛是心灵的窗户

面试一开始就要留心自己的身体语言，特别是自己的眼神，对面试官应全神贯注，目光始终聚焦在面试人员身上，在不言之中，展现出自信及对对方的尊重。眼睛是心灵的窗户，恰当的眼神能体现出智慧、自信以及对公司的向往和热情。注意眼神的交流，这不仅是相互尊重的表示，也可以更好地获取一些信息，与面试官的动作达成默契。

正确的眼神表达应该是：礼貌地正视对方，注视的部位最好是考官的鼻眼三角区（社交区）；目光平和而有神，专注而不呆板；如果有几个面试官在场，说话的时候要适当用目光扫视一下其他人，以示尊重；回答问题前，可以把视线投在对方背面墙上，约两三秒钟做思考，不宜过长，开口回答问题时，应该把视线收回来，如图7—2所示。

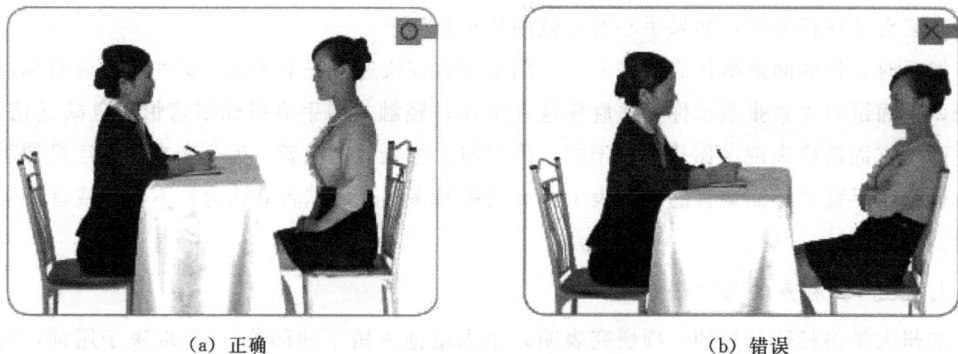

（a）正确　　　　　　　　　　（b）错误

图7—2　眼神交流对比图

（3）微笑的表情有亲和力

微笑是自信的第一步，也能为你消除紧张。面试时要面带微笑，亲切和蔼、谦虚虔诚、有问必答。如图7—3所示面带微笑会增进与面试官的沟通，会百分之百地提高你的外部形象，改善你与面试官的关系。赏心悦目的面部表情，应聘的成功率远高于那些目不斜视、笑不露齿的人。不要板着面孔，苦着一张脸，否则不能给人以最佳的印象，争取到工作机会。听对方说话时，要时有点头，表示自己听明白了，或正在注意听。同时也要不时面带微笑，当然也不宜笑得太僵硬，一切都要顺其自然。表情呆板、大大咧咧、扭扭捏捏、娇揉造作，都是一种美的缺陷，破坏了自然的美。

图7—3　微笑

（4）适度恰当的手势

说话时做些手势，加大对某个问题的形容和力度，是很自然的。可手势太多也会分散人的注意力，需要适度配合表达。中国人的手势往往特别多，而且几乎都一个模子。尤其是在讲英文的时候，习惯两个手不停地上下晃，或者单手比划。这一点一定要注意。平时要留意外国人的手势，了解中外手势的不同。另外，注意不要用手比划一二三，这样往往会滔滔不绝，令人生厌。而且中西方手势中，一二三的表达方式也迥然不同，用错了反而造成误解。

交谈很投机时，可适当地配合一些手势讲解（见图7—4），但不要频繁耸肩，手舞足蹈。有些求职者由于紧张，双手不知道该放哪儿；而有些人过于兴奋，在侃侃而谈时舞动双手，这些都不可取。不要有太多小动作，这是不成熟的表现；更切忌抓耳挠腮、用手捂嘴说话，这样显得紧张，不专心交谈。有些中国人为表示亲切而拍对方的肩膀，这对面试官很失礼。

图7—4 手势

五、语言就是力量

语言艺术是一门综合艺术，包含着丰富的内涵。一个语言艺术造诣较深的人需要多方面的素质，如具有较高理论水平、广博的知识、扎扎实实的语言功底。如果说外部形象是面试的第一张名片，那么语言就是第二张名片，它客观反映了一个人的文化素质和内涵修养。谦虚、诚恳、自然、亲和、自信的谈话态度会让你在任何场合都受到欢迎，动人的公关语言、艺术性的口才将帮助你获得成功。面试时要在现有的语言水平上，尽可能地发挥口才作用。对所提出的问题对答如流，恰到好处，妙语连珠，耐人寻味，又不夸夸其谈，夸大其词。

自我介绍是很好的表现机会，应把握以下几个要点：

首先，要突出个人的优点和特长，并要有相当的可信度。特别是具有实际管理经验的要突出自己在管理方面的优势，最好是通过自己做过什么项目这样的方式来进行叙述，语言要概括、简洁、有力，不要拖泥带水，轻重不分。重复的语言虽然有其强调的作用，但也可能使考官产生厌烦情绪，因此重申的内容应该是浓缩的精华，要突出你与众不同的个性和特长，给考官留下几许难忘的记忆。

其次，要展示个性，使个人形象鲜明。可以适当引用别人的言论，如老师、朋友等的评论来支持自己的描述。

第三，坚持以事实说话，少用虚词、感叹词之类。

第四，要符合常规，介绍的内容和层次应合理、有序地展开。要注意语言逻辑，介绍时应层次分明、重点突出，使自己的优势很自然地逐步显露。

最后，尽量不要用简称、方言、土语和口头语，以免对方难以听懂。当不能回答某一问题时，应如实告诉对方，含糊其辞和胡吹乱侃会导致面试失败。

面试，在很多情况下是与面试官最直接的"短兵相接"，一举一动、一言一行，都让面试官尽收眼底。所以面试礼仪就是最为重要的一个环节。礼仪是个人素质的一种外在表现形式，是面试制胜的法宝。面试礼仪这个环节又由许多小环节构成，如果礼仪知识知之甚少，或忽视礼仪的作用，在一个小环节上出现纰漏，必然会被淘汰出局，肯定失败无疑。

第二节　商　务　接　待

在商务活动中，虽然不同企业之间有激烈竞争，但也存在着密切的合作，业务交往（包括参观学习等）十分频繁。从接待礼仪来讲，在商务往来中"来的都是客"，不论客方平时与己方关系如何，都应以礼相待。

一、商务接待原则

在商务活动中，为了以礼接待商界同仁，必须按照商务礼仪的惯例和规范，在接待工作中，坚持身份对等和讲究礼宾秩序的原则。

1. 注意身份对等

身份对等，是商务礼仪的基本原则之一。根据身份对等的原则，我方出面迎送来宾的主要人员应与来宾的身份大体相当。若我方与来宾身份对等的人员身体不适，或忙于他事难以脱身，或不在本地，因而不能亲自出面迎送来宾时，应委派其副手或与其身份相近的人员出面接待，并在适当的时刻向来宾做出令人信服的说明和解释，以表示我方的诚意。

同样，我方人员在与来宾进行礼节性会晤或举行正式谈判时，也必须使我方到场的人数与来宾的人数基本上相等。另外，我方在为来宾安排宴请活动或为其准备食宿时，亦应尽量使之在档次、规格各方面与来宾的身份相称，并符合客人的生活习惯，体现东道主对客人的关心与照顾。在接待外商时，更应注意这一点。

2. 讲究礼宾秩序

礼宾秩序所要解决的是多边商务活动中的位次和顺序的排列问题。在正式的商务活动中，礼宾秩序可参考下列四种方法。

第一，按照来宾身份与职务的高低顺序排列。如接待几个来自不同方面的代表团时，确定礼宾秩序的主要依据是各个代表团团长职务的高低。

第二，按照来宾的姓氏笔画排列。在国内的商务活动中，如果双方或多方关系是对等的，可以按参与者的姓名或所在单位名称的汉字笔画多少排列。

第三，按照有关国家或企业名称的英文字母的先后顺序排列。在涉外活动中，则一般应将参加的组织或个人按英文或其他语言的字母顺序进行排列。

第四，按照有关各方正式通知东道主自己决定参加此项活动的先后顺序，或正式抵达活动地点的时间的先后顺序排列。

二、商务接待准备

从接到来客通知后，接待工作就开始进入准备工作阶段。这是整个接待工作的重要环节，一般应从下面几个方面来准备。

1. 了解客人基本情况

首先要了解客人的单位、姓名、性别、民族、职业、级别、人数等；其次要掌握客人的意图，了解客人的目的和要求以及在住宿和日程安排上的打算；再次要了解客人到达的日期、所乘车次、航班和到达时间；最后将上述情况及时向主管人员汇报，并通知有关部门和人员做好接待的各项准备工作。

2．确定迎送规格

确定迎送规格按照身份对等的原则，安排接待人员。对较重要的客人，应安排身份相当、专业对口的人士出面迎送；也可根据特殊需要或关系程度，安排比客人身份高的人士破格接待。对于一般客人，可由公关部门派懂礼仪、有礼貌、言谈流利的人员接待。

3．布置接待环境

布置接待良好的环境是对来宾的尊重与礼貌的表示。接待室的环境应该明亮、安静、整洁、幽雅，配置沙发、茶几、衣架、电话，以备接待客人、进行谈话和通信联络之用。

4．准备工作要细致

迎客安排与行政或公交部门联系，按时安排迎客车辆；预先为客人准备好客房及膳食；若对所迎接的客人不熟悉，需准备一块迎客牌，写上"欢迎×××先生（女士）"以及本单位的名称；若有需要，还可准备鲜花等。

三、商务接待基本程序

1．迎候

在商务往来中，对于如约而来的客人，特别是贵客或远道而来的客人，表示热情、友好的最佳方法，就是要指派专人出面，提前到达双方约定的或者是适当的地点，恭候客人的到来，如图7—5所示。

图7—5　迎候

对于来自本地的客人，接待人员一般应提前在本单位住地的大门口或办公楼下迎候客人。对于来自外地或海外的重要客人，接待人员应专程提前赶往机场、码头或火车站，迎接客人的到来。当客人到达时，应主动上前对客人表示欢迎和问候，并就有关事宜进行简单的介绍，分手前应约好下次见面的时间及联系方法等。

2．陪同

在商务活动中，接待人员陪同客人，步行时一般应在客人的左侧，以示尊重。乘车时，陪同人员要先打开车门，请客人上车，并以手背贴近车门上框，提醒客人避免磕碰，待客人坐稳后，再关门开车。如果陪客人、外宾参观访问，陪同人员应提前 10 分钟到达。参观过程中，陪同人员应走在宾客的右前方，并超前两三步，时时注意引导，遇进出门户、拐弯或上下楼梯时，应伸手示意，如图 7—6 所示；参观结束后，应将客人送至宾馆，然后再告别。

图 7—6　陪同图示

3．送别

　　送别客人是接待工作最后的也是非常重要的一个环节。当客人告辞时，应起身与客人握手道别。对于本地客人，一般应为之送行至本单位楼下或大门口，待客人远去后再回单位。对于外来的客人，应提前为之预订返程的车、船票或机票，如图 7—7 所示。

图 7—7　送别

四、工作餐礼仪

　　工作餐，在商界有时亦称商务聚餐，或者餐会。它所指的是，在商务交往中具有业务关系的合作伙伴，为进行接触、保持联系、交换信息或洽谈生意，而凭借用餐的形式所进行的一种商务聚会。站在商务礼仪的角度来看，正规的工作餐既不同于正式的宴会，也不同于亲友们的会餐。

1．工作餐的特点

　　在一般情况下，工作餐通常具有下述六个方面的显著特点。

（1）重在创造一种氛围

同正式的宴会相比，工作餐所强调的不是形式与档次，而是意在以餐会友，重在创造出一种有利于商务人员进一步进行接触的轻松、愉快、和睦、融洽、友好的氛围。

（2）具有某种实际目的

商务人员讲究的是务实，工作餐自然也是如此。同亲友之间的会餐相比，工作餐并非无所事事，单纯只是为了让大家碰碰头、谈谈心、联络联络感情而已。其实，它是以另外一种形式所继续进行的商务活动。

（3）要求较小规模

就参加者的人数而言，工作餐通常与声势浩大的宴会或会餐难以比较。因其重在处理实际问题，为了防止众口难调，或是难以确保人人畅抒心曲，故此工作餐的实际参加人数往往较少。一般来说，工作餐大都不是多边性聚会，而是以双边性聚会为主。它既可以是两个人之间的单独约会，也可以是有关双方各派几名代表参加。

（4）通常在午间举行

宴会与会餐，大都选定在晚上举行，并且往往喜欢于节假日或是周末举行。这是为了使参加者在时间上感到方便，同时也是一种社交惯例。可是，工作餐的时间选择便与此不同。为了合理地利用时间，不影响参加者的工作，工作餐通常被安排在工作日的午间，利用工作之间的间歇举行。

（5）可以随时随地举行

在举行工作餐之前，主人不必向客人发出正式的请柬，客人也不必为此而提前向主人正式进行答复。一般而言，只有宾主双方感到有必要坐在一起交换一下彼此之间的看法，或是就某些问题进行磋商，大家就可以随时随地举行一次工作餐。

工作餐时间不必早早商定，地点也可以临时选择。它可以由一方提议，也可以由双方共同决定；可以提前若干天约好，也可以当天临时决定。

（6）由提议者出面作东

工作餐多在外面的营业性餐馆举行，所以其作东者自有特殊之处。根据惯例，无论工作餐举行于何处，哪一方首先提议举行工作餐，即应由哪一方出面作东。而东道主一方出席工作餐时的行政职务最高者，便是理所当然的主人。

从名义上说，为工作餐所进行的一切准备性工作，均应由主人负责。而在实际上，由于名义上的主人位高、事繁、无暇他顾，着手张罗工作餐的，多是其秘书或公关人员。

2．工作餐的礼仪

要成功的筹办一次工作餐，仅仅从理论上了解其上述主要特点，还是远远不够的。除此之外，还须系统地掌握基本的工作餐礼仪。它所指的主要是有关工作餐的礼仪规范，包括工作餐的安排、工作餐的作东、工作餐的进行，等等。下面，分别对其做介绍。

（1）工作餐的安排

安排工作餐，此处主要是在工作餐进行之前的有关准备事项。这件事情，主要应由东道主一方所负责。它主要分为目的、时间、地点等三个具体问题。

一是目的。主动提议与他人一道共进一次工作餐，提议者大都胸中有数，意欲借此机会来实现自己的某种目的。

二是时间。举行工作餐的具体时间，原则上应当由工作餐的参与者共同协商决定。有时，也可由作东者首先提议，并且经过参与者的同意。按照惯例，工作餐不应当被安排在节假日，而应当在工作日举行。举行工作餐的最佳时间，通常被认为是中午的十二点钟或一点钟左右。

三是地点。根据惯例，举行工作餐的地点应由主人选定，客人则应当客随主便。具体而言，举行工作餐的地点可有多种多样的选择。饭庄、酒楼的雅座，宾馆、俱乐部、康乐中心附设的餐厅，高档的咖啡厅、快餐店，等等，都可予以考虑。不过从总体上讲，选定工作餐的具体地点时，应当主要兼顾主人的主要目的与客人的实际情况。

总之，工作餐的用餐地点尽管应由主人选定，但主人在做出具体的选择时，还是有必要考虑一下客人的习惯与偏好，并给予适当的照顾。如果有必要，主人不妨同时向客人推荐几个自己中意的地点，请客人从中挑选；或是索性让客人自己提出几个地点，然后再由宾主双方共同商定。

（2）工作餐的作东

作为主人，工作餐的作东者在举行工作餐的时候，大致必须负责如下几件事情。对此不闻不问，就是一种失职。

第一，要负责通知客人。正式决定进行工作餐之后，依照常规应由主人负责将相关的时间、地点、人员、议题等，通报给其他有关人员。

第二，要负责餐厅订座。前往一些著名的餐馆举行工作餐，通常需要提前预订座位。此事依例应由主人负责，如果对此无知，而临时贸然前往，不但有可能排长队，浪费时间，而且还有可能根本没有指望找到座位。

前往餐馆订座，目前主要有下列五种方法。其一，是派遣专人前去订座。其二，是拨打指定的电话号码进行订座。其三，是利用传真进行订座。其四，是利用网络进行订座。其五，是使用餐馆所发放的优惠卡或 VIP 卡进行订座。

第三，要负责迎候客人。商务礼仪规定，举行工作餐时，作东者必须先于客人抵达用餐地点，以迎候客人的到来。这是一种惯例，也是一种礼貌。

在正常情况之下，作东者应当至少提前十分钟抵达用餐地点。稍事休整之后，即应在适当之处恭迎客人的到来。一般认为，餐馆的正门之处、预订好的餐桌旁、餐馆里的休息室，以及宾主双方提前约好的会面地点，都是作东者迎宾的适当之处。

第四，要负责餐费结算。根据常规，工作餐的结算应当由作东者负责。具体来讲，工作餐的付费方式通常又分为"主人付费"与"各付其费"两种。

在结账时，不管是"主人付费"还是"各付其费"，都要符合本地的习惯。因考虑不周而惹人非议，则明显是作东者的失策。

（3）工作餐的进行

在参加工作餐时，宾主双方都有一些需要通晓的注意事项。它们主要包括如下四条：

其一，就餐的座次。鉴于工作餐是一种非正式的商务活动，所以人们对于其座次通常都是不太讲究的。不过，仍有下述几点应加以注意。

可能的话，一起共进工作餐的人士应当在同一张餐桌上就餐，尽量不要分桌就座。万一同一张餐桌上安排不下，则最好将全体用餐者分桌安排在同一个包间之内。倘若分桌就座时，一般并无主桌与次桌之分。但是，仍可将主人与主宾所在的那张餐桌视为主桌。

在餐桌上就座时，座位往往不分主次，而可由就餐者自由就座。不过出于礼貌，主人不应率先就座，而是应当落座于主宾之后。若是主人为主宾让座的话，一般应当请对方就座于下列之一较佳的座次：主人的右侧或正对面，面对正门之处，视野开阔之处，以及能够欣赏优美的景致的位置。主人宜坐的位置，则在主宾之左或者其正对面。

宾主双方各自的随员就座时，一般可在双方的上司入座后自由地择位而座。有时，客方的随员亦可听从主人的安排而坐。需要翻译时，既可令其就座于主人与主宾之间，也可安排其就座于主人左侧。

其二，菜肴的选择。与宴会、会餐相比，工作餐仅求吃饱，而不刻意要求吃好。因此，工作餐上桌的菜肴大可不必过于丰盛。它的安排，应以简单为要。只要菜肴清淡可口，并且大体上够吃，就算是基本"达标"了。

根据常规，工作餐的菜肴安排应当由东道主负责。然而东道主若要表现得称职，在其具体安排菜肴、饮料时，最好还是先同其他人，特别是主宾，进行一下协商为好。最重要的，是要主动回避对方的饮食禁忌。

出于卫生方面的考虑，工作餐最好采取"分餐制"的就餐方式。不习惯的话，代之以"公筷制"也可。

在一般情况下，工作餐在营业性餐馆举行时，可酌情安排一些该餐馆拿手的"特色菜"，没有必要非上山珍海味不可。

为不耽误工作，工作餐所上的饮料应将烈性酒除外。同时，全体就餐者还须自觉地禁烟，而不论自己就餐的餐馆是否有此规定。

其三，席间的交谈。举行工作餐时，讲究的是办事与吃饭两不耽误。所以，在为时不长的进餐期间，宾主双方所拟议进行的有关实质性问题的交谈，通常开始得宜早不宜晚。不要一直等到大家都吃饱喝足了，方才正式开始交谈。那样一来，时间往往不太够用。

依照商务礼仪的规定，待主宾用毕主菜之后，主人便可以暗示对方交谈能够开始了。此刻，主人说一声"大家谈一谈吧"，道一句"向您请教一件事情"，皆可作为交谈的正式开始。在点菜后、上菜前，也可开始正式交谈。

有关各方在百忙之中共进工作餐，意在谈论正事，所以宾主在交谈之中不宜节外生枝，偏离正题。自己说话时，不要东拉西扯，插科打诨。别人说话时，则务必要认真倾听，既不要中途打岔，也不要与旁人七嘴八舌，心不在焉。

在交谈中，注意不要影响他人用餐，所以有必要讲讲停停，一张一弛。在别人用餐时，切勿毫无眼色地向其讨教。自己在讲话时不要长篇大论，或是张牙舞爪，口水狂飞。

一般来讲，在用工作餐时的交谈，不宜录音、录像，或是布置专人进行记录。非有必要进行笔录或使用计算器、便携式电脑时，应先向交谈对象打招呼，并求得对方首肯。千万不要随意自行其是，好似对对方缺乏信任一般。发现对方对此表示不满时，切勿坚持这么做。

其四，用餐的终止。进行工作餐必须注意适可而止。依照常规，拟议的问题一旦谈妥，工作餐即可告终，不一定非要拖至某一时间不可。

在一般情况下，宾主双方均可首先提议终止用餐。主人将餐巾放回餐桌之上，或是吩咐侍者来为自己结账；客人长时间地默默无语，或是反复地看表；都是在向对方发出"用餐可以到此结束"的信号。只是在此问题上，主人往往需要负起更大的责任。尤其是在客人需要"赶点"去忙别的事情，或者宾主双方接下来还有其他事要办时，主人更应当掌握好时间，使工作餐适时地宣告结束。

当有人用餐尚未完毕，或是有人正在发表高论时，一般不宜提出终止用餐。在就餐期间不告而辞，或者在中途借故离去，也是失敬于人的。

五、自助餐礼仪

自助餐，有时亦称冷餐会。它是目前国际上所通行的一种非正式的西式宴会，在大型的商务活动中尤为多见。它的具体做法是，不预备正餐，而由就餐者自作主张地在用餐时自行选择食物、饮料，然后或立或坐，自由地与他人在一起或是独自一人用餐。自助餐食品如图7—8所示。

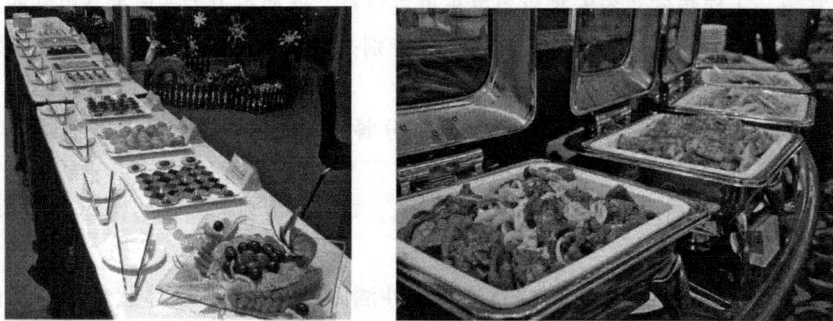

图 7—8　自助餐食品

1. 自助餐的特点

一般而言，自助餐具有如下几条明显的长处：

（1）可以免排座次

正规的自助餐，往往不固定用餐者的座次，甚至不为其提供座椅。这样一来，既可免除座次排列之劳，而且还可以便于用餐者自由地进行交际。

（2）可以节省费用

因为自助餐多以冷食为主，不提供正餐，不上高档的菜肴、酒水，故可大大节约主办者的开支，并避免了浪费。

（3）可以各取所需

参加自助餐时，用餐者看见自己喜爱的菜肴，只管自行取用就是了，完全不必担心他人会为此而嘲笑自己。

（4）可以招待多人

它可以招待多人，每逢需要为众多的人士提供饮食时，自助餐不失为一种首选。它不仅可用以款待数量较多的来宾，而且还可以较好地处理众口难调的问题。

2. 自助餐的安排

安排自助餐的礼仪，指的是自助餐的主办者在筹办自助餐时规范性作法。一般而言，它包括用餐的时间、就餐的地点、食物的准备、客人的招待等四个方面的问题。

（1）用餐的时间

在商务交往之中，依照惯例，自助餐大都被安排在各种正式的商务活动之后。作为其附属的环节之一，商界的自助餐多见于各种正式活动之后，故而其举行的具体时间要受到正式的商务活动的限制。不过，它很少被安排在晚间举行，而且每次用餐的时间不宜长于一个小时。

根据惯例，自助餐的用餐时间不必进行正式的限定。只要主人宣布用餐开始，大家即可动手就餐。在整个用餐期间，用餐者可以随到随吃，大可不必非要在主人宣布用餐开始之前到场恭候。在用自助餐时，也不像正式的宴会那样，必须统一退场，不允许"不辞而别"。用餐者只要自己觉得吃好了，在与主人打过招呼之后，随时都可以离去。通常，自助餐是无人出面正式宣布结束的。

（2）就餐的地点

选择自助餐的就餐地点，大可不必如同宴会那般较真。重要的是，它既能容纳全部就餐者，又能为其提供足够的交际空间。

按照正常的情况，自助餐安排在室内外进行皆可。通常，它大多选择在主办单位所拥有的大型餐厅、露天花园之内进行。有时，也可外租、外借与此相类似的场地。

（3）食物的准备

在自助餐上为就餐者所提供的食物，既有其共性，又有其个性。它的共性在于，为了便于就餐，以提供冷食为主；为了满足就餐者的不同口味，应当尽可能地使食物在品种上丰富多采；为了方便就餐者进行选择，同一类型的食物应被集中在一处摆放。

一般而言，自助餐上所备的食物在品种上应当多多益善。具体来讲，一般的自助餐上所供应的菜肴大致应当包括冷菜、汤、热菜、点心、甜品、水果以及酒水等几大类型，如图7—9所示。在准备食物时，务必要注意保证供应。同时，还须注意食物的卫生以及热菜、热饮的保温问题。

图7—9　甜点及水果

（4）客人的招待

招待好客人是自助餐主办者的责任和义务，要做到这一点必须特别注意下列环节。

一是要照顾好主宾。不论在任何情况下，主宾都是主人照顾的重点。

二是要充当引见者。作为一种社交活动的具体形式，自助餐自然要求其参加者主动进行适度的交际。

三是要安排服务者。小型的自助餐，主人往往可以一身而二任，同时充当服务者。但是，在大规模的自助餐上，显然是不能缺少专人服务的。在自助餐上，直接与就餐者进行正面服务的，主要是侍者。

3．自助餐的礼仪

自助餐的礼仪，主要是指在以就餐者的身份参加自助餐时，所需要具体遵循的礼仪规范。一般来讲，自助餐礼仪，通常主要涉及下述八点：要排队取菜、要循序取菜、要量力取菜、要多次取菜、要避免外带、要送回餐具、要照顾他人，以及要积极交际，如图7—10所示。

图7—10　自助餐礼仪

在参加自助餐时，一定要主动寻找机会，积极地进行交际活动。首先，应当找机会与主人攀谈一番。其次，应当与老朋友好好叙一叙。最后，还应当争取多结识几位新朋友。在自助餐上，交际的主要形式是几个人聚在一起进行交谈。为了扩大自己的交际面，在此期间不妨多转换几个类似的交际圈。介入陌生的交际圈，大体上有三种方法：其一，是请求主人或圈内之人引见。其二，是寻找机会，借机加入。其三，是毛遂自荐，自己介绍自己加入。

六、商务宴请

商务宴请是商务场合中表示欢迎、庆贺、饯行、答谢等，以增进友谊和融洽气氛的重要手段，是一种常见的礼仪接待活动。就宴请活动的性质而言，大体有三种：

第一种是礼仪性的。如为庆祝重大工程的竣工，东道国为某一重要国际会议的召开等，都属于礼仪活动。这种活动要有一定的礼宾规格和必要的礼宾程序。

第二种是交谊性的。其目的主要是为了表示友好，发展友谊，如接风、送行、告别等。有时候并无特定的题目，也有时是借题目做文章。这种宴会，规格讲究不那么严，但气氛热烈，主要是表达亲切、友好之情，达到发展友谊的目的。

第三种是工作性的。主人或参加宴会的各方，为解决特定的工作问题而举行宴请，以便在席间进行交谈。

（一）宴请方的礼仪

作为东道主，为一次成功的宴请要付出极大努力，才有可能取得应有的效果。下面几个方面尤为重要。

1．精心准备

为了发挥宴请的交际功能，无论是举行哪一种形式的宴请，主人或主管事前都要做总体策划工作，如选定宴请时间、地点，确定宴请规格、宴请人数，发请柬、订菜、排席及拟订宴会程序等。

2．热情接待

请客吃饭，重要的并不完全在于菜肴的高级名贵与否，而在于主人的盛情，有融洽的气氛，有良好的礼仪，使客人高兴而来满意而归。

现代待人接物的礼节中,有一个重要的前提,那就是使对方感到轻松愉快。如果违背了这一前提,即便你的出发点是好意的,也可能让对方觉得勉强、拘束甚至受罪。

某公司的业务员小陈有一次去北方的一个城市出差。事情谈完后,对方在城内一家有名的餐厅请小陈吃饭。小陈一进餐厅,主人便殷勤地将他带到"上座"坐。保守的主人认为将客人安排在"上座"是他义不容辞的最大礼貌与义务。然而时值炎热的夏季,此"上座"是离冷气最远的座位,小陈为了满足主人招待周到的愿望,不得不坐在"上座"忍受着炎热的煎熬,虽难受也不好说。

很快酒菜上来了,这里的人招待客人有劝酒的习惯。像北方很多地方一样,只要主人敬酒,你就不能不接受,不管客人的酒量如何,凡是有敬就必须喝,才算是符合传统的礼节。酒量是因人而异的,过量了人就受不了。小陈一再解释自己不会喝酒,却敌不过热情的主人,不得不一杯又一杯忍受痛苦喝下去。足足半斤"五粮液"下肚,刚一出餐厅的门口,就趴在路边的栏杆上"喷涌而出",回去后痔疮发作,休息了好几天才缓过劲来。之后再回想起这次作客,小陈只觉得是一场活受罪,丝毫谈不上什么愉快的享受。

作为主人,光有热情好客的心意还不够,要能让客人在感受到你的情意的同时,觉得轻松舒服,不受拘束,才是真正尽到主人的责任和义务。

3. 礼貌敬菜敬酒

在比较郑重的宴请中,十分讲究上菜的顺序和敬菜敬酒的礼仪。

上菜的顺序和斟酒的规矩:中式宴请,一般先上冷盘以佐酒,让客人呷酒叙谈,后上热炒、头菜(整鸡、整鱼等)、点心、甜菜、汤、大菜、饭面、甜点,最后上水果,如图7—11所示。

图7—11　中式菜品图

（1）敬菜

用餐时要注意文明礼貌。对外宾不要反复敬菜，可向对方介绍中国菜的特点，吃不吃由他。有人喜欢向他人敬菜，甚至为对方夹菜。外宾没有这个习惯，你要是一再客气，没准人家会反感："说过不吃了，你非逼我干什么？"依此类推，参加外宾举行的宴会，也不要指望主人会反复给你敬菜。你要是等别人给自己布菜，那就只好饿肚子。

（2）敬酒

敬酒之前需要斟酒。按照规范来说，除主人和服务人员外，其他宾客一般不要自行给别人斟酒。如果主人亲自斟酒，应该用本次宴会上最好的酒斟，宾客要端起酒杯致谢，必要的时候应该起身站立。

如果是作为大型的商务用餐，应该由服务人员来斟酒。斟酒一般要从位高者开始，然后顺时针斟。如果不需要酒了，可以把手挡在酒杯上，说声"不用了，谢谢"就可以了。这时候，斟酒者就没有必要非得一再要求斟酒。

用中餐时，别人斟酒的时候，也可以回敬以"叩指礼"，特别是自己的身份比主人高的时候。叩指礼以右手拇指、食指、中指捏在一起，指尖向下，轻叩几下桌面表示对斟酒的感谢。白酒和啤酒可以斟满，而其他洋酒就不用斟满。

（3）敬酒的要点

什么时候敬酒？

敬酒应该在特定的时间进行，并以不影响来宾用餐为首要考虑。

敬酒分为正式敬酒和普通敬酒。正式的敬酒，一般是在宾主入席后就可以敬，一般都是主人来敬，同时还要说规范的祝酒词。而普通敬酒，只要是在正式敬酒之后就可以开始了。但要注意是在对方方便的时候，比如他当时没有和其他人敬酒，嘴里不在咀嚼，认为对方可能愿意接受你的敬酒。而且，如果有人向同一个人敬酒，应该等身份比自己高的人敬过之后再敬。

敬酒按什么顺序呢？一般情况下应按年龄大小、职位高低、宾主身份为序，敬酒前一定要充分考虑好敬酒的顺序，分明主次，避免出现尴尬的情况。即使你分不清职位、身份高低，也要按统一的顺序敬酒，比如先从自己身边按顺时针方向开始敬酒，或是从左到右、从右到左进行敬酒等。

敬酒的举止要求有哪些？正式敬酒时，一般要说标准的祝酒词。这种祝酒词内容可以稍长一点，但最好在五分钟之内讲完。无论是主人还是来宾，如果是在自己的座位上向集体敬酒，自己首先站起身来，面含微笑，手拿酒杯，面朝大家。

当主人向集体敬酒、说祝酒词的时候，所有人应该一律停止用餐或喝酒。主人提议干杯的时候，所有人要端起酒杯站起来，互相碰一碰。按照国际通行的做法，敬酒不一定要喝干。但即使平时滴酒不沾的人，也要拿起酒杯抿上一口表示一下，以示对主人的尊重。

除了主人向集体敬酒，来宾也可以向集体敬酒。来宾的祝酒词可以说得更简短，甚至一两句话都可以。比如："各位，为了以后我们的合作愉快，干杯！"

平时涉及礼仪规范内容更多的还是普通敬酒。普通敬酒就是在主人正式敬酒之后，各个来宾和主人之间或者来宾之间可以互相敬酒，同时说一两句简单的祝酒词或劝酒词。

别人向你敬酒的时候，要手举酒杯到双眼高度，在对方说了祝酒词或"干杯"之后，再喝。喝完后，还要手拿酒杯和对方对视一下，这一过程才结束。

用中餐时，还有一个讲究。即主人亲自向你敬酒干杯后，要回敬主人，和他再干一杯。

回敬的时候，要右手拿着杯子，左手托底，和对方同时喝。干杯的时候，可以象征性和对方轻碰一下酒杯，不要用力过猛，非听到响声不可。出于敬重，可以使自己的酒杯较低于对方酒杯。如果和对方相距较远，可以以酒杯杯底轻碰桌面，表示碰杯。

和中餐不同的是，西餐用来敬酒、干杯的酒，一般都用香槟。而且，只是敬酒不劝酒，只敬酒而不真正碰杯；还不可以越过自己身边的人和相距较远者祝酒干杯，尤其是交叉干杯。

（二）赴宴方的礼仪

出席宴会，并不是一件轻松的事情。在觥筹交错之间，我们的谈吐和举止正向人们昭示着自己的修养和品行。因此，了解和掌握一些有关如何赴宴、如何用餐等方面的常规礼仪，对于塑造自己在他人眼中的形象关系极大。

1. 入席

接到宴会邀请，应尽早答复对方，以便主人安排。入席就座要服从主人安排，并对其他宾客表示礼让。

2. 用餐

在饭店宴请时，用餐前服务员一般要为每人送上一方热的湿毛巾，供进餐者擦拭嘴角和双手，但不宜用于洗脸、擦脖子和手背。

上龙虾、鸡、水果时，会送上一只小小水盂，其中漂着柠檬片或玫瑰花瓣，它不是饮料，而是洗手用的。洗手时，可两手轮流沾湿指头，轻轻涮洗，然后用小毛巾擦干。客人入席后，不要立即动手取食，而应待主人打招呼，由主人举杯示意开始时，客人才能开始；客人不能抢在主人前面。夹菜要文明，应等菜肴转到自己面前时，再动筷子，不要抢在邻座前面，一次夹菜也不宜过多。要细嚼慢咽，这不仅有利于消化，也是餐桌上的礼仪要求。决不能大块往嘴里塞，狼吞虎咽，这样会给人留下贪婪的印象。不要挑食，不要只盯住自己喜欢的菜吃，或者把喜欢的菜堆在自己的盘子里。

用餐的动作要文雅，夹菜时不要碰到邻座，不要把盘里的菜拨到桌上，不要把汤泼翻。不要发出不必要的声音，如喝汤时"咕噜咕噜"，吃菜时嘴里"叭叭"作响，这都是粗俗的表现。不要一边吃东西，一边和人聊天。嘴里的骨头和鱼刺不要吐在桌子上，可用餐巾掩口，用筷子取出来放在碟子里。掉在桌子上的菜，不要再吃。进餐过程中不要玩弄碗筷，或用筷子指向别人。不要用手去嘴里乱抠。用牙签剔牙时，应用手或餐巾掩住嘴。不要让餐具发出任何声响。

3. 退席

用餐结束后，可以用餐巾、餐巾纸或服务员送来的小毛巾擦擦嘴，但不宜擦头颈或胸脯；餐后不要不加控制地打饱嗝；在主人还没示意结束时，客人不能先离席。

告退不宜过早或过迟。如果自己是主宾，应当先于其他客人告辞，否则，会给想早点回家的客人带来不便；太早了又有失礼貌，好像你是为了吃才来的。一般礼貌的做法，是用餐后交谈20分钟至半小时即可向主人告辞。散席时，通常是男宾先向男主人告别，女宾先向女主人告别，告别时对主人的热情款待和盛情邀请表示感谢（常用"非常感谢您的盛情邀请"等语），然后再与主人家的其他成员告别，并与其他宾客互道再见。

第三节 商务谈判

商务谈判也叫商务洽谈，是指买卖双方为实现某种商品或劳务的交易就多种交易条件进行的协商活动。一般来说，如果不是在正式场合解决某项重大问题或协调争端，人们更习惯称谈判为洽谈。

洽谈比谈判来得柔和、亲切，因而也就更需要重视礼仪。但不管是正式谈判还是非正式业务洽谈，都应遵守相互尊重、友好和蔼、积极合作、平等互惠的商务礼仪原则。

一、商务谈判的基本原则

1. 客观的原则

所谓客观原则，意即在准备商务谈判时，有关的商界人士所占有的资料要客观，决策时的态度也要客观。占有的资料要客观，是要求谈判者尽可能地取得真实而准确的资料，不要以道听途说或是对方有意散布的虚假情报作为自己决策时的依据。决策时态度要客观，是要求谈判者在决策时，态度要清醒而冷静，不要为感情所左右或是意气用事。

2. 预审原则

所谓预审原则，含义有二：其一，是指准备谈判的商界人士，应当对自己的谈判方案预先反复审核、精益求精；其二，是指准备谈判的商界人士，应当将自己提出的谈判方案，预先报请上级主管部门或主管人士审查、批准。

3. 自主原则

所谓自主原则，是指商界人士在准备商务谈判时，以及在谈判进行中，要发挥自己的主观能动性，要相信自己、依靠自己、鼓励自己、鞭策自己，在合乎规范与惯例的前提下，力争"以我为中心"。

坚持自主原则有两大好处：一是可以调动有关的商界人士的积极性，使其更好地有所表现；二是可以争取主动权或是变被动为主动，在洽谈中为自己争取到有利的位置。

4. 兼顾原则

所谓兼顾的原则，是要求商界人士在准备商务谈判时，以及在谈判过程中，在不损害自身根本利益的前提下，应当尽可能地替谈判对手着想，主动为对方保留一定的利益。

二、商务谈判前的准备

商务谈判前的准备是影响谈判成败得失的关键。在准备过程中，人员的配备、信息的搜集、目标的选择、计划的拟定都很重要，必须认真做好，礼仪准备也必不可少。

1. 人员配备

商务谈判是一种有组织的经济活动，为了使谈判能顺利进行，必须按照对等原则配备相应的谈判班子。谈判班子中要有精通业务，有经济、法律头脑，能拍板成交的主谈人员，也要有懂业务、懂技术的人员和有谈判经验的翻译人员，一般以四人为宜。一个精干的，具备T型知识结构而又注重仪表、谈吐自如、举止得体的谈判班子，不仅会给谈判创造有利条件，同时也是对对方的尊重。

小贴士

　　T型知识结构是指谈判人员不仅在横向有广博的知识面，而且在纵向有较深的专门学问。

2．信息准备

　　古人有言："知己知彼，百战不殆"。在商务谈判中为了掌握主动权，必须进行多方面的信息准备。

　　（1）做好市场调查

　　做好市场调查，及时了解市场分布、产品销售和产品竞争情况及消费需求情况等。

　　（2）了解对方业务情况

　　了解对方业务情况，包括它的资信能力、企业概况、产品的性能和特点，产品生产技术及先进程度、市场占有率和市场潜力，技术资料和有关货单、样品、价格水平、结算方式等。

　　（3）了解对方谈判人员

　　参谈人员的情况，如参谈人员的年龄、资历、地位、性格特点、谈判风格及对己方的态度等，以便制订相应的策略。

　　（4）了解对方文化背景和礼仪习俗

　　对方文化背景和礼仪习俗，"入国问禁，入境问俗"，这是重要的交际之道。在商务谈判过程中，如果了解并尊重对方的礼俗，双方就容易沟通感情，增加信任，对谈判进行会有积极的效果。收集此类更为详尽、准确的情况和资料，将有助于制订更具体、准确的谈判方案。

3．制订计划

　　谈判计划是谈判人员在谈判前预先对谈判目标的具体内容和步骤所做的安排。它是谈判者行动的指南和预案，有了谈判计划，就会使参加谈判的人员做到心中有数，打有准备之仗。谈判计划包括：

　　（1）谈判目标

　　这是谈判的导向和谈判所要达到的目的。商务洽谈目标可分为最优期望目标、实际需求目标、可接受目标和最低目标四个层次。在谈判中，谈判者一开始往往提出最优期望目标，而保护的是可接受目标和实际需求目标，坚守的则是最低目标。

　　（2）谈判议程

　　谈判议程是决定谈判效率高低的重要一环。每次谈判，谈什么，何时谈，何地谈，如何谈，达到什么目的，事前都要有周密的安排，以免在礼仪上有不周之处，也避免受制于人。议程的安排，一要注意互助性，兼顾对方的利益和习惯做法；二要注意简洁性，谈判事项不宜过多。

　　（3）谈判地点

　　谈判地点对谈判效果也有一定的影响。谈判地点如选择在己方所在地进行，作为东道主必须注重礼貌待客，邀请、迎送、接待、谈判的组织等必须符合礼仪要求。礼貌可以换来信赖，可促使客座谈判者积极考虑主座谈判人员的各项要求。

（4）座位安排

在谈判人员座位安排上，一般以椭圆桌或长桌为宜，双方人员各自在桌子的一边就座。倘若将谈判桌横放，那么面对谈判室正门的一侧属于上座，应请客方就座；背对谈判室正门的另一侧则为下座，应留待主方就座（见图7—12）。如谈判桌是竖放的，进门时的右侧为上座，归客方就座；进门时的左侧为下座，归主方就座（见图7—13）。小规模的洽商，可不放谈判桌，在室内摆放几把沙发或圈椅，按"以右为尊"的原则，客右主左，坐下即谈。也可以交叉而坐，以增添合作、轻松、友好的气氛。

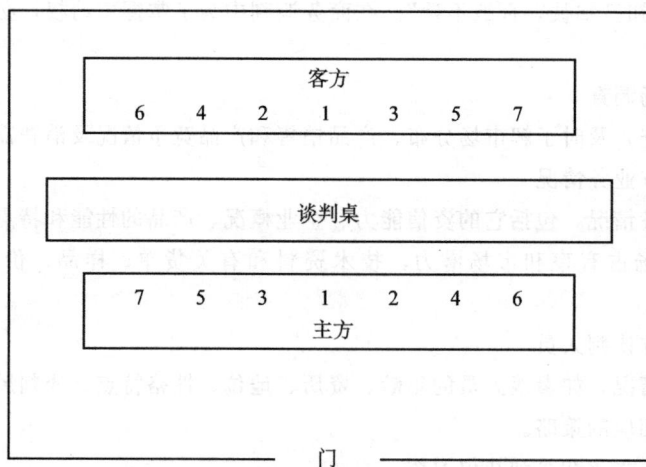

图7—12　横桌式商务谈判座次

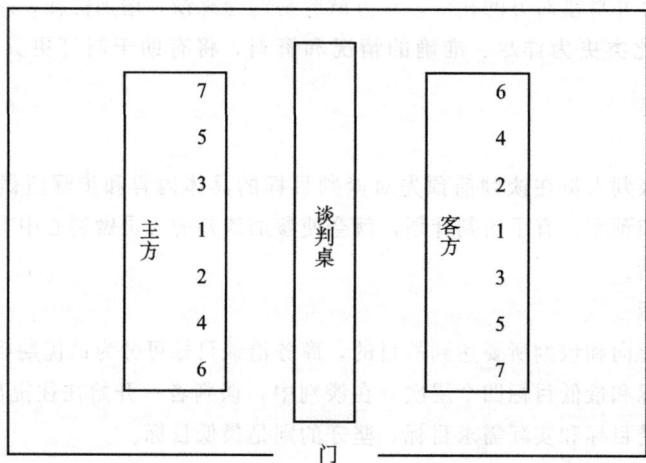

图7—13　竖桌式商务谈判座次

（5）食宿安排

谈判人员的食宿安排也是谈判准备的一个不可缺少的方面。在食宿方面要根据对方人员的生活习惯和文化传统，提供舒适、安全、文明、周到的服务，以表示己方的诚意和热情。

三、商务谈判过程

商务谈判从正式开局到达成协议，要经过一个错综复杂、千变万化的过程。一场完整的商务谈判或谈判，一般要经过摸底、报价、磋商、成交和签约等五个阶段。为了实现较好的谈判目标，在谈判过程的各个阶段都要注重礼仪。

1. 创造和谐的谈判气氛

任何商务谈判或谈判都是在一定气氛下进行的。谈判气氛和谐与否，直接影响着整个谈判的进程和结局。为了创造一种轻松、诚挚、友好、合作的气氛，谈判人员应注意如下几点。

第一，抓住谈判开始的瞬间。良好的气氛往往是在谈判开始的瞬间形成的，因此双方人员应以友好的态度出现在对方面前，特别是作为东道主的一方应先行到达谈判室，并在门口迎候客人。

第二，双方人员见面先要互相介绍。介绍与自我介绍要大方得体，遵守礼仪规则。介绍时要落落大方，介绍完毕要互相握手致礼。若有名片，应主动递上并微微点头，以显示彬彬有礼的风度，也为以后的联系合作提供方便。如进行自我介绍，应吐词清楚，适当提高嗓音，目光要注视对方，以示对对方的尊重，切忌边自我介绍边东张西望，使人感到态度冷淡，有失礼貌。如果对方是外商，则要依各国文化、礼俗的不同决定介绍、握手的方式。

案例分析

某公司新建的办公大楼需要添置一系列的办公家具，价值数百万元。公司的总经理已做了决定，向 A 公司购买这批办公家具。

这天，A 公司的销售部负责人打电话来，要上门拜访这位总经理。总经理打算等对方来了，就在订单上盖章，定下这笔生意。

不料对方比预定的时间提前了 2 个小时，原来 A 公司听说这家公司的员工宿舍也要在近期内落成，希望员工宿舍需要的家具也能向他们购买。为了谈成这件事，销售部负责人提前来了，还带来了一大堆的资料，摆满了台面。总经理没料到对方会提前到访，刚好手边又有事，递上名片后便请秘书让对方等一会儿。没想到这位销售负责人等了不到半小时，就开始不耐烦了，一边收拾起资料一边说："我还是改天再来拜访吧。"

这时，总经理发现对方在收拾资料准备离开时，将自己刚才递上的名片不小心掉在了地上，对方却并没发觉，走时还无意从名片上踩了过去。但这个不小心的失误，却令总经理改变了初衷，A 公司不仅没有机会与对方商谈员工宿舍的家具购买，连几乎已经到手的数百万元办公家具的生意也告吹了。

A 公司销售部负责人的失误，看似很小，其实是巨大而不可原谅的失误。名片在商业交际中是一个人的化身，是名片主人"自我的延伸"。弄丢了对方的名片已经是对他人的不尊重，更何况还踩上一脚，顿时让这位总经理产生反感。再加上对方没有按预约的时间到访，不曾提前通知，又没有等待的耐心和诚意，丢失了这笔生意也就不是偶然的了。

第三，注意谈吐举止。谈判人员的谈吐要轻松自如，举止要文雅大方，谦虚有礼，分寸得当，不可拘谨慌张。见面后可略示寒暄，进入正题之前，先谈些轻松的非业务性的中性话题，如旅途经历、季节气候、文体表演、各自爱好或以往合作经历等，但开头的寒暄不宜过长，以免冲淡谈判气氛。

第四，仪表是谈判人员的广告，应注意服装整洁，端庄高雅，神情饱满，给人以良好的第一印象。

2. 自然进入谈判正题

进入谈判正题是双方所期待的。最适宜的方式是以轻松、自然的语气先谈谈双方容易达成一致意见的话题。如"咱们先把今天谈判的程序确定下来，您看如何？"这种问话既能体现尊重对方、表示愿以平等态度商讨问题的诚意，同时也最容易得到对方的肯定答复，有助于创造一种一致的气氛。

在这种心平气和、协商一致氛围下，然后分别陈述己方对有关问题的看法和基本原则。这种陈述应简明扼要，重点突出，准确而有弹性，让对方感到你的坦率和真诚。这种陈述措词要得体，语调、语速要适中，既表明自己的意图和要求，又不引起对方的反感和不安。

3. 平等协商所遇的问题

在商务谈判过程中，特别是进入报价阶段以后，出现分歧是不可避免的。重要的是不要回避矛盾，而应以积极的态度进行商讨甚至辩论，在友好和谐的气氛下谋求一致，并争取在谋得己方最大利益的前提下给对方以适当满足的"皆大欢喜"的结局。

商务关系越密切，双方间的商讨也就会变得越重要。如何进行平等商讨呢？无论是对外商还是国内的伙伴，在礼仪上应注意以下几点：

第一，坦诚相见。坦诚相见能获得对方的理解和信赖。在商务谈判中，由于双方人员各自代表的利益不同，肩负的使命不同，彼此难免会有些提防心理，这是可以理解的。如果一方人员言辞坦率，态度真诚，毫不掩饰地表明自己对某个问题的看法、希望和担心，将对方想知道的情况坦诚相告，这样就容易打消对方的戒备心理，获得对方的共鸣和信赖，形成彼此信任、平和商讨的局面。

第二，心平气和。在商务谈判中双方都应保持清醒的头脑，心平气和地探讨解决分歧的途径。谈判是双方为谋求共同利益而进行的协商活动，其中必然存在着许多不同的利益和要求，双方应本着求同存异的原则，力求在和谐友好的气氛中，互谅互让、心平气和地解决面临的问题。因此，在商讨中，一要找出矛盾，对症下药。二要对事不对人，不可随意把对对方某人的成见渗透于商讨之中，影响商讨的实际效果。三要有的放矢，商讨始终应围绕某一目标进行，在商讨中尽可能解决某些实质性的问题。四是态度诚恳，面对现实。

第三，注意正确使用语言。商务谈判是谈判者运用语言表达意见、交流观点的过程，语言的运用往往决定谈判的成败。谈判人员在运用语言的过程中，除要注意谈判语言的客观性、逻辑性、针对性以外，尤其要注意用语的规范性和灵活性。

谈判语言必须坚持文明礼貌的原则，符合商界的特点和职业道德的要求。无论谈判中出现何种情况，都不能使用粗鲁、污秽的语言或攻击性的语言。谈判用语必须清晰易懂，口语尽可能标准化，不用地方方言或黑话、俗语等与人交谈。

谈判语言应当准确、严谨，特别是在磋商的关键时刻，更要用严谨、恰当的语言准确地表述自己的观点和意见。有时如确需使用某些专业术语，则应以简明易懂的惯用语加以解释。一切语言均要以达到双方沟通、保证谈判顺利进行为前提。

谈判过程中所使用的语言应当丰富、灵活，富有弹性。对于不同的谈判对手，应使用不同的语言。如果对方谈吐优雅，很有修养，己方语言也应十分讲究，做到出语不凡。

总之，要根据对方的学识、气质、性格、修养和语言特点及时调整己方的谈判用语。这是迅速缩短谈判双方距离，实现平等商讨的有效方法。

4. 礼貌地提问

在商务谈判中，提问技巧常常是谈判者用来弄清某些事实，把握对方思想脉络，表达自己意见或调整自己谈判策略的重要手段。恰到好处的提问不仅可以启发对方思维，激发对方的兴奋点，控制交谈言路的方向，也可表达自己的感受，帮助自己获得新的信息和资料，在商务谈判中起着重要作用。但提问必须问得适当而又有礼，体现对对方的尊重，才有利于谈判的顺利进行。

小贴士

在一次小型的联欢会上，观众席上有一位女士问赵本山："听说你在全国笑星中的出场费是最高的，一场要一万多元，是吗？"这个问题让人为难：如果赵本山做出肯定性的答复，那会有许多不便；如果确有其事，他也就不好做出否定的回答。面对这样一个尴尬的问题，他做出了如下的回答。

赵本山说："您的问题提得很突然，请问您是哪个单位的？"

"我是大连一个电器经销公司的。"那位女士说。

"你们经营什么产品？"赵本山问。

"有录像机、电视机、录音机……"女子答道。

"一台录像机卖多少钱？"

"四千元。"

"那有人给你四百元你卖吗？"

"那当然不能卖，一种商品的价格是由它的价值决定的。"那女性非常干脆地回答他。

"那就对了，演员的价值是由观众决定的。"

面对女士的尴尬问题，赵本山采用了转移话题的方法巧妙应答。

在日常生活中甚至是在商务谈判中，遇到言语方面的因素而使自己处于不利境地时解脱的方法有：①利用第三者的话题澄清事实；②抓住对方语言的漏洞反驳；③回避问题，转移话题；④提议休息或采取办法，使该话题不被别人注意。

第一，提问的方式要适当。在谈判中提问的方式多种多样，有封闭式提问、开放式提问、婉转式提问、澄清式提问、探索式提问、引导式提问、协商式提问、强迫选择式提问等。但不管采取哪种提问方式，都得符合礼仪要求。

第二，提问的时机要适当。问题即使提得再好，但不合时机，也同样起不到应有的作用。有经验的谈判者认为，提问选择如下时机为宜：

在对方发言完毕之后提问。当对方发言时，要认真倾听。即使你发现了问题，很想提问，也不要打断对方，可先把发现的和想到的问题记下来，待对方发言完毕再提问。这样，不仅反映了自己的修养，而且能全面地、完整地了解对方的观点和意图，避免操之过急，曲解或误解了对方的意图。

在对方发言停顿、间歇时提问。在谈判中如果对方发言冗长，或不得要领，或纠缠细节，或离题太远，影响谈判进程，你可在对方停顿时借机提问："细节问题我们以后再谈，请谈谈你的主要观点好吗？""第一个问题我们听明白了，那第二个问题呢？"

在自己发言前后提问。当轮到自己发言时，可在谈自己观点之前，对对方的发言进行自问自答。例如："您刚才的发言说明什么问题呢？我的理解是……对这个问题，我谈几点看法。"在充分表达了自己的观点之后，为了使谈判沿着自己的思路发展，可以这样提问："我们的基本立场和观点就是这样，您对此有何看法呢？"

5. 坦诚回答与耐心倾听

一个谈判者水平的高低，很大程度上取决于其答复问题的水平。被提问者答话时，要本着真诚合作的态度，针对提问者的真实心理，实事求是地回答对方提出的问题，不应闪烁其词、态度暧昧、"顾左右而言他"。如果对方对某个问题不甚了解，应以浅显易懂的语言进行解释，切不可流露不耐烦的神情。如有些问题涉及商业秘密和技术机密，则应委婉说明，避免出现令人尴尬或僵持的局面。

当对方回答问题时，提问的一方人员应耐心倾听。不能因为对方的回答没有使自己满意，就随便插话或任意打断对方的讲话；在商务交际中，任意打断对方的讲话是很不礼貌的，这样往往会削弱对方洽商的兴趣。

6. 友好地辩论

在商务谈判中特别是进入讨价还价的磋商阶段，谈判双方从各自代表的利益出发，对一系列问题进行磋商，或据理力争，或直言反驳，都希望洽谈朝着有利于自己的方面发展。但不管立场多么对立，意见分歧多大，都应在相互尊重、相互理解的基础上进行友好的辩论与磋商。磋商阶段是商务谈判的关键阶段，也是最应注意谈判礼仪的时候。

一要理智争辩，以"和"为贵。商务谈判是"谈"出来的。一切谈判都得经过双方谈判人员智慧的角逐、话语的较量方能达成妥协。谈判的辩论阶段，双方人员为了各自的经济利益，唇枪舌剑，很容易感情冲动；因此，在辩论中应坚持"和"为贵、坚持"就事论事，对事不对人"的原则，防止感情用事。

二要事理交融，举证有力。在辩论中，必须条理清楚，表达严密，言词简洁，以据论理，善用逻辑，突出主题，不缠枝节，话语随机。为此，在辩论前，谈判者应在思想上、资料上和语言表达上做必要的准备。"九备一说"乃谈判者的经验之谈。

三要体态端庄，用语谨慎。在谈判中除前面已讲的"注意正确使用语言"以外，还要注意九忌：忌鼓动性和煽动性；忌无理纠缠；忌抓辫子、戴帽子和打棍子；忌挖苦讽刺；忌已知的不说、新知的穷说、不知的瞎说；忌手舞足蹈、动作不检点；忌尖音喊叫；忌不顾事实狡辩或诡辩；忌鲁莽轻率。应举止庄重，不伤大雅，如仪态端庄，彬彬有礼，宾主分明，则是有修养、有信心和有力量的表现；双腿合拢，双手合一，上体微前俯、头微低、目视对方，则表示谦虚有礼，并愿意听取对方的意见；向对方方向挪挪椅子或走过去和对方凑近一些，对方会认为你很有诚意，想尽快成交，不再绕圈子等。

四要絮语软言，紧扣"底线"。谈判结束的时间称之为"底线"，底线对谈判的成败具有重大意义，因为让步往往在这个时刻发生。在交易达成阶段，谈判者往往采用软磨硬拖的战术，使一些谈判对手拱手就范。

紧扣"底线"的招数主要有两点：

一是强忍等待。一位美国石油商曾这样叙述沙特阿拉伯一位石油大亨的谈判艺术："他最厉害的一招是心平气和地重复一个又一个问题，最后把你搞得精疲力竭，不得不把自己的祖奶奶拱手让出去。"当你通过调查，把握住对方急于达成协议的心理时，就可采用这种"疲劳战"，以迫使对方让步。

二是假装糊涂。格言说："糊涂产生智慧"。在谈判之初，你应少听少说，"明白"也说"不明白"，"懂"也装"不懂"，一而再再而三地让对方层层让步，以满足己方需要。对于谈判对手某些不合理要求的拒绝，通常宜曲不宜直，即以委婉的口气拒绝。如谈判出现僵局，可先避开僵持问题而言他；或插入几句幽默诙谐的话，使双方忘情一笑，以缓和气氛。如大型谈判，作为东道主，还可提议暂时休会或稍事休息，组织双方人员去游览观光或进行娱乐活动，在"闲暇"中商谈等。

总之，在磋商和成交阶段，是最需要礼仪保驾护航的阶段，如在较量中伤了和气，伤害了对方的自尊，失礼带来的损失将是难以弥补的。洽谈结束，不论己方收益如何，都应有礼貌地与对方握手、话别。有时即使不欢，也不能无礼而散。

第四节　仪式礼仪

在商界之中，由于各种会议发挥着不同的作用，因此便有着多种类型的划分。依照会议的具体性质来进行分类，商界的会议大致可以分为如下四种类型。

其一，行政型会议。它是商界的各个单位所召开的工作性、执行性的会议。例如，行政会、董事会等。

其二，业务型会议。它是商界的有关单位所召开的专业性、技术性会议。例如，展览会、供货会等。

其三，群体型会议。它是商界各单位内部的群众团体或群众组织所召开的非行政性、非业务性的会议，旨在争取群体权利，反映群体意愿。例如，职代会、团代会等。

其四，社交型会议。它是商界各单位以扩大本单位的交际面为目的而举行的会议。例如，茶话会、联欢会等。

一般而论，以上四种类型的常见于商界的会议，除群体型会议之外，均与商界各单位的经营、管理直接相关，因此世人称之为商务会议。在商务交往中，商务会议通常发挥着种种极其重要的作用。

在许多情况下，商务人员往往需要亲自办会。所谓办会，指的是从事会务工作，即负责从会议的筹备直至其结束、善后的一系列具体事项。会务礼仪，主要就是有关办会的礼仪规范。

案例分析

案例1　一个多变的通知

有一次，某地级市准备以市委、市政府名义召开一次全地区性会议。为了给有关单位有充分时间准备会议材料和安排好工作，决定由市政府办公室先用电话通知各县和有关部门，然后再发书面通知。电话通知发出不久，某领导即指示：这次会议很重要，应该让参会单位负责某项工作的领导人也来参加，以便更好地完成这次会议的任务。于是，发出补充通知。过后不久，另一领导同志又指示：要增加另一项工作的负责人参加会议。如此再三，在三天内，一个会议先电话通知，通知了补充，补充了再补充，前后共发了三次，搞得下边无所适从，怨声载道。

案例2　请柬发出之后

某机关定于某月某日在单位礼堂召开总结表彰大会，发了请柬邀请有关部门的领导光临，在请柬上把开会的时间、地点写得一清二楚。

接到请柬的几位部门领导很积极，提前来到礼堂开会。一看会场布置不像是开表彰会的样子，经询问礼堂负责人才知道，今天上午礼堂开报告会，该机关的总结表彰会改换地点了。几位领导同志感到莫名其妙，个个都很生气，改地点了为什么不重新通知？一气之下，都回家去了。

事后，会议主办机关的领导才解释说，因秘书人员工作粗心，在发请柬之前还没有与礼堂负责人取得联系，一相情愿地认为不会有问题，便把会议地点写在请柬上。等开会的前一天下午去联系，才知得礼堂早已租给别的单位用了，只好临时改换会议地点。

但由于邀请单位和人员较多，来不及一一通知，结果造成了上述失误。尽管领导登门道歉，但造成的不良影响也难以消除。

案例3　发放资料

天地石化股份有限公司董事会召开会议，讨论从国外引进化工生产设备的问题。秘书小李负责为与会董事准备会议所需文件资料。因有多家国外公司竞标，所以材料很多。小李由于时间仓促，就为每位董事准备了一个文件夹，将所有材料放入文件夹。有三位董事在会前回复说将有事不能参加会议，于是小李就未准备他们的资料。不想，正式开会时其中的二位又赶了回来，结果会上有的董事因没有资料可看而无法发表意见，有的董事面对一大摞资料不知如何找到想看的资料，从而影响了会议的进度。

案例分析

所谓会议，是指将人们组织起来，在一起研究、讨论有关问题的一种社会活动方式。会议礼仪最基本的要求就是"三周"：周全的考虑、周密的安排、周到的服务。

案例1"一个多变的通知"，就是会前缺乏周全的考虑造成的。会议内容没有确定好，因此也就无法确立参加会议的人员，在电话已经通知了的情况下，一再变更通知，造成了朝令夕改的结果。作为一级政府来说，是极其不严肃的。

案例2"请柬发出之后"之所以造成失误，就在于秘书工作不细致，没能事先有周密的安排。会议室没有确定下来就发了会议通知，等发了会议通知后才知道会议室另有安排，临时改变会议地点，这时另行通知已经来不及了，造成了几个老领导拂袖而去。

案例3"发放资料"中的秘书缺乏的就是周到服务的精神。秘书有两点做的不周到：其一，以为会议资料只要准备齐全了，就万事大吉了。没想到要弄一个目录，让大家便于查找，不至于在会议中手忙脚乱，找不到该找的东西。其二，以为有三位董事不出席会议，因此没有准备足够的资料，没有想到声称不出席会的两位董事又来了，以至于资料不够发，造成了工作中极大地被动。

一、发布会礼仪

新闻发布会，简称发布会（见图7—14），有时也称记者招待会。它是一种主动传播各种有关的信息，谋求新闻界对某一社会组织或某一活动或事件进行客观而公正的报道的有效的沟通方式。对商界而言，举办新闻发布会，是自己联络、协调与新闻媒介之间的相互关系的一种最重要的手段。

图7—14 新闻发布会现场

新闻发布会的常规形式是：由某一商界单位或几个有关的商界单位出面，将有关的新闻界人士邀请到一起，在特定的时间里和特定的地点内举行一次会议，宣布某一消息，说明某一活动或者解释某一事件，争取新闻界对此进行客观而公正的报道，并且尽可能地争取扩大信息的传播范围。

按照惯例，当主办单位在新闻发布会上进行完主题发言之后，允许与会的新闻界人士在既定的时间里围绕发布会的主题进行提问，主办单位必须安排专人回答这类问题。简言之，新闻发布会就是以发布新闻为主要内容的会议。

发布会礼仪，一般指的就是有关举行新闻发布会的礼仪规范。对商界而言，发布会礼仪至少应当包括会议的筹备、媒体的邀请、现场的应酬、善后的事宜等四个主要方面的内容。以下，对其分别加以介绍。

（一）会议的筹备

筹备新闻发布会，要做的准备工作甚多。其中最重要的，是要做好主题的确定、时空的选择、人员的安排、材料的准备等项具体工作。

1. 主题的确定

新闻发布会的主题，指的是新闻发布会的中心议题。主题确定是否得当，往往直接关系到本单位的预期目标能否实现。一般而言，新闻发布会的主题大致上共有三类：一是发布某一消息，二是说明某一活动，三类则是解释某一事件。

具体而言，本组织开业、扩建、合并或者关闭，组织创立的周年纪念日、经营方针发生改变，或是推出新举措、新产品、新技术或者新服务面世，组织的首脑或高级管理人员发生变动，组织遭遇重大事故，组织遭到社会的误解或者批评等，都是新闻发布会的常规问题。

2. 时空的选择

新闻发布会的时空选择，通常是指其时间与地点的选择。对这两个具体的问题不加重视，即便主题再好，新闻发布会也往往难于奏效。

新闻发布会的举行地点，除可以考虑本单位本部所在地、活动或是所在地之外，还可以优先考虑首都或其他影响巨大的中心城市。必要时，还可在不同地点举行内容相似的新闻发布会。举行新闻发布会的现场，应交通方便、条件舒适、面积适中，本单位的会议厅、宾馆的多功能厅、当地最有影响的建筑物等，均可酌情予以选择。

3. 人员的安排

在准备新闻发布会时，主办者一方必须精心做好有关人员的安排。与其他会议所不同的是，新闻发布会的主持人、发言人选择是否得当，往往直接关系到会议成败。因此安排新闻发布会的人员，首先就要选好主持人与发言人。

按照常规，新闻发布会的主持人大都应当由主办单位的公关部部长、办公室主任或秘书长担任。新闻发布会的发言人是会议的主角，因此他通常应由本单位的主要负责人担任。除了在社会上口碑较好、与新闻界关系较为融洽之外，其基本要求还应当包括：修养良好，学识渊博，思维敏捷，记忆力强，善解人意，能言善辩，彬彬有礼等。

除了要慎选主持人、发言人之外，还须精选一些本单位的员工负责会议现场的礼仪接待工作。为了宾主两便，主办单位所有正式出席新闻发布会的人员，均须在会上正式佩戴事先统一制作的姓名胸卡，其内容包括姓名、单位、部门与职务。

4. 材料的准备

在准备新闻发布会时，主办单位通常需要事先委托专人准备好如下四个方面的主要材料：

其一，发言提纲。发言提要既要紧扣主题，又必须全面、准确、生动、真实。

其二，问题提纲。事先要对有可能被提问的主要问题进行预测，并就此预备好针锋相对的答案，以使发言人心中有数，必要时可参考。

其三，宣传提纲。宣传提纲通常应列出单位名称、联络电话、传真号码及本单位的网址，以供新闻界人士核实之用。

其四，辅助材料。新闻发布会的举办现场预备一些可强化会议效果的形象化视听材料，例如图表、照片、实物、模型、沙盘、录音、录像、影片、幻灯、光碟等，以供与会者利用，如图7—15所示。应当注意的是，切勿弄虚作假，切勿泄露商务机密。

图7—15　新闻发布会材料及设备

（二）媒体的邀请

在新闻发布会上，主办单位的交往对象以新闻界人士为主。在事先考虑邀请新闻界人士时，必须有所选择、有所侧重。不然的话，就难以确保新闻发布会真正取得成功。一般而言，在这一问题上，有以下三个侧重点必须认真予以考虑：

（1）是否邀请新闻界人士参加？

一家务实的商界单位，并非天天要依靠炒卖新闻而自抬身价。举办新闻发布会，首先要看有无必要性。即使存在一定的必要性，也要多加论证，要讲究发布会的少而精。

（2）应邀请哪方面新闻界人士参加？

决定召开新闻发布会之后，邀请哪些方面的新闻界人士与会的问题就显得重要起来。实际上，这一问题又可以分两个方面：一方面，邀请新闻界人士首先了解其主要特点。目前，新闻媒体大体上分为电视、报纸、广播、杂志等四种。它们各有所长，各有所短。另一方面，在邀请新闻界人士时必须有所侧重。

基本的规则是，宣布某一消息时，尤其是为了扩大影响，提高本单位的知名度时，邀请新闻单位通常多多益善。而在说明某一活动、解释某一事件时，特别是当本单位处于守势而这样做时，邀请新闻单位的面则不宜过于宽泛。

无论是邀请一家还是数家新闻单位参加新闻发布会，主办单位都要尽可能的优先邀请那些影响巨大、主持正义、报道公正、口碑良好的新闻单位派员到场。

（3）应如何协调主办单位与新闻界人士的关系？

如前所述，新闻界人士是新闻发布会上的主宾。主办单位如欲取得新闻发布会的成功，就必须求得对方的配合，并与之协调好相互关系。

（三）现场的应酬

在新闻发布会正式举行的过程之中，往往会出现种种这样或那样的确定或不确定的问题。有时，甚至还会有难以预料到的情况或变故出现。要应付这些难题，确保新闻发布会的顺利进行，除了要求主办单位的全体人员齐心协力、密切合作之外，最重要的，是要求代表主办单位出面应付来宾的主持人、发言人，要善于沉着应变、把握全局。

为此，特别要求主持人、发言人在新闻发布会举行之际，牢记下述几个要点：要注意外表的修饰、要注意相互的配合、要注意讲话的分寸。

（四）善后的事宜

新闻发布会举行完毕之后，主办单位需在一定的时间之内，对其进行一次认真的评估善后工作。一般而言，需要认真处理的事情，一共有如下三项。

1. 要了解新闻界的反应

新闻发布会结束之后，应对照一下现场所使用的来宾签到簿与来宾邀请名单，核查一下新闻界人士的到会情况。据此可大致推断出新闻界对本单位的重视程度。对到会的新闻界人士来讲，也有两件事必做不可：一是要了解一下与会者对此次新闻会的意见或建议，尽快找出自己的缺陷与不足。二是要了解一下与会的新闻界人士之中有多少人为此次新闻发布会发表了新闻稿。

2. 要整理保存会议资料

整理保存新闻发布会的有关资料，不仅有助于全面评估会议效果，而且还可为此后举行同一类型的会议提供借鉴。

3. 酌情采取补救措施

在听取了与会者的意见、建议，总结了会议的举办经验，收集、研究了新闻界对于会议的相关报道之后，对于失误、过错或误导，都要主动采取一些必要的对策。

二、展览会礼仪

所谓展览会，对商界而言，主要是特指有关方面为了介绍本单位的业绩，展示本单位的成果，推销本单位的产品、技术或专利，而以集中陈列实物、模型、文字、图表、影像资料供人参观了解的形式，所组织的宣传性聚会，如图7—16所示。

图7—16 展览会现场

展览会，在商务交往中往往发挥着重大的作用。它不仅具有甚强的说服力、感染力，可以现身说法打动群众，为主办单位广交朋友，而且还可以借助于个体传播、群体传播、大众传播等各种传播形式，使有关主办单位的信息广为传播，提高其名气与声誉。正因为如此，几乎所有的商界单位都对展览会备加重视，踊跃参加。

展览会礼仪，通常是指商界单位在组织、参加展览会时，所应当遵循的规范与惯例。在一般情况下，展览会主要涉及展览会的分类、展览会的组织与展览会的参加等三个方面的大问题。

（一）展览会的分类

严格地讲，展览会是一个覆盖面甚广的基本概念。细而言之，它其实又分为许许多多不尽相同的具体类型。要开好一次展览会，自然首先必须确定其具体类型，然后再进行相应的定位。否则，很可能就会出现不少的漏洞。

站在不同的角度上来看待展览会，往往可以对其进行不同标准的划分。按照商界目前所通行的会务礼仪规范，划分展览会不同类型的主要标准，一共有下列六条。

1. 展览会的目的

这是划分展览会类型的最基本的标准。依照这一标准，展览会可被分作宣传型展览会和销售型展览会等两种类型。

2. 展览品的种类

在一次展览会上，展览品具体种类的多少，往往会直接地导致展览会的性质有所不同。

根据展览品具体种类的不同，可以将展览会区分为单一型展览会与综合型展览会。单一型展览会，往往只展示某一大的门类的产品、技术或专利，只不过其具体的品牌、型号、功能有所不同而已。例如，汽车展览会、化妆品展览会等，如图7—17、7—18所示。

图7—17　汽车展览会　　　　　　　　图7—18　化妆品展览会

3．展览会的规模

根据具体规模的大小，展览会又有大型展览会、小型展览会与微型展览会之分。

大型展览会，通常由社会上的专门机构出面承办，其参展的单位多、参展的项目广，因而规模较大。

小型展览会，一般都由某一单位自行举办，其规模相对较小。在小型展览会上，展示的主要是代表着主办单位最新成就的各种产品、技术和专利。

微型展览会，则是小型展览会的进一步微缩。它提取了小型展览会的精华之处，一般不在社会上进行商业性展示，而只是将其安排陈列于本单位的展览室或荣誉室之内，主要用以教育本单位的员工和供来宾参观之用。

4．参展者的区域

根据参展单位所在的地理区域的不同，可将展览会划分为国际性展览会、洲际性展览会、全国性展览会、全省性展览会和本地性展览会。规模较大的国际性展览会、洲际性展览会、全国性展览会，往往被人们称为博览会。

5．展览会的场地

以所占场地的不同而论，展览会有着室内展览会与露天展览会之别。前者大都被安排在专门的展览馆或是宾馆和本单位的展览厅、展览室之内。它大都设计考究、布置精美、陈列有序、安全防盗、不易受损，并且可以不受时间与天气的制约，显得隆重而有档次。但是，其所需费用往往偏高。

6．展览会的时间

根据展期的不同，可以把展览会分作长期展览会、定期展览会和临时展览会。长期展览会，大都常年举行，其展览场所固定，展品变动不大。定期展览会，展期一般固定为每隔一段时间之后，在某一个特定的时间之内举行。

（二）展览会的组织

根据惯例，展览会的组织者需要重点进行的具体工作，主要包括参展单位的确定、展览内容的宣传、展览位置的分配、安全保卫的事项、辅助服务的项目等。

1. 参展单位的确定

一旦决定举办展览会，有什么单位来参加的问题，通常都是非常重要的。在具体考虑参展单位的时候，必须注意两厢情愿，不得勉强。按照商务礼仪的要求，主办单位事先应以适当的方式，对拟参展的单位发出正式的邀请或召集。

对于报名参展的单位，主办单位应根据展览会的主题与具体条件进行必要的审核。切勿良莠不分，来之不拒。当参展单位的正式名单确定之后，主办单位应及时地以专函进行通知，令被批准的参展单位尽早有所准备。

2. 展览内容的宣传

为了引起社会各界对展览会的重视，并且尽量地扩大其影响。

3. 展览位置的分配

在布置展览现场时，基本的要求是：展示陈列的各种展品要围绕既定的主题，进行互为衬托的合理组合与搭配。要在整体上显得井然有序、浑然一体。

顺理成章的是，所有参展单位都希望自己能够在展览会上拥有理想的位置。展品在展览会上进行展示陈列的具体位置，称为展位。大凡理想的展位，除了收费合理之外，应当面积适当，客流较多，处于展览会上的较为醒目之外，设施齐备，采光、水电的供给良好。

4. 安全保卫的事项

无论展览会举办地的社会治安环境如何，组织者对于有关的安全保卫事项均应认真对待，免得由于事前考虑不周而麻烦丛生，或是"大意失荆州"。

在举办展览会前，必须依法履行常规的报批手续。此外，组织者还须主动将展览会的举办详情向当地公安部门进行通报，求得其理解、支持与配合。按照常规，有关安全保卫的事项，必要时最好由有关各方正式签订合约或协议，并且经过公证。这样一来，万一出了事情，大家就好"亲兄弟，明算账"了。

5. 辅助服务的项目

主办单位作为展览会的组织者，有义务为参展单位提供一切必要的辅助性服务项目。否则，不但会影响自己的声誉，而且还会授人以柄。由展览会的组织者为参展单位提供的各项辅助性服务项目，最好有言在先，并且对有关费用的支付进行详尽的说明。

（三）展览会的参加

参展单位在正式参加展览会时，必须要求自己的全部派出人员齐心协力、同心同德，为大获全胜而努力奋斗。在整体形象、待人礼貌、解说技巧等三个主要方面，参展单位尤其要予以特别的重视。以下，就分别对其作简要的介绍：

1. 要努力维护整体形象

在参与展览时，参展单位的整体形象直接映入观众的眼里，因而对自己参展的成败影响极大。参展单位的整体形象，主要由展品的形象与工作人员的形象两个部分所构成。对于二者要给予同等的重视，不可偏废其一。

展品的形象，主要由展品的外观、展品的质量、展品的陈列、展位的布置、发放的资料等构成。用以进行展览的展品，外观上要力求完美无缺，质量上要优中选秀，陈列上要既整齐美观又讲究主次，布置上要兼顾主题的突出与观众的注意力。

工作人员的形象，则主要是指在展览会上直接代表参展单位露面的人员的穿着打扮问题。在一般情况下，要求在展位上工作的人员应当统一着装。按照惯例，工作人员不应佩戴首饰，男士应当剃须，女士则最好化淡妆。

2．要时刻注意待人礼貌

在展览会上，不管它是宣传型展览会还是销售型展览会，参展单位的工作人员都必须真正地意识到观众是自己的上帝，为其热情而竭诚地服务则是自己的天职。为此，全体工作人员都要将礼貌待人，并且落实在行动上。

展览一旦正式开始，全体参展单位的工作人员即应各就各位，站立迎宾。不允许迟到、早退、无故脱岗、东游西逛，更不允许在观众到来时坐卧不起，怠慢对方。

工作人员都要面含微笑，主动地向对方说："您好！欢迎光临！"随后，还应面向对方，稍许欠身，伸出右手，掌心向上，指尖直指展台，并告知对方："请您参观！"当观众离去时，工作人员应当真诚地向对方欠身施礼，并道以"谢谢光临"或是"再见"。

3．要善于运用解说技巧

解说技巧，此处主要是指参展单位的工作人员在向观众介绍或说明展品时，所应当掌握的基本方法和技能。具体而论，在宣传性展览会与销售性展览会上，其解说技巧既有共性可循，又有各自的不同之处。

在宣传性展览会与销售性展览会上，解说技巧的共性在于：要善于因人而异，使解说具有针对性。与此同时，要突出自己展品的特色。在实事求是的前提下，要注意对其扬长避短，强调"人无我有"之处。在必要时，还可邀请观众亲自动手操作，或由工作人员为其进行现场示范。此外，还可安排观众观看与展品相关的影视片，并向其提供说明材料与单位名片。通常，说明材料与单位名片应常备于展台上，由观众自取。

三、签约的礼仪

签约，即合同的签署。它在商务交往中，被视为一项标志着有关各方面的互相关系取得了更大的进展，以及为消除彼此之间的误会或抵触而达成了一致性见解的重大成果。因此，它极受商界人士的重视。

根据仪式礼仪的规定，对签署合同这一类称得上有关各方的关系发展史上"里程碑"式的重大事件，应当严格地依照规范，来讲究礼仪，应用礼仪。为郑重起见，在具体签署合同之际，往往会依例举行一系列的程式化的活动，此即所谓签约的仪式，如图7—19所示。在具体操作时，它又分为草拟阶段、准备阶段与签署阶段等三大部分。

图7—19　签约现场

1. 草拟阶段

在现实生活中，商界人士所接触到的商务合同的种类繁多。常见的就有购销合同、借贷合同、租赁合同、协作合同、加工合同、基建合同、仓保合同、保险合同、货运合同、责任合同，等等。以下，先来介绍一下草拟合同的正规做法。

从格式上讲，合同的写作有一定规范。它的首要要求，是目的要明确，内容要具体，用词要标准，数据要精确，项目要完整，书面要整洁。

从具体的写法上来说，合同大体上有条款式与表格式两类。所谓条款式合同，指的是以条款形式出现的合同。所谓表格式合同，则是指以表格形式出现的合同。

在草拟合同时，除了在格式上要标准、规范之外，同时还必须注意遵守法律、符合常识、顾及对手等四个方面的关键问题。

2. 准备阶段

在商务交往中，人们在签署合同之前，通常会竭力做好以下几个步骤的准备工作。

（1）布置好签字厅

签字厅有常设专用的，也有临时以会议厅、会客室来代替的。布置它的总原则，是要庄重、整洁、清净。

（2）要安排好签字时的座次

在正式签署合同时，各方代表对于礼遇均非常在意，因而商务人员对于在签字仪式上最能体现礼遇高低的座次问题，应当认真对待。

签字时各方代表的座次，是由主方代为先期排定的。合乎礼仪的作法是：在签署双边性合同时，应请客方签字人在签字桌右侧就座，主方签字人则应同时就座与签字桌左侧。双方各自的助签人，应分别站立于各自一方签字人的外侧，以便随时对签字人提供帮助。双方其他的随员，可以按照一定的顺序在己方签字人的正对面就座。也可以依照地位的高低，依次自左至右（客方）或是自右至左（主方）地列成一行，站立于己方签字人的身后。

在签署多边性合同时，一般仅设一个签字椅。各方签字人签字时，须依照有关各方事先同意的先后顺序，依次上前签字。

（3）要预备好待签的合同文本

依照商界的习惯，在正式签署合同之前，应由举行签字仪式的主方负责准备待签合同的正式文本。

负责为签字仪式提供待签合同文本的主方，应会同有关各方一道指定专人，共同负责合同的定稿、校对、印刷与装订。按常规，应为在合同上正式签字的有关各方，均提供一份待签的合同文本。必要时，还可再向各方提供一份副本。

（4）要规范好签字人员的服饰

按照规定，签字人、助签人以及随员，在出席签字仪式时，应当穿着具有礼服性质的深色西装套装、中山装套装或西装套裙，并且配以白色衬衫和深色皮鞋。男士还必须系上单色领带，以示正规。

3. 签字阶段

签字仪式是签署合同的高潮，它的时间不长，但程序规范、庄重而热烈。签字仪式的正式程序一共分为四项，分别是：签字仪式正式开始，签字人正式签署合同文本，签字人正式交换已经有关各方正式签署的合同文本（见图7—20），共饮香槟酒互相道贺。

图7—20 交换签约文本

在一般情况下，商务合同在正式签署后，应提交有关方面进行公证，此后才正式生效。

四、开业的礼仪

开业仪式，是指在单位创建、开业，项目完工、落成，某一建筑物正式启用或是某项工程正式开始之际，为了表示庆贺或纪念，而按照一定的程序所隆重举行的专门的仪式。有时，开业仪式也称作开业典礼。如图7—21所示。

图7—21 开业现场

开业仪式在商界一直颇受人们的青睐。究其原因，倒并不仅仅是商家只为自己讨一个吉利，而是因为通过它可以因势利导，对于商家自身事业的发展裨益良多。一般认为，举行开业仪式，至少可以下述五个方面的作用。

第一，它有助于塑造出本单位的良好形象，提高自己的知名度与美誉度。

第二，它有助于扩大本单位的社会影响，吸引社会各界的重视与关心。

第三，它有助于将本单位的建立或成就"广而告之"，借以为自己招揽顾客。

第四，它有助于让支持过自己的社会各界与自己一同分享成功的喜悦，进而为日后的进一步合作奠定良好的基础。

第五，它有助于增强本单位全体员工的自豪感与责任心，从而为自己创造出一个良好的开端，或是开创一个新的起点。

开业的礼仪，一般指的是在开业仪式筹备与运作的具体过程中所应当遵从的礼仪惯例。

通常，它包括两项基本内容：开业仪式的筹备和开业仪式的运作。

1. 开业仪式的筹备

开业仪式尽管进行的时间极其短暂，但要营造出现场的热烈气氛，取得彻底的成功，却绝非一桩易事。由于它牵涉面甚广，影响面巨大，不能不对其进行认真的筹备。筹备工作认真、充分与否，往往决定着一次开业仪式能否真正取得成功。主办单位对于此点，务必要给予高度重视。

筹备开业仪式，指导思想上遵循"热烈"、"节俭"与"缜密"三原则，做好舆论宣传工作，做好来宾约请工作，做好场地布置工作，做好接待服务工作，做好礼品馈赠工作，做好程序拟定工作。

2. 开业仪式的运作

以下，将从仪式运作方面，来简介一下各种常见的开业仪式的主要特征，以供商界人士在工作实践中有所参照。

（1）开幕仪式

在名目众多的各种开业仪式之中，商界人士平日接触最多的，大约要首推开幕仪式了，如图7—22所示。恐怕正是出于这种原因，在不少人的认识里，开业仪式与开幕仪式往往是被画上了等号的。

图7—22 开幕典礼

严格地讲，开幕仪式仅仅是开业仪式的具体形式之一。通常它是指公司、企业、宾馆、商店、银行正式启用之前或是各类商品的展示会、博览会、订货会正式开始之前，所正式举行的相关仪式。每当开幕仪式举行之后，公司、企业、宾馆、商店、银行将正式营业，有关商品的展示会、博览会、订货会将正式接待顾客与观众。

开幕仪式的主要程序共有六项：①仪式宣布开始；②邀请专人揭幕或剪彩；③在主人的亲自引导下，全体到场者依次进入幕门；④主人致词答谢；⑤来宾代表发言祝贺；⑥主人陪同来宾进行参观，开始正式接待顾客或观众，对外营业或对外展览宣告开始。

（2）开工仪式

开工仪式，即工厂准备正式开始生产产品、矿山准备正式开采矿石时，所专门举行的庆祝性、纪念性活动，如图7—23所示。为了使出席开工仪式的全体人员均能耳濡目染、身临其境，比照惯例，开工仪式大都讲究在生产现场举行。即以工厂的主要生产车间、矿山的主要矿井等处，作为举行开工仪式的场所。

除司仪人员按惯例应着礼仪性服装之外，东道主一方的全体职工均应穿着干净而整洁的工作服出席仪式。

开工仪式的常规程序主要有五项：①仪式宣布开始；②在司仪的引导下，本单位的主要负责人陪同来宾行至开工现场肃立；③正式开工；④全体职工各就各位，上岗进行操作；⑤在主人的带领下，全体来宾参观生产现场。

图7—23 开工仪式

（3）奠基仪式

奠基仪式，通常是一些重要的建筑物，比如大厦、场馆、亭台、楼阁、园林、纪念碑等，在动工修建之初，所正式举行的庆贺性活动，如图7—24所示。

图7—24 奠基仪式

对于奠基仪式现场的选择与布置，很有一些独特的规矩。奠基仪式举行的地点，一般应选择在动工修筑建筑物的施工现场。而奠基的具体地点，则按常规均应选在建筑物正门的右侧。

在一般情况下，用以奠基的奠基石应为一块完整无损、外观精美的长方形石料。在奠基石上，通常文字应当竖写。在其右上款，应刻有建筑物的正式名称。在其正中央，应刻有"奠基"两个大字。在其左下款，则应刻有奠基单位的全称以及举行奠基仪式的具体年月日。奠基石上的字体，大都讲究以楷体字刻写，并且最好是白底金字或黑字。

在奠基石的下方或一侧，还应安放一只密闭完好的铁盒，内装与该建筑物相关的各项资料以及奠基人的姓名。届时，它将同奠基石一道被奠基人等培土掩埋于地下，以志纪念。通常，在奠基仪式的举行现场应设立彩棚，安放该建筑物的模型或设计图、效果图，并使各种建筑机械就位待命。

奠基仪式的程序大体上共分为五项：①仪式正式开始；②奏国歌；③主人对该建筑物的功能以及规划设计进行简介；④来宾致词道喜；⑤正式进行奠基。

（4）破土仪式

破土仪式，也称破土动工。它是指在道路、河道、水库、桥梁、电站、厂房、机场、码头、车站等正式开工之际，所专门为此而举行的动工仪式，如图7—25所示。

图7—25 破土仪式

破土仪式举行的地点，大多应当选择在工地的中央或其某一侧。举行仪式的现场，务必要事先进行过认真的清扫、平整、装饰。至少，也要防止出现道路坎坷泥泞、飞沙走石，或者蚊蝇扑面的状况。

倘若来宾较多，尤其是当高龄来宾较多时，最好在现场附近临时搭建某些以供休息的帐篷或活动房屋，使来宾得以免受风吹、日晒、雨淋，并稍事休息。

破土仪式的具体程序与奠基仪式相同。

（5）竣工仪式

竣工仪式，有时又称落成仪式或建成仪式。它是指本单位所属的某一建筑物或某项设施建设、安装工作完成之后，或者是某一纪念性、标志性建筑物——诸如纪念碑、纪念塔、纪念堂、纪念像、纪念雕塑等，建成之后或某种意义特别重大的产品生产成功之后，所专门举行的庆贺性活动，如图7—26所示。

图7—26 竣工仪式

举行竣工仪式的地点，一般应以现场为第一选择。

（6）通车仪式

通车仪式，大都是在重要的交通建筑完工并验收合格之后，所正式举行的启用仪式。例如，公路、铁路、地铁以及重要的桥梁、隧道等，在正式交付使用之前，均会举行一次以示庆祝的通车仪式。有时，通车仪式又叫开通仪式。如图7—27所示。

举行通车仪式的地点，通常均为公路、铁路、地铁新线路的某一端，新建桥梁的某一头，或者新建隧道的某一侧。

在现场附近，以及沿线两旁，应当适量地插上彩旗、挂上彩带。必要之时，还应设置彩色牌楼，并悬挂横幅。在通车仪式上，被装饰的重点，应当是用以进行"处女航"的汽车、

图 7—27　通车仪式

火车或地铁列车。在车头之上，一般应系上红花。在车身两侧，则可酌情插上彩旗，系上彩带，并且悬挂上醒目的大幅宣传性标语。

五、剪彩的礼仪

剪彩仪式，严格地讲，指的是商界的有关单位，为了庆贺公司的设立、企业的开工、宾馆的落成、商店的开张、银行的开业、大型建筑物的启用、道路或航线的开通、展销会或博览会的开幕，等等，而隆重举行的一项礼仪性程序。因其主要活动内容，是约请专人使用剪刀剪断被称之为"彩"的红色缎带上，故此被人们称为剪彩。

在一般情况下，在各式各样的开业仪式中，剪彩都是一项极其重要的、不可或缺的程序。尽管它往往也可以被单独地分离出来，独立成项，但是在更多的时候，它是附属与开业仪式的。这是剪彩仪式的重要特征之一。从操作的角度来进行探讨，目前所通行的剪彩的仪式主要包括剪彩准备、剪彩人员、剪彩程序、剪彩做法等四个方面的内容。以下，就分别择其要点进行介绍。

1. 剪彩准备

与举行其他仪式相同，剪彩仪式也有大量的准备工作需要作好。其中主要涉及场地的布置、环境的卫生、灯光与音响的准备、媒体的邀请、人员的培训，等等。在准备这些方面时，必须认真细致，精益求精。

除此之外，尤其对剪彩仪式上所需使用的某些特殊用具（见图 7—28），诸如红色缎带、新剪刀、白色薄纱手套、拖盘以及红色地毯，要仔细地进行选择与准备。

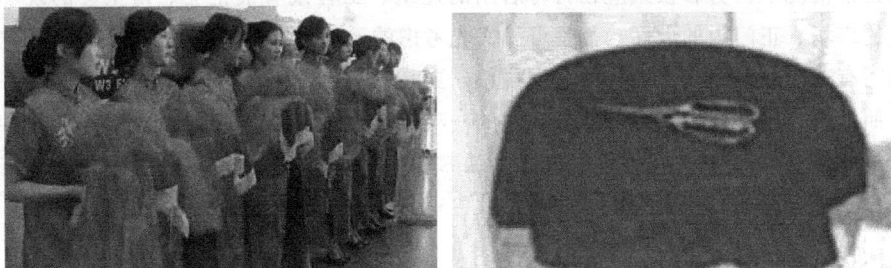

图 7—28　红色缎带和托盘

①红色缎带，也即剪彩仪式之中的"彩"。
②新剪刀，是专供剪彩者在剪彩仪式上正式剪彩时所使用的。

③白色薄纱手套，是专为剪彩者所准备的。

④托盘，在剪彩仪式上是托在礼仪小姐手中，用作盛放红色缎带、剪刀、白色薄纱手套的。

⑤红色地毯，主要用于铺设在剪彩者正式剪彩时的站立之处。

2. 剪彩人员

在剪彩仪式上，最为活跃的，当然是人而不是物。因此，对剪彩人员必须认真进行选择，并于事先进行必要的培训。除主持人之外，剪彩的人员主要是由剪彩者与助剪者等两类人员所构成的。

剪彩者，即在剪彩仪式上持剪刀剪彩的人，现场常称为剪彩嘉宾。根据惯例，剪彩者可以是一个人，也可以是几个人，但是一般不应多于五人。通常，剪彩者多由上级领导、合作伙伴、社会名流、员工代表或客户代表所担任。

助剪者，指的是在剪彩者剪彩的一系列过程中从旁为其提供帮助的人员。一般而言，助剪者多由东道主一方的女职员担任。现在，人们对她们的常规称呼是礼仪小姐。

具体而言，在剪彩仪式上的礼仪小姐，又可以分为迎宾者、引导者、服务者、拉彩者、捧花者、托盘者。迎宾者的任务，是在活动现场负责迎来送往。引导者的任务，是为来宾尤其是剪彩者提供饮料，安排休息之处。拉彩者的任务，是在剪彩时展开、拉直红色缎带。捧花者的任务，是在剪彩时手托花团。托盘者的任务，则是为剪彩者提供剪刀、手套等剪彩用品。如图7—29所示。

图7—29 剪彩嘉宾及礼仪小姐

3. 剪彩程序

在正常情况下，剪彩仪式应在行将启用的建筑、工程或者展销会、博览会的现场举行。在门外的广场、正门内的大厅，都是可予优先考虑的。在活动现场，可略作装饰。在剪彩之处悬挂写有剪彩仪式的具体名称的大型横幅，更是必不可少。

按照惯例，剪彩既可以是开业仪式中的一项具体程序，也可以独立出来，由其自身的一系列程序所组成。独立而行的剪彩仪式，通常包含如下六项基本的程序：①请来宾就位；②宣布仪式正式开始；③奏国歌；④进行发言；⑤进行剪彩；⑥进行参观。

4. 剪彩做法

进行正式剪彩时，剪彩者与助剪者的具体做法必须合乎规范，否则就会使其效果大受影响。当主持人宣布进行剪彩之后，礼仪小姐即应率先登场。在上场时，礼仪小姐应排成一行行进。从两侧同时登台或是从右侧登台均可。登台之后，拉彩者与捧花者应当站成一行，拉彩者处于两端拉直红色缎带，捧花者各自双手手捧一朵花团。托盘者须站立在拉彩者与捧花者身后一米左右，并且自成一行。

在剪彩者登台时，引导者应在其左前方进行引导，使之各就各位。剪彩者登台时，宜从右侧出场。当剪彩者均已到达既定位置之后，托盘者应前行一步，到达前者的右后侧，以便为其递上剪刀、手套。剪彩现场和剪彩方法模拟如图7—30所示。

图7—30　剪彩现场

按照惯例，剪彩以后，红色花团应准确无误地落入托盘者手中的托盘里，而切勿使之坠地。为此，需要捧花者与托盘者的合作。剪彩者在剪彩成功后，可以右手举起剪刀，面向全体到场者致意。然后放下剪刀、手套于托盘之内，举手鼓掌。接下来，可依次与主人握手道喜，并列队在引导者的引导下退场。退场时，一般宜从右侧下台。

六、交接的礼仪

交接仪式，在商界一般是指施工单位依照合同将已经建设、安装完成的工程项目或大型设备，例如，厂房、商厦、宾馆、办公楼、机场、码头、车站，或飞机、轮船、火车、机械、物资，等等，经验收合格后正式移交给使用单位之时，所专门举行的庆贺典礼（见图7—31）。举行交接仪式的重要意义在于，它既是商务伙伴们对于所进行过的成功合作的庆贺，是对给予过自己关怀、支持、帮助和理解的社会各界的答谢；又是接收单位与施工、安装单位巧妙地利用时机，为双方各自提高知名度和美誉度而进行的一种公共宣传活动。

图7—31　交接仪式

交接的仪式，一般是指在举行交接仪式时所须遵守的有关规范。通常，它具体包括交接仪式的准备、交接仪式的程序、交接仪式的参加等三个方面的主要内容。

1. 交接仪式的准备

准备交接仪式，主要要关注三件事，即来宾的邀约、现场的布置、物品的预备。

（1）来宾的邀约

来宾的邀请，一般应由交接仪式的东道主——施工、安装单位负责。在具体拟定来宾名单时，施工、安装单位应主动征求自己的合作伙伴——接收单位的意见。

邀请上级主管部门、当地政府、行业组织的有关人员时，虽不必勉强对方，但却必须努力争取，并表现得心诚意切。因为利用举行交接仪式这一良机，使施工、安装单位，接收单位，与上级主管部门、当地政府、行业组织进行多方接触，不仅可以宣传自己的工作成绩，而且也有助于有关各方之间进一步地实现相互理解和相互沟通。

（2）现场的布置

举行交接仪式的现场，也称交接仪式的会场。在对其进行选择时，通常应视交接仪式的重要程度、全体出席者的具体人数、交接仪式的具体程序与内容，以及是否要求对其进行保密等几个方面的因素而定。

根据常规，一般可将交接仪式的举行地点安排在已经建设、安装完成并已验收合格的工程项目或大型设备所在地的现场。有时，也可将其酌情安排在东道主单位本部的会议厅，或者由施工、安装单位与接收单位双方共同认可的其他场所。

（3）物品的预备

在交接仪式上，有不少需要使用的物品，应由东道主一方提前进行准备。首先，必不可少的，是作为交接象征之物的有关物品。它们主要有：验收文件、一览表、钥匙等。验收文件，此处是指已经公证的由交接双方正式签署的接收证明性文件。一览表，是指交付给接收单位的全部物资、设备或其他物品的名称、数量明细表。钥匙，则是指用来开启被交接的建筑物或机械设备的钥匙。

除此之外，主办交接仪式的单位，还需为交接仪式的现场准备一些用以烘托喜庆气氛的物品，并应为来宾略备一份薄礼。

在交接仪式的现场，可临时搭建一处主席台。必要时，应在其上铺设一块红地毯。至少，也要预备足量的桌椅。在主席台上方，应悬挂一条红色巨型横幅，上书交接仪式的具体名称。

2. 交接仪式的程序

交接仪式的程序，具体指的是交接仪式进行时的各个步骤。不同内容的交接仪式，其具体程序往往各有不同。主办单位在拟定交接仪式的具体程序时，必须注意两个方面的重要问题。

其一，必须在大的方面参照惯例执行，尽量不要标新立异，另搞一套。

其二，必须实事求是、量力而行，在具体的细节方面不必事事贪大求全。

从总体上来讲，几乎所有的交接仪式都少不了下述五项基本程序：

①主持人宣布交接仪式正式开始。

②奏国歌，并演奏东道主单位的标志性歌曲。

③由施工、安装单位与接收单位正式进行有关工程项目或大型设备的交接。

④各方代表发言。按惯例，在交接仪式上，须由有关各方的代表进行发言。

⑤宣告交接仪式正式结束。随后安排全体来宾进行参观或观看文娱表演。

3．参加交接仪式的注意事项

在参加交接仪式时，不论是东道主一方还是来宾一方，都存在一个表现是否得体的问题。假如有人在仪式上表现失当，往往就会使之黯然失色。有时，甚至还会因此而影响到有关方面的相互联系。

东道主一方需要注意的主要问题有三：一是要注意仪表整洁，二是要注意保持风度，三是要注意待人友好。

来宾一方在应邀出席交接仪式时，主要应当重视如下四个方面的问题：其一，应当致以祝贺；其二，应当略备贺礼；其三，应当预备贺词；其四，应当准时到场。

复习思考题

1．参加面试时有哪些注意点？

2．商务接待的原则是什么？

3．商务谈判的基本原则有哪几项？

4．商务谈判要做哪些准备？

5．商务仪式主要有哪些仪式？

实践课堂

1．实践内容：进行面试礼仪实践。

2．实践目的：通过面试礼仪知识的实际操作，提高学生就职的竞争力和成功率。

3．实践环节：组织学生参加实习单位的面试。从着装到面试流程，完全与正式就职的面试一致。

4．技能要求：熟知就职面试的各种礼仪常识，并能在面试时展现得体的仪容和谈吐。

第八章

办公室礼仪

❧ 学习目标

1. 了解办公室实用商务礼仪和技巧。
2. 能够在电话、接待、会议、网络、公务、公关、沟通中应用各种商务礼仪。

★ 学习方法

本章具体讲述了办公室礼仪的相关知识和基本原则，通过现场观摩或模拟方式较为直观地体验办公室礼仪。

❧ 主要内容

办公室这个概念有广义和狭义两种。狭义的办公室单指行政管理的综合部门，如办公厅、秘书处、接待处、文书档案室、公共关系部等。广义的办公室是指所有的机关、企事业单位的所有行政编制的办公室。它包括领导人的办公室、秘书系统的办公室、各职能部门的办公室（如生产科、销售科、计划处、财务部）的办公室，乃至于各车间的办公室等。换言之，指一切办公室。

狭义办公室礼仪包括电话礼仪、文书礼仪和会议礼仪。我们讨论的是狭义的办公室的礼仪问题。

⬆ 引导案例

电梯礼仪

某公司在一栋8层的小楼里，楼已旧，电梯又小又慢。上班高峰，大家争先恐后往里挤，有人没赶上，一电梯人默默地看着电梯门在他面前合拢……多少年来都是这样，直到A老板上任。

A老板上任第二周，在他的授意下，行政部迅速出台了"电梯礼仪大全"，条条框框细致到"如果有陌生人，应该让他先进电梯，因为他可能是客户"、"进电梯后，最靠近控制板的人要长按开门键，保证所有人都进电梯后再按关门键，并帮助电梯深处不便伸手的人按下楼层键"、"看见有人赶电梯，要帮他开门，如果已经满员，要向他说明……"

这套"电梯礼仪大全"不只是走走形式，老板在开中层干部会议时，专门用半个小时来传达，并且要求部门经理们贯彻到每一个人。在电梯里，从老板到中层，都有责任"管教"下属，而全体人事部职员更是充当了"侦察兵"，不管是谁，只要一被逮到违反"电梯礼仪大全"，当场批评教育，不服的人还要被记下胸牌号扣奖金。

偶然有人违反该礼仪的，也是因为积习难改。但公司里的人都觉得这套礼仪很好，不仅提高了整个公司的礼仪意识，也有利于公司形象的提升，切实实现了利人利己。

第一节　电 话 礼 仪

电话是现代社会的不可或缺的通讯工具，也是办公室工作人员处理日常事务、联系业务、咨询答疑、交往约会、汇报反映时最常用的办公设备。接电话打电话是办公室工作人员最普遍的日常工作。

电话更是对外（外单位、外埠单位、外国）联络交际的第一通道。虽然绝大部分的电话看不见彼此形象，只能听到声音；但是，"言为心声"，对方能够依据你的语气、节奏、声调，判明你的态度、诚意、素质。

办公室工作人员必须学会电话礼仪。

一、接听电话的礼仪

1. 开始接听

（1）铃响后立即接听

听到电话铃响，应停止手头工作，很快接听，"铃响不过三"是规矩，也是提示：如果你铃响四声才接，那么就没有诚意。

（2）微笑接听

微笑着虽然对方看不见，但是能调整心态、平和语气、美化声音。微笑着说出的话，往往自然、愉快、亲切，如图8—1所示。相反，皱着眉头说话，声音也会生硬、呆板、语气不善。

图 8—1　微笑接听电话

（3）开头的礼貌语

"您好，这里是天地公司。我是行政秘书钟苗。"开头语三段式：打招呼——自报家门——自报姓名身份。决不允许非礼貌语言："嘿，你找谁!"

（4）问明对方情况

请问对方姓名、身份、家门。如果你自报家门后，对方不作自我介绍就话入正题，那么，就请他自报家门。"请问您怎么称呼？""请问您的公司怎么称呼？"

（5）请对方稍候

接听时，如果需要查阅或询问才能回答，时间很短，不用终止电话，那么就应："请您稍等。"

（6）请对方重复

如果没听清重要的话，那么可请对方重复："对不起，请您再说一次。"

2．分流电话

分流电话是指电话内容不是打给自己部门的，而你应该相应处置。方法有如下几种。

（1）自行处置

秘书有责任减少上司或他人的电话烦扰，因此多数电话能自行消化解决的就不必要打扰上司或其他部门。可采用以下话语应对：

"企划处现在没人，您的问题我来回答好吗？"

"苏明先生不在，您有什么话可以留下来。"

（2）转职能部门处理

有些重要电话，如客户关于产品质量、客户洽谈业务的，应及时转给相应职能部门。"您的事情可以找质检部，需要我转过去吗？"

（3）陌生人来电话

不可贸然转接某部门或某上司，而要求先询问，再判断怎么办。"请问您有什么事吗？……噢，您的事我已详细记录，等我汇报之后再和您联系，好吗？"

（4）打给上司的电话

秘书处置打给上司的电话要格外小心，既不能耽误重要人物来电，又不允许局外人物频繁搅扰。方法如下：

①挡驾。挡驾的意思是回绝、拒绝、不予接待。但方式不能粗暴无礼。"对不起，总经理不能接听，您可以到别的公司打听一下。""对不起，总经理不在，何时回来不清楚。我们以后再联系好吗？"

②如何处置。请对方再来电或你再去电。上司应接的电话，但恰巧有事不能马上接听。这时，你可采用两种方法：

"对不起，总经理暂时不在。请您再过 10 分钟打来好吗？"

"对不起，总经理正在开会，暂时无法接听。请您稍等 10 分钟，我给您打过去好吗？"

③如何联系。上司回来后再联系。上司确实外出，秘书应说明原因和回来时间："对不起，总经理外出办事，下午返回。请您下午 2∶30 再打过来，好吗？"

二、打出电话的礼仪

1．开头的礼貌语

听完对方自报家门后，也应打招呼和自报家门：

"您好，我是宏远公司总经理助理高叶。我可以请苏明先生听电话吗？"

2．请问对方方便与否

在与对方正式谈话前，可以请问这时通话是不是合宜："请问现在说话方便吗？"

3．正式内容的通话礼仪

①内容说清。时间、地点、人名、人数、事情、原因、结果、要求等交代清楚。

②话语简练。打出电话，请对方来听，占用了人家宝贵时间，应该尽量简短。

③条理清晰。如果有几件事说，每件之前都说"第几"，之后又强调"刚才是第一，现在我说第二"。

三、结束通话的礼仪

必须说"再见"。然后慢放听筒，争取对方先挂断。

有人结束时很急，"就这样吧。"啪一声马上挂断，很没有礼貌。

四、接打电话的注意事项

①始终保持温和、亲切的口吻。

②节奏适中，不快不慢。

③不要大声喊叫。声音太大，反而信号不清，也不够礼貌。

④不受干扰。

● 不受他扰：正通话中，同事找你有事，要坚持把电话打完再说旁事。

● 不自扰：正通话中，看见了你想找的人出现眼前，要坚持打完电话再说。不能让电话对方"等一下"，这是非常无礼的。

⑤拨错号码要道歉。

👥 案例分析

案例 1　铃声终于激怒了老总

"开会了，开会了！"大家都来到了会议室。总经理召集各部门经理开会，布置下一个季度的营销任务。老总刚清了清嗓子准备说话，一阵刺耳的电话铃声响了起来，李经理忙不迭地站起来跑出去接电话。老总脸上显出了愠色。会议继续进行，可不是这里在低头小声接电话，就是那里突然一声铃声。老总突然一拍桌子，把大家吓得一哆嗦。"把手机关了，我不相信关一会儿手机会死人！"

案例 2　来电吵醒邻床病友

刘先生到医院探访病人，公司的同事来电话，铃声让另一床正闭目养神的病人睁开了眼。刘先生接起电话就谈上了工作。尽管电话时间不长，但那位被吵着了的病人一直脸色不悦。

案例 3　铃声搅乱音乐会

邱女士在北京音乐厅听一场由著名大师指挥的交响乐。音乐演奏到高潮处，全场鸦雀无声，凝神谛听，突然手机铃声响起，在宁静的大厅中显得格外刺耳。演奏者、观众的情绪都被打断。大家纷纷回头用眼神责备这位不知礼者。

案例 4　是个男的

"喂，王姐，你的电话，是个男的。"小赵接了一个电话，大声地招呼王姐过去接电话。整个办公室的人都听到了有个男的找王姐，大家都抬起头来看着王姐。王姐非常不好意思地过去接电话。

案例 5　小道消息

小丽接到一个电话，"帮我叫一下小飞。"小丽听出是局长的声音，她赶紧把小飞叫来，自己就在不远处竖起耳朵听电话，她听到小飞说"好，我马上去您办公室。"小飞匆匆走了。小丽立即跑到张大姐那里："张大姐，局长叫小飞去一趟，一定是他那天喝醉酒打人的事被局长知道了，这还不得严厉处分，弄不好开除呢。"过了几天，单位里都在传小飞喝醉酒打人被局长狠狠批评了。

分析

这五则案例，前三则是关于使用手机，后两则是关于转接电话。

在现在几乎人人都有一部手机，手机的普及给人们的生活带来了极大的便利，不管你人在何方，身处何地，随时随地都能找得到你。

新浪网的"新浪文化"曾进行过一项调查，"如果没有手机，我们的生活会怎样？"共调查了 4825 人，其中 18～25 岁的年轻人占到了 85%。结果只有 37% 的人愿意回到没有手机的时代，而更多的人则明确表示没有手机是不可想象的事。有将近一半的人习惯 24 小时开机，关了手机意味着和外界断了联系。

如果出门忘了带手机，80% 人肯定会回去取；当手机没有电或信号不好时，64% 的人会感到不安。当听到手机铃声响起的时候，大约有 52% 的人会下意识的看看自己的手机；有 36% 的人在没有电话时也会经常查看自己的手机，看看有没有遗漏的"未接来电"或短信。如果手机不幸丢失，有一半以上的人会立刻在第一时间再买一部。

从上述调查可以看出现代人和电话已经密不可分。手机给我们的生活带来方便的同时也给社会带来一些问题，我们常常看到有的人在办公场所或需要安静的公共场合肆无忌惮的使用手机，招致别人的反感。

转接电话也要特别注意礼仪。转接电话不仅是帮忙叫人和记录来电者姓名和电话号码，它实际是一个如何处理好自己与来电者、自己与要接电话者之间关系的重要表现。

第二节　文书礼仪

文书是办公室的日常工作工具，是联系公务、交流情况、发布信息、部署工作的文字材料。文书工作分为文书写作和文书处理两种，我们讨论的是文书写作的礼仪。

一、书信礼仪

书信也叫做信函，包括便函（公文的"函"分为公函和便函两种）、商务信函（也叫做商务书信）、专用书信（包括介绍信、证明信）等。我们仅讨论便函与商务书信。

1. 笺文写作礼仪

书信分为信封和信笺两部分。信封是信的外包装，信笺是装在信封里的那几张纸。笺文即写在信笺上的内容（文章）。

笺文的礼仪规范很严：一是讲究格式，二是讲究礼貌用语。

（1）称呼

称呼也叫做称谓。它位于信笺第一行，顶格书写。通常后加冒号。不用再加"你好"之类问候语。

称呼最好不直呼其名，除非关系很近很熟，又是平辈论交、职位相当。

称呼包括四要素：名字、职位、关系、尊词。四要素可以单独使用，也可以联合几项使用。

● 名字，名字应该书写学名（大名），而不写小名、绰号、别名。

● 职位，职位是职务、职称的统称。如"经理"、"教授"。

● 关系，关系是作者与收信人之间的亲密程度的表示如"大姐"、"贤弟"。当然，如果关系淡薄，就谈不上"关系"了。

● 尊词，尊词是表示尊敬的礼貌用语，如"先生"、"女士"、"同志"。

（2）开头应酬语

开头应酬语是正文说事之前，写几句问候、寒暄之类的话，用以导引：或思念、或问候、或感谢、或庆贺。如，"您好"、"很想念"、"近来好吗"等。

（3）正文

正文是信函的主要内容。要求明确简要，礼貌周到。

（4）结尾应酬语

正文说完，不能草率结束，有失礼貌，因此，说上一两句客气话："书不重叙，盼望面晤"、"情长纸短，言犹未尽"等。

（5）问候祝颂语

正事说完，最后再说上一两句客气话："祝您身体健康"、"此致敬礼"等。它的格式是头一词组在上一行，余者另起一行空两格。如"祝您身体健康"的"祝您"在上一行，"身体健康"另起一行空两格。

（6）落款

落款是信函的签署要求，需写出：

● 自称。自称是相对于收信人的自我称呼。如写给老师，自称"学生"。写给上司，自称"行政秘书"等。

● 署名。即署上自己的名字。

● 末启辞。也叫做礼告敬辞，写在署名之后，如"敬启"。

● 时间。时间写在自称、署名和末启辞的下一行下方。要求写全年月日。

以上自称、署名、末启辞写在一行："学生李一民敬启"。居信笺末页右下方。

2. 信笺信封礼仪

（1）信笺

信笺就是信纸。信笺必须严肃对待，不能随便找几张稿纸、横格本纸、白纸（居丧吊唁用纸）应付。应当选用印刷精美的信笺，而且最好是你所在组织的专用信笺。它的横格多采用细红线，间距不能太窄。

● 手写信笺。字体优美，用黑色或深蓝色墨迹的钢笔、签字笔。绝不能用红色墨迹，那是绝交信。

● 打印信笺。用 A4 纸，设计好字体、字间距、行间距，天、地、左、右空白。

（2）信封

信封也要求精美。信封上书写的文字叫封文。

封文分三部分。左上部写收信人地址、组织名称。中部写收信人称呼。右下部写发信人地址和姓名。封文的礼貌用语有：

● 收信人称呼。收信人称呼是邮递员对之称呼，而不是发信人对收信人的称呼。因此仅用"先生"、"女士"、"小姐"、"同志"即可。

● 启封辞。启封辞是请收信人开启信封的礼貌用语。写在收信人称呼之后：对尊长用"安启"、"福启"、"钧启"；对平辈、同事、同学用"文启"、"芳启"（女性收信人）；对晚辈、下级用"收启"。

● 缄封辞。缄封辞是表达发信人在封信时的尊重心理，写在发信人姓名之后：写给尊长用"谨缄"；给平辈、同事、同学用"缄"；给晚辈、下级用"手缄"。

不封口的信，如明信片、请柬等，不写"启"、"缄"字样。

[例文]

毛泽东致沈雁冰

雁冰兄：

别去忽又好几年，听说近来多病，不知好一些否？回想在延时，畅谈时间不多，未能多获教益，时以为憾。很想和你见面，不知有此机会否？

　　敬祝

　　　　健康！

　　　　　　　　　　　　　　　　　　　　　　　　　毛泽东
　　　　　　　　　　　　　　　　　　　一九四四年十一月二十一日

资料来源：毛泽东. 毛泽东书信集. 人民出版社，1983

二、致辞礼仪

致辞（词）是在各类仪式或会议上的发言或题作。它包括贺词、题词、欢迎词等。

1. 贺词

贺词也叫做祝词。它是在重大节日、喜庆仪式或隆重典礼上的发言。以书信形式发出的叫做贺信，以电报形式发出的叫做贺电。

贺词的特点是：

①强烈的感情色彩。因为是表示庆贺，所以感情充沛、饱满。

②语句简练，不能太长。

第十届中日经济讨论会贺词

值此第十次中日经济讨论会在东京开幕之际，谨向会议表示热烈的祝贺。

中日经济讨论会是两国经济界人士共同探讨中日经济关系的重要平台，多年来为促进中日友好特别是经贸关系发挥了积极作用。对此我予以高度评价。

中日邦交正常化以来，两国经济关系不断加深，已形成相互依存、共同发展的格局。中日经贸合作有着巨大潜力，在推动东亚区域经济合作方面有着共同利益。中日关系的顺利发展是扩大双边经贸合作的保障和促进东亚区域经济合作的动力，符合中日两国人民的长远和根本利益。希望中日两国经济界人士共同努力，为中日关系的健康、稳定发展做出新的贡献。

祝会议取得圆满成功！

温家宝
2004 年 6 月 1 日

2. 题词

题词是为了留作纪念或勉励他人而写的简短、精练的文字。从题词对象上分，有给人题词、给物题词和给事题词三种。

（1）给人题词

长辈给晚辈的题词，多表示关怀、激励；同辈之间的题词，多为彼此互赠、共勉互励；领导人给英雄模范题词，多为表扬、歌颂、勉励、号召之语。

题词没有固定格式，其内容根据对象来定，一般非常简短；多数是格言警句，或诗句联对。要求感情充沛，文辞恰如其分。

例如

"美在心中"

"有志者事竟成"

"吾将上下而求索"

"生的伟大，死的光荣"

（2）给物题词

给物题词的对象多是自然景观、名胜古迹、建筑园林、居室、书报刊等，表达缅怀、纪念、评价、点萃之意。

例如

"物华天宝，人杰地灵"

"天下第一关"

"满芳园"

"墨人轩"

（3）给事题词

给事题词多是领导人或知名人士给某地或某单位或某项事业的题词，表示评价、祝贺、纪念之意。

例如

"发展远洋航运事业，促进国际经贸交流"

"海阔凭鱼跃，中远创新貌"

"救死扶伤，实行革命的人道主义"

3．欢迎词、欢送词、答谢词

这三种致词是在迎接或送别宾客的集会、酒宴上，主人或客人（答谢词）表示欢迎、欢送或感谢的致词。

欢迎词、欢送词、答谢词要求如下：

①注重礼貌。迎、送、谢都是出于礼仪需要的讲话稿，因此应特别讲究礼貌。一般在称呼之前加头衔和表示亲切的词语，如"尊敬的"、"亲爱的"等。

②感情真挚。话不在多，而在真诚。老朋友少客套，推心置腹；新朋友客套也不能太多，要点是真诚相见。

③尊重习俗。特别是对少数民族和外国朋友，一定尊重对方风俗习惯、宗教信仰，并且不涉及对方忌讳的内容。

④坚持原则。既表达友好，又不失原则立场。因此，措词定要谨慎、含蓄，不能信口开河。

[例文]

在美国白宫国宴上的答词

江泽民

总统先生，

克林顿夫人，

女士们，先生们：

在今晚这个隆重的宴会上，首先请允许我代表我的夫人和同事，并以我个人的名义，对克林顿总统和夫人表示衷心感谢。我还要借此机会向美国政府和人民给予我们的热情接待，表示谢意。

25年前，中美两国领导人以卓越的政治智慧和胆识，重新打开两国交往的大门。从那时以来，两国许多政治家和各界人士，为建立、改善和发展中美关系，做出了积极的贡献。在这里，我谨向他们表示崇高的敬意。

25年来，中美两国关系虽然有过波折，但总的说来是在向前发展。双方合作领域不断拓宽，合作方式日趋多样，合作潜力巨大，合作前景良好。中美保持友好关系，不仅造福于两国人民，而且对促进亚太地区和世界的和平、稳定与繁荣，具有重要的意义。

今天上午，我同克林顿总统就中美关系未来的发展目标达成了共识。这就是，为了促进世界和平与发展的崇高事业，中美应该加强合作，努力建立面向21世纪的建设性的战略伙伴关系。这标志着中美关系向前迈出重要一步，达到了一个新起点。

中国和美国作为两个伟大的国家，对世界前途有重大责任。中美两国的国情不同，存在一些分歧是自然的。至于分歧，完全可以通过相互尊重的平等对话，逐步求得解决。一时解决不了的，可以求同存异。我们两国之间的共同点大于分歧。在维护世界和平与安全，促进全球经济与繁荣，保护人类生存环境等方面，中美具有广泛的共同利益。这是发展两国友好关系的重要基础。

美国诗人朗费罗写过这样的诗句："只要行动起来，我们每个明天都会比今天进步。""行动起来吧！让我们马上就开始。"我们要顺乎潮流，合乎民意，为建立和发展中美两国的建设性的战略伙伴关系而不断向前迈进。

现在，我提议：

为克林顿总统和夫人的健康，

为在座的朋友的健康，

为中美两国人民的友谊和幸福，

为世界的和平与繁荣，

干杯！

1997 年 10 月 28 日

资料来源：《人民日报》. 1997—10—28

三、柬书礼仪

柬书是社会交往中使用的邀请性或礼聘性的书信。

1. 请柬

请柬也叫做请帖，是邀请某单位或个人参加某种活动或会议时使用的专用书信。

请柬一般用印制好的、装潢精美的信封、信笺。如无现成的印刷品，至少也应用毛笔书写，以示庄重热情。一般都是一张厚纸对折起来，外面是封面，里面是信文。封面装帧要精美，有花边图案。标题"请柬"二字就在封面上，且多是烫金大字。如是喜庆事宜，封面多为红色。

[例文]

请　柬

李文明先生：

兹定于 2004 年 5 月 17 日星期一上午 8：30 在复兴路 23 号"职工之家"三层大厅举行庆祝天地公司成立 10 周年大会，届时恭请光临。

天地公司工会
2004 年 5 月 7 日

2. 聘书

聘书是单位邀请有关人士来本单位任职或承担某项工作时使用的专用书信。

聘书的标题仅用"聘书"二字。一般不用抬头称呼，但受聘人姓名应在信文中明确出现，还要讲清所聘职务和聘期。

[例文]

聘 书

兹聘请王兆明先生任我校经济管理系 2004 至 2005 学年教授。

此聘

××科技经营管理大学
2004 年 7 月 20 日

第三节 会 议 礼 仪

会议是最常见的行政手段，几乎每天都有会议。

会议种类繁多，日常的办公会没有什么特别的礼仪规范；而特别的会议，如座谈会、欢送会、表彰大会，本身就是礼仪性的，很讲究礼仪规范。还有的会议，其礼仪是程式化的，不讲礼仪，其会就无法进行，如开幕式、追悼会。

办公室工作人员，必须对会议工作的礼仪过程、礼仪要求了如指掌，如：何时发会议通知、会场如何布置、邀请哪些会议代表、会议程序怎样进行。

一、会议环境礼仪

会议环境是指会议的客观场所和装饰装潢。会议环境礼仪是对会议环境的布置、安排和选择。

1. 会场选择

会场选择需达到以下要求：

①大小适中。会场太大，给人感觉稀稀落落、人员不齐；会场太小，又拥挤不堪、难以入座。会场一般选择比会议代表人数略多座位的即可。

②远近适当。不能出现一部分会议代表方便参会，而另一部分代表远途跋涉现象。

③设备齐全。会议所需的设备有必备的，如照明设备、通风设备、扩音设备和摄录设备；也有特殊设备，如投影仪、展示台、投票箱。无论哪种，必须齐备完好。

④环境优雅。会场的外部环境必须安静、整洁、雅致，不能嘈杂、脏乱。决不能选择在土木施工工地旁边。另外，还要考虑有充足的停车位。

2. 会场布置

小型会场，只要整洁、明亮，设施齐备，桌椅符合要求即可，如图 8—2 所示。

大中型会场，还需要准备以下设施设备：

图 8—2　小型会场

①会标。会标即会议标题，一般用红色横式布幅上写黑色美术字制成。

②会徽。会徽是体现或象征会议精神的图案标志。它一般悬挂在主席台的天幕中央，形成会议视觉中心。会徽可以是本组织的标志，如党徽、团徽、会徽；也可以向社会广泛征集。

③标语。标语是张贴或悬挂的口号。标语应切合和宣传会议宗旨。标语制作应醒目、简短、有力量，一般不超过 13 个字。

④旗帜。旗帜是隆重而热烈的会议所必备的装饰品。主席台上多选用红旗，悬挂在会徽两侧。会场上红旗、彩旗交叉悬挂。

⑤花卉。鲜花应选用我国原产花种，如梅花、牡丹、月季、杜鹃、兰花等，如图 8—3 所示。花卉主要摆放在主席台前。绿叶植物也应大量选用。

图 8—3　鲜花

3. 主席台布置

主席台是会议的核心，应布置得庄重、典雅。除会徽、会标、红旗、花卉外，最重要的是座位。

①依职务高低或选举的结果安排座次。职务最高者居中，然后按先左后右、由前至后顺序依次排列。

②在主席台的桌上，于每个座位的左侧摆放姓名签，如图 8—4 所示。

图8—4 主席台布置

二、接站礼仪

大中型跨地区会议，特别是国际会议，主办单位必须安排会议工作人员组织接站。

接站前，需了解来宾情况、人数、性别、职务等，安排好宾馆房间，准备足够的车辆，然后方可到机场、车站或码头接站。

1. 定迎接规格

规格是档次的外显。主方应安排职位相当的领导人前去迎接。规格最常用的是对等规格：主客双方的领导人职务相同。

2. 排迎接队伍

对重要的参加者，应该组织礼仪队盛装、手持鲜花前去迎接。如图8—5所示。

图8—5 迎接队伍

3. 竖立迎接标牌

标牌应精心制作，不要敷衍。标牌上写受迎接方的单位名称或主要人名，并有"欢迎"词句："欢迎石油化工总局王××总经理一行"，下落款"某会议秘书处"。

4. 掌握好抵达时间

应提前半小时到达机场、车站、码头。

5. 介绍

与会者到达后，主办方工作人员应立即上前自我介绍，并将客方主要领导人介绍给主方主要领导人，如图8—6所示。

6. 献花

对重要的与会者（外国代表、上级领导人、知名人士）可安排献花。所献之花必须是鲜花，要鲜艳、整齐。花的种类和颜色应符合对方的风俗习惯，如图8—7所示。

图 8—6　主人介绍客人

图 8—7　礼仪小姐献花

7. 陪车

会议工作人员应及时将轿车驶近，打开车门，示意并引导各位来宾上车。

小轿车的座次为"右为上，左为下；后为上，前为下"。例如右后座坐主宾，左后座就坐主方主要领导人。前排副驾座可安排工作人员就座。

 复习思考题

1. 作为一个初入职场的新人，需要注意的面试礼仪有哪些？

2. 商务接待的原则和基本程序是什么？

3. 观察商务谈判过程或某商务大型会议，比较它们的礼仪，将课本内容与现场实际相对照，找出不同点，实际中还有哪些本章中未涉及的商务礼仪。

4. 找出你原来写的信函，对照本章，看看有什么不同？

★进一步的阅读材料

1.（美）唐·米德伯格. 成功的公共关系. 梁洨洁，段燕等译. 北京：机械工业出版社，2002.

2. 丁建忠. 商务谈判学. 北京：中国商务出版社，2004.

3. （英）林恩·布伦南. 21 世纪商务礼仪. 朱晔等译. 北京：中国计划出版社，2004.

4. 金正昆. 文官礼仪. 北京：当代世界出版社，2000.

实践课堂

1. 实践内容：组织现场观摩或现场模拟。

2. 实践目的：通过现场观摩或模拟，对面试、商务接待、谈判等商务礼仪的相关内容有直观的了解和印象，并对步骤能有较深的记忆。学会打电话和写信。

3. 实践环节：完整设计一次商务接待（及谈判）的具体安排，重点包括商务接待（及谈判）的准备、商务接待基本程序等内容。

4. 技能要求：熟练面试礼仪、商务接待原则、商务谈判过程、仪式礼仪、基本的办公室礼仪等重要内容，在实践中发现问题并及时纠正，提高实际操作能力。

第三部分
商务沟通实训

第三部分

市场运行机制

项目 1

前 台 接 待

♣ 学习内容

◆了解前台接待工作职责
◆了解前台接待工作环境
◆有效应对访客咨询、要求
◆合格的信息中转站

★ 知识目标

◆商务沟通的知识与原理
◆有效的接受方法与技巧
◆有效的拒绝方法与技巧

♣ 学习课时

◆4 课时

★ 技能目标

◆掌握前台沟通的技巧

♣ 素养目标

◆积极平等的沟通心态
◆尊重和理解沟通对象
◆职业态度

★ 学习方法

◆项目教学法
◆案例教学法
◆模拟教学法

✝ 知识准备

一、沟通的定义

沟通是为了一个设定的目标，把信息、思想和情感在个人之间或群体间传递，并且达成共同的协议的过程。它有三大要素即：①要有一个明确目标；②达成共同协议；③沟通信息、思想以及情感。

二、沟通的基本模式

1．语言沟通

语言是人类特有的一种非常好的、有效的沟通方式。语言的沟通包括口头语言、书面语言、图片或者图形。

口头语言包括我们面对面的谈话、开会等等。书面语言包括我们的信函、广告和传真，甚至用得很多的电子邮件等。图片包括一些幻灯片和电影等，这些都统称为语言的沟通。

在沟通过程中，语言沟通对于信息的传递、思想的传递和情感的传递而言，更擅长于传递的是信息。

2. 肢体语言的沟通

肢体语言包含得非常丰富，包括我们的动作、表情、眼神。实际上，在我们的声音里也包含着非常丰富的肢体语言。我们在说每一句话的时候，用什么样的音色去说，用什么样的语调去说等，这都是肢体语言的一部分。

我们说沟通的模式有语言和肢体语言这两种，语言更擅长沟通的是信息，肢体语言更善于沟通的是人与人之间的思想和情感。

三、有效沟通的要求

（1）及时：及时沟通是指沟通双方要在尽可能短的时间内进行沟通，并使信息发生效用。为此要做到：

①传送及时：在信息传递过程中，尽量减少中间环节，用最短的时间传递；

②反馈及时：接收者接到信息后，应及时反馈，这有利于发送者修正信息；

③利用及时：双方要及时利用信息，避免信息过期失效。

（2）全面：要求发送者在发出信息时完整全面。

（3）准确：准确的信息，可充分反映发送者的意愿，使接收者正确理解信息。

四、良好的倾听技巧

①少讲多听，不打断对方的讲话；

②能清楚听出对方的谈话重点；

③适时表达自己的观点，表示有交谈兴趣，不要表现出冷淡或不耐烦；

④站在对方立场上考虑问题，积极回应对方的谈话；

⑤要控制情绪，保持冷静；

⑥不要妄加评论和争论。

五、拒绝无关访客的方法

公司的前台接待经常能遇到一些无关的推销员访客和推销电话，为了不影响公司的日常工作，前台接待需掌握相关的拒绝方法。除了直接拒绝或直接挂断以外，还可以采用以下一些比较委婉的拒绝方法：

（1）直接分析法：直接向对方陈述拒绝对方的客观理由，包括自己的状况不允许、社会条件限制等。通常这些状况是对方也能认同的，因此较能理解你的苦衷，自然会自动放弃说服你，并觉得你拒绝得不无道理。

（2）巧妙转移法：不好正面拒绝时，只好采取迂回的战术，转移话题也好，另有理由可以，主要是善于利用语气的转折，从温和到坚持再到绝不答应，但也不致撕破脸。比如，先向对方表示同情，或给予赞美，然后再提出理由，加以拒绝。由于先前对方在心理上已因为你的同情使两人的距离拉近，所以对于你的拒绝也较能以"可以体会"的态度接受。

（3）肢体语言法：有时开口拒绝对方也不是件容易的事，当无法用言语拒绝对方的时候，可采用肢体语言。比如摇头，转身干其他工作等，但切忌伤了对方自尊心。

（4）拖延法：是指暂不给予答复，也就是说，当对方提出要求时你迟迟没有答应，只是一再表示要研究研究或考虑考虑，那么对方就能了解你是不太愿意答应的。

📐 项目实务

一、公司前台访客或来电登记

访客或来电登记表，如表项目1—1所示；其示例如表项目1—2所示。

表项目 1—1　公司前台访客或来电登记表

序号	日期	时间	访客		访问对象			备注
			姓名	单位	姓名	部门	事由	
1								
2								
3								
4								
5								
6								
7								
8								
9								
10								
11								

表项目 1—2　公司前台访客或来电登记示例表

序号	日期	时间	访客		访问对象			备注
			姓名	单位	姓名	部门	事由	
1	2012 年 10 月 31 日	16：00	夏飞先生	北京地坛家具有限公司	王芳	办公室	商务谈判	
2	2012 年 11 月 1 日	9：05	周小姐	山东映红科技有限公司	刘铭	销售部	渠道合作	访客共 3 人
3								
4								
5								

表格填写说明：

①序号：填写阿拉伯数字，从 1 开始填写，按时间顺序填写一直到下班时间。

②日期：填写访客来访准确日期，包括年、月、日。

③访客姓名：填写访客的姓名、称呼、或职务。

④访客单位：填写完整的公司名称。

⑤访问对象姓名：填写接待人员的姓名或职务。

⑥访问对象部门：填写接待人员所在的部门或单位。

⑦事由：填写访客来访的原因或目的。

⑧备注：特别说明表格中没有体现或者需要着重说明的内容。

二、前台接待要求

①负责前台服务热线的接听电话和电话转接，做好来电咨询工作，重要事项认真记录并传达给相关人员，不遗漏、延误。

②负责来访客户的接待、基本咨询和引见，严格执行公司的接待服务规范，保持良好的礼节礼貌。

③对客户的投诉电话，及时填写登记表，并于第一时间传达到客户服务团队，定期将客户投诉记录汇总给相关领导。

④负责公司前台或咨询接待室的卫生清洁及桌椅摆放，并保持整洁干净。

⑤接受行政经理工作安排并协助人事文员做好行政部其他工作。

三、前台接待服务规范

（一）客人来访

客户或来访者进门，前台马上起身接待，并致以问候或欢迎辞。如站着。则先于客人问话而致以问候或欢迎辞。

单个人问候标准语如下："先生，您好！"或"先生，早上好！""小姐，您好！"或"小姐，早上好！""您好！欢迎来到××公司。"

来者是二人，标准问候语则为："二位先生好！""二位小姐好""先生、小姐，你们好！"

来者为三人以上，标准问候语则为："各位好！"或"各位早上好！""各位下午好""大家好！"或"大家早上好！""大家下午好！"

对已知道客户或来访者姓名的，标准问候语如下："×先生好！""×小姐好！"

对已是第二次或二次以上来公司的客户、来访者，在沿用"单个人问候标准语"并看到客户点头或听到客户跟说"你好"之后，还可选用如下标准问候语："先生，我记得您前不久（以前）来过我们公司，今天光临，再次表示欢迎！"

当问清客户来访的对象和目的以后，可采取以下步骤：

①引导客户或来访者到咨询厅就座，递上茶水，送上公司营销宣传资料。

②当场解答或电话通知相关业务接待人员出现，介绍时先介绍主人，后介绍客人。

③引领客户或来访者接触相关人员，行走时走在客户或来访者侧前位置，并随时用手示意。途中与同事相遇，点头行礼，表示致意。

④进入房间，要先轻轻敲门，听到回应再进。进入后，回手关门。

⑤介绍双方，退出。如相关人员抽不开身回应，则安抚客户或来访者稍等，退出。

（二）客人来电

①听到铃响，至少在第三声电话铃响前拿起话筒。

②听话时先问候，并自报公司、部门。标准语如下："您好，××公司！"或"您好，这里是××公司！"

③对方讲述时留心听并记下要点，未听清时，及时告诉对方。随后根据对方的初次问话，迅速判断出他有何需求，做出标准回话。

（三）形象要求

当值前台为女性，需要穿职业套装，化淡妆。男性，则需要穿西装，打领带。

四、示例案例

小李是一家中等规模装修公司的前台接待，每天要接听大量的各种电话，来电内容各不相同，有客户咨询装修业务的，有建材销售推销产品的，有找人的。为了更高效地处理各种繁杂电话业务，小李把前台的来电分成三类，并给出了针对性的对策。

第一种来电类型：咨询家装业务

前台应对策略：先生（小姐），关于这方面情况（家装咨询），让我们公司客户顾问X先生为您服务吧，他可以全面、专业地解释您所想了解的问题，我把电话转过去，请稍等。

第二种来电类型：联系业务

前台应对策略：与本公司关联的业务，则转接相关部门相关人员；无关联业务，则直接回答：先生（小姐），我们公司现在没有这方面需要，请您联系其他公司吧，谢谢！

第三种来电类型：找人

前台应对策略：先生（小姐），您找的×先生（小姐）名字叫什么？您跟他（她）预约了吗？请您稍等。（然后接通本公司×先生的电话，询问转接与否。）

如果来电没有指名道姓的找人对象，判断自己不能处理时，可坦白告诉对方，并马上把电话转给能处理的人，在转交前，应先把对方所谈内容简明扼要地告诉接话人；通话简明扼要，不应长时间占线。

结束时应说"谢谢!",礼貌道别,待对方切断电话,再放下听筒。

实训情景

　　某日,有一年轻男子手捧鲜花来到公司前台,询问:"请问'李颖'小姐是在这里上班吗?若她在办公室,我要给她一个惊喜"。

　　实训目标:让学员初步体验亲和力、询问能力、应变能力,以及肢体语言、声音语言表现的意义、要求,了解自己的差距,激发学习的动力。

　　实训内容:前台接待,点评,记录报告。

　　实训设施:前台桌,学员。

　　实训步骤:准备→前台接待过程模拟→点评→记录报告。

项目 2

柜 台 接 待

✤ **学习内容**

◆了解柜台接待工作职责
◆了解柜台接待沟通对象
◆了解产品或服务的特点
◆掌握交易流程

☆ **知识目标**

◆商务沟通的知识与原理
◆有效倾听的技巧
◆提升人际沟通的基本策略

✤ **学习课时**

◆4课时

☆ **技能目标**

◆掌握柜台销售所需沟通技巧
◆建立良好的第一印象
◆了解客户的需求
◆良好的表达能力

✤ **素养目标**

◆客户至上的服务态度
◆尊重和理解沟通对象
◆规范的职业态度

☆ **学习方法**

◆项目教学法
◆案例教学法
◆模拟教学法

知识准备

一、有效倾听的技巧

倾听在沟通中有着不可忽视的作用，是一种需要不断修炼的艺术。因此，为了达到良好的沟通效果，推销人员就必须不断修炼倾听的技巧。有效倾听的技巧如下：

1. 集中精力，专心倾听

这是有效倾听的基础，也是实现良好沟通的关键。要想做到这一点，推销人员应该在与客户沟通之前做好多方面的准备，如身体准备、心理准备、态度准备以及情绪准备等。疲惫的身体、无精打采的神态以及消极的情绪等，都可能使倾听归于失败。

2. 不随意打断客户谈话

随意打断客户谈话会打击客户说话的热情和积极性，如果客户当时的情绪不佳，而你又打断了他们的谈话，那无疑是火上浇油。所以，当客户的谈话热情高涨时，推销人员可以给予必要的、简单的回应，如"噢"、"对"、"是吗"、"好的"等等。除此之外，推销人员最好不要随意插话或接话，更不要不顾客户喜好另起话题。例如：

"等一下，我们公司的产品绝对比你提到的那种产品好得多……"

"您说的这个问题我以前也遇到过，只不过我当时……"

3. 不轻易反驳客户观点

客户在谈话过程中表达的某些观点可能有失偏颇，也可能不符合你的口味，但是你要记住：客户永远都是上帝，他们很少愿意推销人员直接批评或反驳他们的观点。如果你实在难以对客户的观点做出积极反应，那可以采取提问等方式改变客户谈话的重点，引导客户谈论更能促进销售的话题。例如：

"既然您如此厌恶保险，那您是如何安排孩子们今后的教育问题的？"

"您很诚恳，我特别想知道您认为什么样的理财服务才能令您满意？"

4. 了解倾听的礼仪

在倾听过程中，推销人员要尽可能地保持一定的礼仪，这样既显得自己有涵养、有素质，又表达了你对客户的尊重。通常在倾听过程中需要讲究的礼仪如下：

● 保持视线接触，不东张西望。
● 身体前倾，耐心聆听客户把话讲完。
● 真正做到全神贯注。
● 不要只做样子，心思分散。
● 表示对客户意见感兴趣。
● 重点问题用笔记录下来。
● 插话时请求客户允许，使用礼貌用语。

5. 及时总结和归纳客户观点

归纳和总结，一方面可以向客户传达你一直在认真倾听的信息；另一方面，也有助于保证你没有误解或歪曲客户的意见，从而使你更有效地找到解决问题的方法。例如：

"您的意思是要在合同签订之后的 20 天内发货，并且再得到 5％的优惠吗？"

"如果我没理解错的话，您更喜欢弧线形外观的深色汽车，性能和质量也要一流，对吗？"

二、提升人际沟通的基本策略

1. 有效沟通的四个基本法则

沟通失败的根本原因在于，缺乏对沟通实质和目的的了解。所以非常有必要了解彼得·德鲁克提出的有效沟通的四个基本法则。

法则一：沟通是一种感知

禅宗曾提出过一个问题，"若树林中树倒时无人听见，会有声响吗？"，答曰"没有。"树倒了，确实会产生声波，但除非有人感知到了；否则，就是没有声响。沟通只在有接收者时才会发生。

与他人说话时，必须依据对方的知识背景和经验。如果一个经理人和一个半文盲员工交谈，他必须用对方熟悉的语言，否则结果可想而知。谈话时，试图向对方解释自己常用的专门用语并无益处，因为这些用语已超出了他们的知觉能力。接收者的认知取决于他的教育背景，过去的经历以及他的情绪。如果沟通者没有意识到这些问题的话，他的沟通将会是无效的。另外，晦涩的语句就意味着杂乱的思路，所以，需要修正的不是语句，而是语句背后想要表达的看法。

有效的沟通取决于接收者如何去理解。例如，经理告诉他的助手："请尽快处理这件事，好吗？"助手会根据老板的语气、表达方式和身体语言来判断，这究竟是命令还是请求。德鲁克说："人无法只靠一句话来沟通，总是得靠整个人来沟通。"

所以，无论使用什么样的渠道，沟通的第一个问题必须是，"这一信息是否在接收者的接收范围之内？他能否收得到？他如何理解？"

法则二：沟通是一种期望

对管理者来说，在进行沟通之前，了解接收者的期待是什么显得尤为重要。只有这样，我们才可以知道是否能利用他的期望来进行沟通，或者是否需要用"孤独感的震撼"与"唤醒"来突破接收者的期望，并迫使他领悟到意料之外的事已然发生。因为我们所察觉到的，都是我们期望察觉到的东西；我们的心智模式会使我们强烈抗拒任何不符合其"期望"的企图，出乎意料的事通常是不会被接收的。

一位经理安排下属主管去管理某个生产车间，但是这位主管认为，管理该车间这样混乱的部门是件费力不讨好的事。经理于是开始了解主管的期望，如果这位主管是一位积极进取的年轻人，经理就应该告诉他，管理生产车间更能锻炼和反映他的能力，今后还可能会得到进一步的提升；相反，如果这位主管只是得过且过，经理就应该告诉他，由于公司的业务重组，他必须去车间，否则只有离开公司。

法则三：沟通产生要求

一个人一般不会做不必要的沟通。沟通永远都是一种"宣传"，都是为了达到某种目的，例如发号施令、指导、斥责或款待。沟通总是会产生要求，它总是要求接收者要成为某人、完成某事、相信某种理念，它也经常诉诸激励。换言之，如果沟通能够符合接收者的渴望、价值与目的的话，它就具有说服力，这时沟通会改变一个人的性格、价值、信仰与渴望。假如沟通违背了接收者的渴望、价值与动机时，可能一点也不会被接受，或者最坏的情况是受到抗拒。

宣传的危险在于无人相信，这使得每次沟通的动机都变得可疑。最后，沟通的信息无法为人所接受。一家公司员工因为工作压力大、待遇低而产生不满情绪，纷纷怠工或准备另谋高就，若这时公司管理层反而提出口号"今天工作不努力，明天努力找工作"，则会更加招致员工反感。

法则四：信息不是沟通

公司年度报表中的数字是信息，但在每年一度的股东大会上董事会主席的讲话则是沟通。当然这一沟通是建立在年度报表中的数字之上的。沟通以信息为基础，但和信息不是一回事。

信息与人无关，不是人际间的关系。它越不涉及诸如情感、价值、期望与认知等人的情感成分，它就越有效力且越值得信赖。信息可以按逻辑关系排列，技术上也可以储存和复制。信息过多或不相关都会使沟通达不到预期效果。沟通是在人与人之间进行的。信息是中性的，而沟通的背后都隐藏着目的，沟通由于沟通者和接收者认知和意图不同，显得多姿多彩。

尽管信息对于沟通来说必不可少，但信息过多也会阻碍沟通。"越战"期间，美国国防部陷入到了铺天盖地的数据中。信息就像照明灯一样，当灯光过于刺眼时，人眼会瞎。信息过多会让人无所适从。

2. 用目标管理有效沟通

除了以上四个法则，德鲁克还认为，目标管理提供了有效沟通的一种解决办法。在目标管理中，老板和下属讨论目标、计划、对象、问题和解决方案。由于双方都着眼于完成目标，这就有了一个共同的基础，彼此能够更好地了解对方。即便老板不能接受下属的建议，他也能理解其观点。下属对上司的要求也会有进一步的了解，沟通的结果自然得以改善。如果绩效评估也采用类似办法的话，同样也能改善沟通。

德鲁克提出的四个"简单"问题，可以用来自我检测，看看你是否能在沟通时去运用：一个人必须知道说什么；一个人必须知道什么时候说；一个人必须知道对谁说；一个人必须知道怎么说。

一、柜台接待要求

①具有良好的亲和力，口齿清楚，沟通表达能力强。

②学习力强，熟悉产品知识；协助顾客购买公司产品，及时回复顾客对产品信息的咨询，并提供相应的指导；务必以顾客为中心，让每个顾客的购买都轻松愉快。

③善于人际关系的协调和沟通，性格开朗，思维敏捷。

④工作认真、踏实、积极、努力，责任心强、纪律性强、时间观念强。

二、柜台接待职责

①完成销售任务。

②维护客户关系，传播品牌精神。

③接待客户并处理相关投诉。

三、柜台接待技能

FAB 法则，即详细介绍所销售的产品如何满足客户的需求，如何给客户带来利益的技巧。它有助于更好地向客户展示产品。FAB 法则在柜台销售时具有特别的重要性，可以提高顾客的购买欲望，使顾客对产品有更深入的认识。

Feature（特性）：产品品质，即指服装布料、设计的特点；即一种产品能看得到、摸得着的东西，这也是一个产品最容易让客户相信的一点。

Advantage（作用）：从特性引发的用途，即指服装的独特之处，就是这种属性将会给客户带来的作用或优势。

Benefit（好处）：指作用或者优势会给客户带来的利益，对顾客的好处（因客而异）。

FAB 法则示例，如表项目 2—1 所示。

表项目 2—1　FAB 表格

公司	汽车厂家	打印机厂家
产品	汽车	打印机
F（特性）	采用 TSI 发动机技术	环保节能
A（作用）	平均每百公里油耗 6 升	打印耗电 460W 以下
B（益处）	省钱	节电、省钱

四、示例案例

小李经营一家箱包店，主营某品牌高档旅行箱。一日，来一客户。问：为什么这个牌子的箱包比其他牌子贵那么多呢？小李放倒一个旅行箱，请客户踩上去试一下，而不去解释本品牌箱包的作用和特点。这也是 FAB 法则在柜台销售中的应用。

实训情景

刘奶奶的儿媳妇怀孕了，想吃酸口味的食品，刘奶奶就想去市场买酸李。刘奶奶走到第一个小贩前，小贩 A 主动打招呼："大娘，要不要李子啊？我的李子又大又甜。"刘奶奶听了，没理他就走开了。

转到小贩 B 摊前，问"李子怎么卖？"小贩 B 说："我这儿有两种李子，一种又大又甜，另一种酸酸的。请问您要哪种？"刘奶奶说："那就来一斤酸的吧。"

当她经过小贩C跟前的时候，小贩C热情地招呼："老奶奶来买李子呢？"（注：寒暄套近乎，听起来像是说废话）

"嗯啊，我来买酸李。"

小贩C："老奶奶啊，别人都挑又大又甜的李子，老奶奶您怎么买又小又酸的李子呢？"

刘奶奶说："我儿媳妇怀孕了，特别想吃酸的东西。"（注：询问掏心窝）

小贩C笑着说："恭喜您啊！您的儿媳真有福气，您那么疼她，如今像您这样疼晚辈的人已经不多了啊（注：一句赞美暖三冬，此时老奶奶心里那个美啊，近乎忘乎所以）。给怀孕的儿媳妇买水果，确实是要又酸又甜的，同时又要有高营养的。不过论营养啊，李子就比不上猕猴桃啰。猕猴桃号称"水果之王"，营养是最丰富的了，味道酸酸的，很适合孕妇吃（注：站在老奶奶立场为老奶奶出谋划策），不如买一斤半斤地回去给儿媳妇尝尝啊？（注：不失时机地提议）"刘奶奶听了很高兴，就买了一斤猕猴桃。

接着小贩说："老奶奶啊，我这儿也有酸李子，还有您喜欢吃的熟苹果、白皮李、绵绵脆香瓜，可爽口了。今后您可以长期到我这儿来，我给你特别优惠，不论多少都九五折。这给您包好了，老奶奶您好走，下次记得过来啊。（注：好的事后服务出真金）"小贩C出摊扶着老奶奶走出水果摊。刘奶奶听了连连点头，乐呵呵地走了。

实训目标：让学员体验作为柜台销售人员，如何了解顾客需求，并针对顾客特点推荐产品卖点去迎合顾客需求，从而快速达成交易；其次，根据顾客购买情况，考虑如何增加客户的单次购买数量和金额；再次，如何建立牢固的服务关系，让每个进店顾客都成为老客户，建立个人服务品牌。

实训内容：情景模拟，记录报告。

实训设施：场景布置，商品陈列，卖场布局。

实训步骤：准备→现场模拟销售→点评→记录报告。

项目 3

热线接待

✚ 学习内容

◆了解热线接待工作职责
◆了解电话服务中心的工作环境
◆有效应对来电咨询、要求
◆应对客户抱怨的方式与方法

☆ 知识目标

◆沟通类型
◆非言语信息
◆电话沟通
◆客户服务

✚ 学习课时

◆4 课时

☆ 技能目标

◆电话沟通技巧
◆调节沟通心态的方法与技巧

✚ 素养目标

◆客户至上的服务态度
◆尊重和理解沟通对象
◆职业态度

☆ 学习方法

◆项目教学法
◆案例教学法
◆模拟教学法

✛ 知识准备

一、沟通类型

1. 根据信息载体划分

根据信息载体的异同，沟通可分为语言沟通（verbal communication）、非语言沟通（nonverbal communication）。

2. 根据途径的异同划分

根据途径的异同分为：

● 正式沟通（formal communication）；非正式沟通（informal communication）。

● 下向（downwards）；上向（upwards）。

● 横向（sideways）；斜向（diagonal）。

沟通分类，如图项目 3—1 所示。

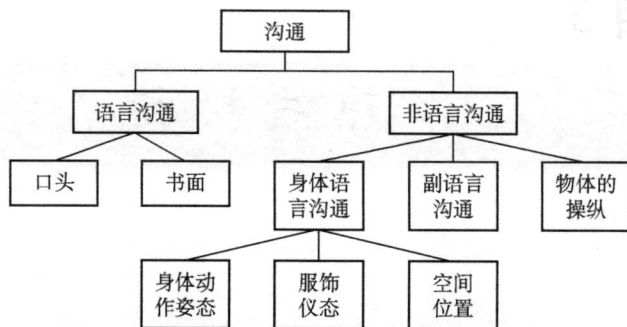

图项目 3—1　沟通分类图

二、如何有效利用非语言信息进行沟通

在信息传播和表达情意的过程中，语言沟通一直是不可取代的方式，然而，许多的生活经验和经历告诉我们，非语言沟通同样不可缺少，而且极为重要！

非语言沟通是指通过身体动作、体态、语气语调、空间距离等方式交流信息、进行沟通的过程。在沟通中，信息的内容部分往往通过语言来表达，而非语言则作为提供解释内容的框架，来表达信息的相关部分。因此非语言沟通常被错误地认为是辅助性或支持性角色。相反地，同样的几句话，让不同的人说出来就有不同的效果，这就是非语言沟通的魅力。

美国传播学家艾伯特·梅拉比安曾提出一个公式：信息的全部表达＝7％有声语言＋38％声音＋55％肢体语言。我们把声音和肢体语言都作为非语言交往的符号，那么人际交往和销售过程中信息沟通就只有7％是由言语进行的。这充分验证了在沟通和传播中，非语言沟通的重要性。

在非语言沟通中，目光、衣着、微笑是三个最为重要的方面！

1. 目光

眼睛是心灵的窗口。目光接触，是人际间最能传神的非言语交往。"眉目传情"、"暗送秋波"等成语形象说明了目光在人们情感的交流中的重要作用。

在销售活动中，听者应看着对方，表示关注；而讲话者不宜再迎视对方的目光，除非两人关系已密切到了可直接"以目传情"。讲话者说完最后一句话时，才将目光移到对方的眼睛。这是在表示一种询问"你认为我的话对吗？"或者暗示对方"现在该轮到你讲了"。

在人们交往和销售过程中，彼此之间的注视还因人的地位和自信而异。推销学家在一次实验中，让两个互不相识的女大学生共同讨论问题。预先对其中一个说，她的交谈对象是个研究生；同时却告知另一个人说，她的交谈对象是个高考多次落榜的中学生。观察结果，自以为自己地位高的女学生，在听和说的过程都充满自信地、不住地凝视对方，而自以为地位低的女学生说话就很少注视对方。在日常生活中能观察到，往往主动者更多地注视对方，而被动者较少迎视对方的目光。

2. 衣着

谈判桌上，人的衣着也在传播信息与对方沟通。意大利影星索菲亚·罗兰说："你的衣服往往表明你是哪一类型，它代表你的个性，一个与你会面的人往往自觉地根据你的衣着来判断你的为人。"

衣着本身是不会说话的，但人们常在特定的情境中以穿某种衣着来表达心中的思想和建议要求。在销售交往中，人们总是恰当地选择与环境、场合和对手相称的服装衣着。谈判桌上，可以说衣着是销售者"自我形象"的延伸扩展。同样一个人，穿着打扮不同，给人留下的印象也完全不同，对交往对象也会产生不同的影响。

美国有位营销专家做过一个实验，他本人以不同的打扮出现在同一地点。当他身穿西服以绅士模样出现时，无论是向他问路或问时间的人，大多彬彬有礼，而且本身看来基本上是绅士阶层的人。当他打扮成无业游民时，接近他的多半是流浪汉，或是来借火借烟的。

3. 微笑

"相逢一笑泯恩仇"，可见笑的力量。

微笑来自快乐，它带来的快乐也创造快乐。在销售过程中，微微笑一笑，双方都从发自内心的微笑中获得这样的信息："我是你的朋友。"微笑虽然无声，但是它说出了如下许多意思：高兴、欢悦、同意、尊敬。作为一名成功的销售员，请你时时处处把"笑意写在脸上"。微笑给人的感觉是温暖、有信心，并且有助于建立彼此的信赖感。不过，如果你笑得不是时候，特别是和你说话的声调或是所说的话互相冲突时，恐怕就会让人哭笑不得了。

电视主持人不可不问青红皂白，出面就笑；也不可不问节目内容和对象，一本正经。试想，如果让中央电视台的张宏民、罗京微笑着播新闻，而让鞠萍板起面孔主持《七巧板》，观众会是一种什么样的感受呢？恐怕都会觉得别扭了，这说明主持人的"笑"不单要自然，而且要受到节目内容和风格的限制。

在非语言沟通中，体势、声调、礼物、时间等也都是很重要的部分，但前文中有或多或少的提到，在这里也就不再赘述了。

非语言符号可用来传递信息，沟通思想，交流感情，这些已被人们所熟悉。有人估计，人的脸部能表现出约 25 万种不同的信息，教室内可以有 7000 多种课堂手势，这些非语言符号都有着丰富的含义。在特定的场合，非语言符号都可起到特有的作用。在体育比赛中，当运动员进行训练时，无论所做的动作成功或失败，教练或是抚摩头或是拥抱，都是一种思想情感的表露和传达。

总的来说，在传播和沟通中，非语言沟通起着其他沟通方式所不能代替的作用。非语言沟通既补充和支持语言沟通的作用，又体现了自身的魅力所在。

三、电话沟通

（一）电话沟通时要注意问题

①听到电话铃响，如果口中正咀嚼东西，不要立即接听电话。

②听到电话铃响，若正嬉笑或争执，一定要等情绪平稳后再接电话。

③电话沟通要及时确认对方身份。如果双方在接通电话，迟迟不能确认对方的身份，就会浪费极大的时间，降低沟通的效率。

④如果是代听电话，一定要主动问客户是否需要留言。

⑤如果是接听让人久等的电话，要向来电者致歉。

⑥如果正和客人交谈时有来电，应该告诉对方有客人在，待会儿给他回电。

⑦如果在工作时朋友来电，应扼要迅速地结束电话。

⑧如果接听的是投诉电话，不能和对方争吵。

（二）电话营销有效沟通的实战技巧

电话营销工作重在与客户的沟通，与客户沟通的是否顺畅，直接决定着电话营销的成败。那么，电话营销如何才能做到有效沟通呢？我们汇编了多家企业的电话营销有效沟通的实战技巧，以供参考。

1. 准备

（1）心理准备。在你拨打每一通电话之前，都必须有这样一种认识，那就是你所拨打的这通电话很可能就是你这一生的转折点或者是你的现状的转折点。有了这种想法之后，你才可能对待你所拨打的每一通电话有一个认真、负责和坚持的态度，才使你的心态有一种必定成功的积极动力。

（2）内容准备。在拨打电话之前，要先把你所要表达的内容准备好，最好是先列出几条在你手边的纸张上，以免对方接电话后，自己由于紧张或者是兴奋而忘了自己的讲话内容。另外，和电话另一端的对方沟通时，要表达意思的每一句话该如何说，都应该有所准备必要的话，提前演练到最佳。

在电话沟通时，注意两点：第一，注意语气变化，态度真诚。第二，言语要富有条理性，不可语无伦次前后反复，让对方产生反感。

2. 时机

打电话时一定要掌握一定的时机。要避免在吃饭的时段内与顾客联系，如果把电话打过去了，也要礼貌地征询顾客是否有时间接听或是否方便接听。如"您好，王经理，我是×××公司的×××，这个时候打电话给您，没有打搅您吧？"如果对方有约会或恰巧要外出，或刚好有客人在的时候，应该很有礼貌地与其说清楚再次通话的时间，然后再挂上电话。

如果老板或要找之人不在的话，需向接电话人索要联系方法"请问×××先生/小姐的手机号码是多少？他/她上次打电话/来公司时只留了这个电话，谢谢你的帮助"。

3. 接通电话

（1）拨打业务电话，在电话接通后，业务人员要先问好，并自报家门，确认对方的身份后，再谈正事。例如："您好，我是×××公司，请问××老板/经理在吗？××老板/经理，您好，我是×××公司的×××，关于……"

（2）讲话时要简洁明了

由于电话需要支付费用，容易占线等特性，因此，无论是打出电话或是接听电话，交谈都要长话短说。简而言之，除了必要的寒暄也客套之外，一定要少说与业务无关的话题，杜绝电话长时间占线的现象存在。

（3）挂断前的礼貌

打完电话之后，业务人员一定要记住向顾客致谢，"感谢您花这么长时间听我介绍，希望能给你带来满意。谢谢，再见。"另外，一定要等顾客先挂断电话，业务人员才能挂断电话，以示对顾客的尊重。

（4）挂断后的表现

挂断顾客的电话后，有许多的业务人员会立即从嘴里说出几个对顾客不雅的词汇，来放松自己的压力，其实，这是最要不得的一个坏习惯。作为一个专业的电话销售人员来讲，这是绝对不允许的。

4. 接听电话的艺术

有时一些顾客图省力、方便，直接拨打销售热线电话投诉，所以接电话时要分清是订货电话、产品咨询电话还是投诉电话。电话接听者在接听时一定要注意，绝对不能一问三不知，或敷衍了事推诿顾客，更不能用不耐烦的口气态度来对待每一位打过电话的顾客。

（1）电话接通后，接电话者要自报家门

如："您好这里是全程管理公司业务部"或"您好，我很高兴为您服务。"绝对禁止抓起话就问"喂，喂你找谁呀；你是谁呀？"这样不仅浪费时间还很不礼貌，让公司的形象在顾客心中大打折扣。接听电话前，一般要让电话响一到二个长音，切忌不可让电话一直响而缓慢地接听。

（2）记录电话内容

在电话机旁最好摆放一些纸和笔，这样可以一边听电话一边随手将重点记录下来。电话结束后，接听电话应该对记录下来的内容认真对待，关于重点内容妥善处理或报告给上级主管。

（3）重点重复

当顾客打来电话订货时，他一定会说产品名称或编号、价格、发货时间。这时不仅要记录下来，还应该得利向对方复述一遍，以确定无误。

（4）让顾客等候的处理方法

如果通话过程中，需要对方等待，接听者必须说："对不起，请您稍等一下。"之后要说出让他等候的理由，以免因等候而焦急。再次接听电话时，必须向对方道歉："对不起让您久等了。"如果让对方等待时间较长，接听人应告示知理由，并请他先挂掉电话待处理完后再拨电话过去。

（5）电话对方声音小时的处理方法

如果对方语音太小，接听者可直接说："对不起，请您声音大一点好吗？我听不太清楚您讲话。"绝不能大声喊："喂喂，大声点"，要大声的是对方，不是你。

（6）电话找人时的处理方法

如果遇到找人的电话，应迅速把电话转给被找者。如果被找者不在，应对对方说："对不起，他现在出去了。我是××，如果方便的话，可不可以让我帮你转达呢？"也可以请对方留下电话号码，等被找人回来，立即通知他给对方回电话。

无论是拨打电话，还是接听电话，都可以反映出一个人或公司的形象。电话是公司对外交流的一个窗口。一个好的拨打电话、接听电话过程，传递给对方的是一个好的印象，反之亦然。因此，在电话方面无论是拨打或接听，都应该特别注意你的言词与语气。一个电话可能可以改变你目前境况，甚至是一个人的一生。

（三）客服人员有效的提问八大技巧

①针对性问题是指什么？比如说，像中国移动或者中国联通10086、10010服务热线，可能客户投诉说："开机的时候，手机坏了。"或者说"始终信号不好，接收不到，或者手机屏幕什么显示都没有"。这个时候，客户服务人员可能会问："那您今天早晨开机的时候，您的屏幕是什么样子的?"这个问题就是针对性的问题。针对性问题的作用是什么呢？能让你获得细节。当不知道客户的答案是什么的时候才使用，通过提出一些有针对性的问题，就这些问题进行了解。

②选择性问题也算是封闭式问题的一种，就是客户只能回答"是"或者"不是"。这种提问用来澄清事实和和发现问题，主要的目的是澄清事实。比如说："您朋友给您打电话时，开机了吗？"开了或者没有开，客户只能回答"是"或者"不是"。

③了解性问题是指用来了解客户信息的一些提问。在了解信息时，要注意有的客户会比较反感提这些问题。比如说咨询："您什么时候买的"，"您的发票是什么时候开的呀"、"当

时发票开的抬头是什么呀"、"当时是谁接待的呀"等等，客户觉得像在查户口。作为客户服务人员，提这些问题的目的是为了了解更多的信息，这些信息对客户服务人员是很有用的。可是客户有的时候不愿意回答，懒得回答。"我早忘了"，客户会这么跟你说。因此在提出了解性问题的时候，一定要说明原因"麻烦出示一下您的身份证，因为要做登记"、"麻烦您输入一下密码，因为……"，这叫了解性问题。

④澄清性问题是指正确地了解客户所说的问题是什么。有时候顾客会夸大其词说，卖的是什么破手机呀，通话质量特别差，根本听不清楚。北京有一家手机专卖店"中复电讯"，经常收到这种电话。这时客户服务人员，首选要提澄清性问题。因为你并不知道客户所说的质量差是差到了什么程度，这时可以问："您说的通话效果很差，是什么样子啊？您能详细地描述一下吗？是一种什么样的差？"了解客户投诉的真正的原因是什么，事态有多严重，这叫澄清性问题。

⑤征询性问题是告知客户问题的初步解决方案。"您看……"类似于这种问题叫做征询性的问题。当你告知客户一个初步解决方案后，要让客户做决定，以体现客户是"上帝"。比如，客户抱怨产品有质量问题，听完他的陈诉，你就需要告诉他一个解决方案："您方便的话，可以把您的机子拿过来，可能需要在这放一段时间。这就是我的解决方案"。再比方说，你答应给客户更换，因为是属于退换承诺期内的，那这个时候客户服务人员怎么去回答客户呢？当发现确实有质量问题的时候，客户服务人员往往跟客户说："那这样吧，给您换一个吧。"很少有人说："我帮您退了，您看可以吗？"或者说："帮您退了，您看这样行吗？"为什么他不说后一句，因为你知道对方肯定会同意的。有的客户服务人员在这个时候还要表现出是施舍给客户的，所以忽略了运用征询性问题来结束你对客户的服务。

⑥服务性问题也是客户服务中非常专业的一种提问。这个提问应在什么时候来用呢？一般来说，是在客户服务过程结束时用的。其作用是什么呢？叫做超出客户的满意。"您看还有什么需要我为您做的吗？"当去一个档次比较高的五星级酒店时，这句话会经常听到。没有经过培训的人员通常都不会说这句话。服务性问题的提出是体现一个企业的客户服务是否是优质的一个标准。比方说，去一些档次比较低的三星级宾馆，前台服务人员要帮客户开门。开门以后，客户服务人员却先进去了。而档次高一些的酒店，他就会让客户先进去，除非是提行李的人员。这就是高标准的客户服务，而这种服务在普通地方您就很难享受得到。

⑦开放式问题是用来引导客户讲述事实的。比方说："您能说说当时的具体情况吗？""您能回忆一下当时的具体情况吗？"一句话问出来，客户就滔滔不绝了，这就是开放式问题。

⑧关闭式问题就是对客户的问题做一个重点的复述，是用来结束提问的。当客户描述完问题以后，你说："您的意思是想重新更换产品，是这样的吗？"这是一个关闭性的问题。

项目实务

一、热线接待岗位要求

（1）良好的沟通及应变能力。客服工作相比其他岗位工作，在沟通及应变能力上对从业人员提出了更高的要求。客服人员在处理用户投诉时，需要运用一定的沟通技巧，积极应变，化解矛盾争端，解决冲突与对抗，维护企业形象并及时为用户解决问题。

（2）良好的心理素质。客户服务人员直接接触用户，为其提供咨询服务、接收用户投诉等，特殊的工作性质决定了客户工作人员要有一定的忍耐性，宽容对待用户的不满，能够承受压力，具备良好的心理素质。

（3）熟练掌握业务知识，了解产品及用户需求。熟练掌握业务知识是客服工作人员的基本素质之一，只有真正地了解企业文化，了解产品及用户的需求所在，熟练掌握业务知识，才能够积极应对客户。

（4）高度的责任感和荣誉感。客服工作是企业形象对外展示的窗口，客服工作的质量，客服工作人员的素质直接影响着企业的形象。这就需要企业的客服工作人员具备高度的职业道德，做好本职工作，维护企业的形象。

（5）客户服务工作的好与坏代表着一个企业的文化修养、整体形象和综合素质，与企业利益直接挂钩。能否赢得价值客户，不仅是企业的产品质量、产品标准、产品价格等方面的问题，客户服务也是一个关键环节。

二、热线接待的基本方法

（1）用心聆听。聆听是一门艺术，从中你可以发现客户的真正需求，从而获得处理投诉的重要信息。

（2）道歉。如果你没有错，就没有理由惊慌；如果你真的出错，就得勇于面对。请记住客户之所以动气是因为遇上了问题。你漠不关心或据理力争，找借口或拒绝，只会使对方火上加油，适时地表示歉意会起到意想不到的效果。

（3）仔细询问。引导用户说出问题的重点，有的放矢。

（4）表示同情。如果对方知道你的确关心他的问题，也了解他的心情，怒气便会消减一半，找出双方一起同意的观点，表明你是理解他的。

（5）记录问题。好记性不知烂笔头，把客户反映的重点问题记录下来，也不会耽误多少时间。

（6）解决问题。探询客户希望解决的办法，一旦你找到方法，还应征询客户的同意；如客户不接受你的办法，请问他有什么提议或希望解决的方法。不论你是否有权决定，让客户随时了解你的进程。如你无法解决，可推荐其他合适的人，但要主动地代为联络。

（7）礼貌地结束。当你将这件不愉快的事情解决了之后，必须问："请问您觉得这样处理可以了吗？""您还有别的问题吗？"……如果没有，就对对方提出该问题表示感谢。

三、示例案例

A：——拨打热线的客户，B——客户服务人员

B：喂！你好。

A：你好，我是××的一个用户……

B：我知道，请讲！

A：是这样，我的手机这两天一接听电话就断线……

B：那你是不是在地下室，所以信号接收不好呀？

A：不是，我在大街上都断线，好多次了……

B：那是不是你的手机有问题呀？我们不可能出现这种问题！

A：我的手机才买了三个月，不可能出问题呀。

B：那可不一定，有的杂牌机刚买几天就不行了。

A：我的手机是爱立信的，不可能有质量问题……

B：那你在哪儿买的，就去那儿看看吧，肯定是手机的问题！

A：不可能！如果是手机有问题，那我用×××的卡怎么就不断线呀？

B：是吗？那我就不清楚了。

A：那我的问题怎么办呀?! 我的手机天天断线，你给我交费呀！

B：你这叫什么话呀?! 凭什么我交费呀？你有问题，在哪儿买的你就去修呗！

A：你这叫什么服务态度呀，我要投诉你！……

B：（挂断）……

点评

这是一个失败的热线接待案例，主要是由于客户服务人员的服务不规范导致了沟通失败。主要体现以下几个方面：

◆ 服务用语不够规范。"喂，您好！"这是很普通的接听电话的礼仪；而作为客户服务电话的接听，应比这个礼仪要更近一步。就像我们刚才说到的，他应该报出自己的工号和单位。

◆ 投诉的处理过程当中，都在不断打断客户的谈话，违背了倾听技巧的原则。客户需要一个倾诉机会，需要有一个倾听者，能够理解他，同情他，帮助他，客户服务人员没有做到。开始时客户还是比较有理智的，应该说这个客户属于"分析型客户"。

◆ 客户服务人员在接待他的时候，没有给客户一个倾诉不满的机会，而是推卸自己的责任，把手机故障归咎于产品而不是归咎于网络。

实训情景

客户：我们公司的电话怎么会有呼叫转移的功能呢？

客服人员：请稍等，我帮您查一下，是你们公司的工作人员通过1×××号码办理了此项业务。

客户：怎么能这么随便就办了呢？能不能告诉我是经过谁批准的？

客服人员：我们查看了资料，是你们公司××办理的。

客户：请你马上给我取消，而且请帮我一个忙，禁止我们公司所有员工通过你们1×××号码办理此项业务。

客服人员：通过座机办理业务也是为了方便客户，而且呼叫转移只是一项普通功能。如果你们不使用可以不办理，我们很难对您这部电话进行限制。

客户：你不知道，有些员工不上班，又怕领导发现，就办电话转移，转到家里去。你们这种流程也不对，随便一个人说要办就能办，这样不是方便用户，而是侵权。

客服人员：对不起，我们的确很难做到这样的控制，建议您还是通过内部管理解决该问题，可以吗？

客户：你说什么？你的意思是我们的内部管理有问题？你叫什么名字？工号多少？我要投诉你！

客服人员：我的工号是58号。

客户：你叫什么名字？

客服人员：对不起，我的工号是58号。

客户：怎么，连名字都不敢说？你今天要给我说明白，你们随便就把我公司的电话办理了来电转移，还说我们的管理有问题。我看是你们的管理有问题。我最后问你一次，你能不能解决这个问题？

客服人员：（不再吭声。）

客户：把你们公司领导的电话告诉我。

客服人员：我们1×××号码平台就是代表公司为用户处理问题的，我们能够处理我们分内的工作。

客户：没用的，你们处理不了，让你们领导来处理！

实训目标：让学员模拟体验电话客服中心接线员，训练学员的沟通能力、应变能力、忍耐性和良好的沟通心态。面对投诉顾客步步紧逼的情况下，如何应对聆听顾客的抱怨与投诉，如何了解顾客投诉原因及状况，如何为提供解决方案。

实训内容：作为热线中心客服接听客户投诉电话。情景模拟，记录报告。

实训设施：办公桌，学员，电话机。

实训步骤：准备→上司给下属交代任务或谈话过程模拟→点评→记录报告。

项目 4

部门内部沟通

知识准备

一、会议沟通

1. 什么是会议沟通

"会议沟通"是一种成本较高的沟通方式，沟通的时间一般比较长，常用于解决较重大、较复杂的问题。

2. 哪些情形适合会议沟通

如下的几种情境，宜采用会议沟通的方式进行：

①需要统一思想或行动时（如项目建设思路的讨论、项目计划的讨论等）；

②需要当事人清楚、认可和接受时（如项目考核制度发布前的讨论、项目考勤制度发布前的讨论等）；

③传达重要信息时（如项目里程碑总结活动、项目总结活动等）；

④澄清一些谣传信息，而这些谣传信息将对团队产生较大影响时；

⑤讨论复杂问题的解决方案时（如针对复杂的技术问题，讨论已收集到的解决方案等）。

3．如何进行会议沟通

①确立会议沟通模式。

②明确会议目的。

③确定与会者构成。

④明确与会者角色职责。

⑤会议的组织准备工作。

⑥会议议程。

⑦会议记录。

4．会议的安排测试

召开会议前，就应该安排好会议的议题、议程、与会者名单以及现场的布置等，否则会议很难保证顺利进行。因此，会议的安排应注意以下内容：

（1）制定议程安排

①充分考虑会议议程，写出条款式的议程安排。

②确定会议的召开时间和结束时间，并和有关部门协调。

③整理有关议题，并根据其重要程度排出讨论顺序。

④把会议安排提前交给与会者当中。

（2）挑选与会者

①首要原则是少而精。

②信息型会议，你应该通知所有需要了解信息的人都参加。

③决策型会议，你需要邀请能对问题的解决有所贡献，对决策有影响的权威人士，以及能对执行决策做出承诺的人参加。

④你需要对那些未在会议邀请之列的关键人士做出说明。

（3）会议室布置

①现场会议室一般比较方便而且费用低廉，因而是首选地点。但是如果设计公司的对外关系或者与会人数较多，则可以考虑租用酒店或者展览中心。

②与会者的身体舒适需求不能忽略，应该注意会议室的空调温度、桌椅舒适度、灯光和通风设备等等。

③根据你的沟通需要来选择适当的桌椅排列方式。信息型会议的与会者应该面向房间的前方，而决策型会议的与会者应该面向彼此，适宜采用圆桌型的现场布置。

对照表项目 4—1 所示，检查你的会议是否安排到位。

表项目 4—1　回忆检查表

检查项目	具体工作负责人	检查结果
会议沟通目标		
会议议程安排		
参会人员安排		
会议事务安排		

5．会议准备

（1）准时开会

不准时开会，只能加剧与会者的焦躁情绪，同时也令他们对会议主持者的工作效率和领导能力产生怀疑。

（2）向每个人表示欢迎

如果你面对的都是新的成员，可以让他们向大家做自我介绍。如果彼此已经见过面了，也要确保把客人和新人介绍给大家。

（3）制定或者重温会议的基本规则

你可以使用"不允许跑题"、"聆听每个人的发言"、"每个人的发言不能超过 5 分钟"等类似的规定。如果准则是与会者共同制订而不是主持人强加的，则会议的效果要好一些。你可以向与会者询问："你们同意这些规定吗？"要明确得到每一个人的肯定答复，而不要想当然地把沉默当成没有异议。

（4）分配记录员和记时员的职责

对于一些例行会议而言，可以由所有人轮流担当这些责任。当然也要考虑个别情况，如果有些人速记能力比较差，则不适合做记录员，不能勉强。

6. 会议主持人的沟通技巧

我们常见的问题大致分为两类：开放式的问题和封闭式的问题。例如，你可以询问，"小王，你同意这个观点吗？"这就是一个封闭式的问题；你也可以询问："小王，你对这个问题怎么看？"这就是一个开放式的问题。

作为一个有效的主持人，你应该善于运用各种提问方式。问题类型如表项目 4—2 所示。

表项目 4—2　问题类型表

问题类型	问题特点
棱镜型	把别人提出的问题反问所有人
环型	向所有人提出问题，然后轮流回答
广播型	向所有人提出问题，然后等待回答
定向型	向所有人提出问题，然后指定一人回答

7. 结束的会议

在会议结束时应该重新回顾一下目标、达成的共识和成果。

①会议的主要决定和行动方案。

②回顾会议的议程，标明已经完成的事项和待完成的事项。

③给每位与会者一点时间说最后一句话。

④就下次会议的日期地点等事项达成一致意见。

⑤对会议进行评估，在一种积极的气氛中结束会议。你可以对每一位与会者表示祝贺，表达你的赞赏；然后大声说"谢谢各位"，以此结束会议。

二、电子邮件沟通

1. 电子邮件格式

①邮件一定要注明标题，很多人都是以标题来决定是否继续详读信件的内容。邮件标题应是与邮件内容相关的主旨大意，让人一望即知，以便对方快速了解与记忆。

②如果不是经常交流的对象，记得写邮件抬头称呼对方，以示礼貌，并引起主要收件人的关注。

③收件人尽量用中文姓名全称，避免只显示个人邮箱账号。

2. 哪些事情需要发送邮件

①正式工作报告；

②难以简单用口头表达说明清楚的事项；

③知识推荐和信息传递；

④没有见面交流条件的其他交流内容。

总之，可以用口头交流解决的，尽量不使用邮件。

3. 邮件发送对象

①寻求跨部门支持的邮件，一般主发给寻求支持的人，抄送给他的直接上级，同时抄送给本部门的直接上级，这样往往可以获得支持部门的更好的支持。

②项目通报类的邮件，主发给项目小组成员，抄送给项目小组成员的直接上级、项目主要领导。

③工作计划的邮件，经理人的工作计划主发给工作计划的下达对象，抄送给直接上级、间接上级、部门内部相关经理人。为保持部门内部计划对外的一致性，部门内部计划原则上只有一个计划可以跨部门传达，特殊情况可以根据需要处理。

选择电子邮件发送对象的时候，避免出现以下问题：

①在对外沟通中，避免将非重要的、一般性的沟通邮件，抄送给主管经理和相关部门经理；

②避免将同一个主题的讨论内容多次反复发给全部收件人；

③避免将细节性的讨论意见发送给公司高级管理人员。

4. 邮件沟通支持

①如果遇到在邮件发送时对内容、措辞、发送人有任何疑问，可以向直接上级寻求沟通支持；

②如果在沟通中发生意见分歧，沟通双方首先应换位思考，尽量用见面沟通或电话沟通解决分歧。

③充分发挥个人的主动性，避免将一般性的沟通工作交给上级去做（这样降低了沟通效率）。

5. 邮件内容

①如果带有附件，尽量在邮件正文对附件内容进行总结，避免收件人打开附件才能知悉沟通事项。

②控制邮件正文字数，确保邮件正文层次清晰、内容明确，避免长篇大论。

6. 沟通确认和反馈

①对重要沟通事项，在发送邮件后最好电话提醒对方引起关注。

②重要会议通知，在会前要再次电话通知与会人员开会时间。

③如果重要邮件发出去后石沉大海，不一定是对方不重视，可尝试再次提醒。

项目实务

一、向上沟通要求

（1）摆正位置与心态

你是领导的参谋，而不是领导的上司；作为下属提醒领导，一定要摆正位置，不能错位。领导即使出现问题也是领导，作为下级，提醒一定要具体到内容和方式，提醒到可供考虑的选择，让领导做选择题。而且一定要做到极致，让领导觉得你不仅有忠心，而且办事非常到位，非常让人放心。

（2）汇报工作要有几套备用的解决方案

和上司一块讨论问题时，要先谈整体情况，再谈具体细节。从基本问题开始，提醒他目

项目4 部门内部沟通

标是什么，你目前已经做到了哪一步，以及你希望得到他哪方面的意见。提出问题并提供解决方案或者解决问题的思路和建议，这是职场上最受欢迎的下属。

二、向上沟通方式

与上级领导沟通方式，包括报告、面谈、会议、电话、文书、提案、意见、问卷调查、意见箱、抱怨表、报表等。

三、向上沟通基本原则

①尊重第一、勇气第二。

②建议性与描述性对话，不要带情绪，不发牢骚，不畏难。

③让上司做选择题。

④让上司做好人。

⑤不同层级的角色，考虑问题的角度不同。

四、案例示例

蒙蒙，毕业一年多，在一家广告公司做广告文案策划。她漂亮、聪慧，干活利落，深得男上司的赏识。

一次，上司交给她一项重要的任务：按照上司的既定思路做一个详细的策划方案。上司先告诉她，客户是一个当地大型房地产公司的项目，并表示这个客户对公司发展很重要。为此，上司先提出了策划思路，让她只要按照这个思路做策划方案就行了。

蒙蒙对上司的要求很不解，以前都是上司顶多提个要求，策划方案完全由自己完成，而且每次都能得到上司称赞。"难道是上司对自己不够放心？不相信自己的能力？"她发现上司的思路有一个致命性的错误，如果按照那个思路做策划方案，肯定会遭到客户的拒绝。

于是，蒙蒙又找到上司，当时上司和全公司的领导正在开会，但她当着众人直截了当地说：你的思路根本不对，应该这样……直接否定了上司。这让男上司感觉很没面子。

结果是方案给了别人做。尽管最终的策划方案的确不是上司预先的思路，但蒙蒙的那位同事没有像她那样直接顶撞上司，而是私下同上司做了交流，上司主动修改了原有的思路。结果，自然是皆大欢喜。

实训情景

某公司 2009 年成绩明显，为了奖励销售部，公司领导决定让销售部出国旅游 15 天，但只有 8 个指标。这下，销售部祝部长犯难了，因为公司的 10 个销售员都非常努力，如果剩下 2 个人没有去，那 2 个人肯定会有意见的。于是他决定再向上级领导申请 2 个名额。假如你是销售部长祝部长，你会如何与公司江总经理沟通呢？

实训目标：让学员体验作为部门负责人如何采用更合适的沟通方式、更合适的时机、更合适的地点，向上司提出本部门的困难及支援请求，并做出有说服力的说明。如何利用组织信息系统，了解上司并站在对方的立场上进行有效沟通。

实训内容：下属找上司请求支援或征求上司对你的支持。情景模拟，记录报告。

实训设施：办公桌，学员。

实训步骤：准备→下属向上级汇报或请求支援的过程模拟→点评→记录报告。

项目 5

跨部门沟通（横向沟通）

知识准备

一、与同事沟通的原则

①和谐原则：气量、涵养、帮助、体贴。

②轻松原则：轻松幽默的交往氛围。

③谨慎原则：说话要有度。

④礼貌原则：要尊重同事，虚心向同事请教。男女同事之间交往更应注意礼节。

二、与同事有效沟通的技巧

1. 以大局为重，多补台，少拆台

与外单位人员接触时，很容易对同事品头论足、挑毛病，甚至恶意攻击，影响同事的外在形象，长久下去，对自身形象也不利。同事之间由于工作关系而走在一起，就要有集体意识，以大局为重，形成利益共同体。特别是在与外单位人接触时，要形成"团队形象"的观念，多补台，少拆台，不要为自身小利而害集体大利，最好"家丑不外扬"。

2. 对待分歧，求大同，存小异

同事之间由于经历、立场等方面的差异，对同一个问题，往往会产生不同的看法，引起一些争论，一不小心就容易伤和气。因此，与同事有意见分歧时，一是不要过分争论。客观上，人接受新观点需要一个过程，主观上往往还伴有"好面子"、"好争强夺胜"心理，彼此之间谁也难服谁，此时如果过分争论，就容易激化矛盾而影响团结。二是不要一味"以和为贵"。涉及原则问题如果不坚持、不争论，而是随波逐流，刻意掩盖矛盾，这样无原则会影响工作、自身发展。面对问题，特别是在发生分歧时要努力寻找共同点，争取求大同，存小异。实在不能一致时，不妨冷处理，表明"我不能接受你们的观点，我保留我的意见"，让争论淡化，又不失自己的立场。

3. 对待升迁、功利，要保持平常心，不要嫉妒

许多同事平时一团和气，然而遇到利益之争，就当"利"不让。或在背后互相说坏话，或嫉妒心发作，说风凉话。这样既不光明正大，又于己于人都不利，因此对待升迁、功利要时刻保持一颗平常心。

4. 与同事、上司交往时，保持适当距离

在一个单位，如果几个人交往过于频繁，容易形成表面上的小圈子，容易让别的同事产生猜疑心理，让人产生"是不是他们又在谈论别人是非"的想法。因此，在与上司、同事交往时，要保持适当距离，避免形成小圈子。

5. 在发生矛盾时，要宽容忍让，学会道歉

同事之间经常会出现一些磕磕碰碰，如果不及时妥善处理，就会形成大矛盾。俗话讲，冤家宜解不宜结。在与同事发生矛盾时，要主动忍让，从自身找原因，换位为他人多想想，避免矛盾激化。如果已经形成矛盾，自己又的确不对，要放下面子，学会道歉，以诚心感人。退一步海阔天空，如有一方主动打破僵局，就会发现彼此之间并没有什么大不了的隔阂。

项目实务

一、横向沟通的要求

①多了解其他部门的业务运作情况；
②多学习其他部门的业务知识；
③站在整体利益的立场考虑问题；
④对本部门要求严一些，对其他部门要求松一些；
⑤从自己做起，从现在做起。

二、横向沟通的方式

横向沟通的方式包括：面谈、会议、电话、文书、传阅、备忘录、报表等。

三、示例案例

沟通不力，同事反目成仇

陆鹏是公司销售部的一名员工，人比较随和，不喜争执，和同事的关系处得都比较好。但是，前一段时间，不知道为什么，同一部门的张力老是处处和他过不去，有时候故意在别人面前指桑骂槐，对跟他合作的工作任务也都有意让陆鹏做得多，甚至还抢了陆鹏的好几个老客户。起初，陆鹏觉得都是同事，没什么大不了的，忍一忍就算了。但是，看到张力如此

嚣张，于是，一赌气，告到了经理那儿。经理把张力批评了一通，但结果是，从此，陆鹏和张力成了绝对的冤家了。

分析 某公司 HR 总监赵立辉说，陆鹏所遇到的事情是在工作中常常出现的一个问题。在一段时间里，同事张力对他的态度大有改变，这应该是让陆鹏有所警觉的，应该留心是不是哪里出了问题了。但是，陆鹏只是一味地忍让，这个忍让不是一个好办法，更重要的应该是多沟通。陆鹏应该考虑是不是张力有了一些什么想法，有了一些误会，才让他对自己的态度变得这么恶劣，他应该及时和张力进行一个真诚的沟通，比如问问张力是不是自己什么地方做得不对，让他难堪了之类的。任何一个人都不喜欢与人结怨的，可能他们之间的误会和矛盾在比较浅的时候就会消失了。但是结果是，陆鹏到了忍不下去的时候，他选择了告状。其实，通过找主管来进行说明一些事情，不能说方法不对，关键是怎么处理。但是，在这里陆鹏、部门主管、张力三人犯了一个共同的错误，那就是没有坚持"对事不对人"。主管做事也过于草率，没有起到应有的调节作用，他的一番批评反而加剧了二人之间的矛盾。正确的做法是应该把双方产生误会、矛盾的疙瘩解开，秉承以事业为重，加强和改善员工之间的沟通来处理这件事，我想这样做的结果肯定会好得多。

实训情景

某公司准备引入一个管理工具，由 IT 部门 A 经理与业务部门 B 经理配合，与外部软件公司沟通谈判，合作完成该项目。

项目前期配合顺利，项目进入测试阶段。二者争执和矛盾开始爆发。

周一，B 经理提出测试平台的需求，A 经理回答目前已经没有服务器，正找 IT 同事 C 协调。

周二，B 经理再问 A，回答未果。

周三，B 经理第三次问 A 经理，还是没有结果。B 经理直接找 A 经理的上级协调。上级回答可以，并让 IT 同事 C 协调。当时确定方案，A 经理在场。

B 经理感受：为什么一定要找了上级，才能把事情推进下去？三次询问都没有结果，这不是我想要的答案。我想要的是你想办法去找到资源以推进平台测试。我为什么连续两天问，是给你想办法的时间；第三问，还是没有，看来你不是在想办法，而是简单告诉我你没有做到，这个回答完全是无效的回答。真的没有办法吗？为什么问到你的领导，就有了呢？如果和你配合做一件事情，你做不成，非要等我去直接找你的上级，那我为什么要和你合作。这样推进工作，是一头牛也会累趴下。

周四，A 经理组织软件公司开始布置，C 协调，A 经理告知 B 中午可以完工。中午 A 经理称遇到问题，待下午出结果。4 点 A 经理不见人影；知道 A 经理明天可能出差，B 想对方怎么没有做好也不说一下，问其上司，也不知道去向。晚上 6 点半，A 经理回来，B 经理问其，A 称没有做好，软件公司主管明天会来人重做。

B 经理感受：项目进程中间可能会碰到问题，可能时间会推迟，到预定时间没有结果，不告知一声，我们怎么配合？我们还是一个项目组吗？

周五，A 经理未告知 B 经理软件公司来的具体时间，B 问 A，A 说对方没有确定。10 点软件公司没有来人，B 主动联系，软件公司主管称他不亲自过来，将派一个同事过来。而这与 A 经理所说不符。问 A 经理，说待会处理。11 点，B 经理不见 A，问其他同事得知 A 经理已经出差，而 A 经理未告知 B 需与软件公司接洽什么事宜，只是告诉软件公司需要什么直接找 A。11 点软件公司过来，告诉 B 需要什么，有的 B 能够提供，有的不能提供。

下午 4 点，B 发现 A 提供的服务器不符合要求，找 C 协商。C 称这是 A 的项目，你们自己搞的，是你们的责任。

B 经理感受：为什么会出现这个结果？A 经理，还是 C，测试平台的服务器究竟谁在负责？谁来跟踪？在我看来，我不会去找 C，因为这个项目是你代表信息处和我合作的，我只会找你。

B 把这个情况报告给 A 的上级，上级明确要求重新更换服务器，重新上传内容，重新分配，这意味着今天做的工作又要重复一次，这样导致平台测试又要拖延到周一进行。

B 经理感受：谁在浪费我的工作时间，谁在浪费我的表情？如果说我们公司内部也分客户和服务者的话，我也是作为你们的客户的，但是我没有享受到作为客户的待遇。我感觉很不舒服的是，每个环节需要我亲自去盯，去问，一个没有问到的，就可能会出问题，很不放心。谁愿意和一个你根本都不放心的伙伴合作？

在这个案例中：

1. A、B、C 各自在沟通中出了什么问题？

2. 他们怎么沟通才更好？

实训目标：让学员体验作为部门负责人如何采用更合适的沟通方式、更合适的时机、更合适的地点向其他部门负责人进行有效的横向沟通。如何利用组织信息系统，了解其他部门的需求并站在对方的立场上进行有效沟通。

实训内容：横向沟通。情景模拟，记录报告。

实训设施：办公环境模拟，学员。

实训步骤：准备→沟通过程模拟、准备沟通清单、沟通结果检查与评估→点评→记录报告。

項目 **6**

全组织沟通（向下沟通）

知识准备

一、商务沟通的管理职能

1．传递信息

一个企业要想顺利地成功地开展工作，首先必须获得各种有关环境变化的信息。企业对外的信息沟通可以获得有关外部环境的各种信息和情报资料，如国家的经济战略目标、方针、政策及国内外同类企业的现状和发展趋势、消费市场的动态、社会一般价值观念的趋向等，这样才能确定正确的目标和科学的战略决策，以期在不断变化的环境中求得生存和发展。企业内部的沟通可以了解员工的意见倾向、价值观和劳动成果，他们的积极性源泉和需要，各部门之间的人际关系、管理效率等，为及时控制、指挥整个组织的运转，实行科学有效的管理提供信息。

同时，企业内部各部门、人员之间必须进行有效的沟通，以获得其所需要的信息。难以想象，如果制造部门不能及时地获得研发部门和市场部门的信息，会造成什么样的后果。此外，企业出台的任何决策，都需要凭借书面的或是口头的，正式或是非正式的沟通方式和渠道传递给适宜的对象。

2．满足员工的心理需要，改善人际关系

无论是在人们的日常生活还是工作中，人们相互沟通思想和感情是一种重要的心理需要。沟通可以解除人们内心的紧张和怨恨，使人们感到精神舒畅，而且在互相沟通中使双方产生共鸣和同情，增进彼此的了解，改善相互之间的关系。如果一个企业信息沟通渠道堵塞、员工间的意见难以沟通，将使人们产生心理压抑，心中郁闷。这样，不仅影响员工心理健康，还会严重影响企业的工作。因此，管理者必须保证企业内部上下、左右各种沟通渠道的畅通，以利于提高企业内部员工士气，增进人际关系和谐，为企业的顺利发展创造"人和"的条件。

3．调动员工积极参与管理和决策

在企业管理中，管理者的知识、经验及观念往往影响着员工的知觉、思维和态度，进而改变他们的行为。尤其是当管理者要进行改革时，他的首要任务是通过信息沟通和情感转变职工原有的抵触态度，改变其行为，这样才能实现他们之间的良好合作，搞好企业的管理工作。因此，充分地沟通可以促进管理者改进管理，又可激励员工的工作热情和参与管理的积极性，使员工提高信心，积极主动地为本企业和本部门的发展献计献策，增强主人翁责任感，从而增强企业内部的凝聚力，使管理工作更富有成效，企业蓬勃发展。

4．增强企业的创新能力

在有效的沟通中，沟通者积极讨论，相互启发，共同思考，大胆探索，往往能迸发出有神奇创意的思维火花。专家座谈法就是明显的例子。

二、高效沟通的标准

①清晰：信息接收者可以不用猜测而领会信息发送者的意图。

②完整：可以回答信息接收者的问题，为信息接收者提供所传递信息中必需的相关内容。

③准确：信息表达准确无误。从标点、拼写、语法、措辞到句子结构均无错误。

④传达友善的信息：管理者应注意在沟通过程中树立自己及其所代表的组织的良好形象和信誉。充分尊重对方，从而真正在沟通过程中与对方建立良好的友谊。

三、高效沟通的方法

1．选择有效的信息发送方式（How）

有效的信息发送方式在沟通中十分重要，这就要求我们要针对沟通对象和目的的不同选择不同的发送方式。信息发送方式很多，比如会议、电话、亲笔信件、电子邮件、面谈等。如果是一般的说明情况的信息沟通，通过信件、电话、邮件就可以解决；如果是为了交流感情和增加信任，则应该在合适的时间、地点面谈为好。

2．选择合适的信息发送时机（When）

例如何时约见客户，何时发出致谢函，何时向老板汇报，何时与下属谈心，要讲究"天时、地利、人和"，这一点非常重要。

3．确定信息内容（What）

信息的内容是沟通的实质，不存在没有任何内容的沟通。因此，在沟通开始前，应该对信息的内容做些适当准备，哪些该说，说到什么程度，哪些不该说。信息的内容应该清晰简洁，用词准确，避免模糊不清或容易引起误解的表述。专业术语在基本确认对方能够理解的情况下方可使用。同时还应该注意的是信息的载体，比如语音、语调、肢体语言的不同运用，就会给对方形成不同的感受，进而影响沟通质量。

4．明确信息发送对象（Who）

①谁是你信息的发送对象；

②获得沟通对象的注意；

③了解沟通对象的观念；

④了解沟通对象的需求；

⑤了解沟通对象的情绪。

5．确定信息发送的场合（Where）

选择正式场合还是非正式场合，要看具体问题比如销售部经理要求财务部改善服务流程和服务态度的建议，就不宜在会议场合提出，而应在平时与财务部经理进行"私下"沟通，否则会被人误解为"发难"或"告状"。而与客户前期预热洽谈阶段，则不一定要在办公室这样的正式场合，在休闲的茶社、咖啡厅等地方则比较合适。

项目实务

一、向下沟通的要求

①多了解其他部门的业务运作情况；

②多学习其他部门的业务知识；

③站在整体利益的立场考虑问题；

④对本部门要求严一些，对其他部门要求松一些；

⑤从自己做起，从现在做起。

二、向下沟通的方式

命令、说明、面谈、会议、演说、电话、训话、讲习、广播、通告、公告、文书、传阅、备忘录、海报、备忘录、年度报告等。

三、向下沟通的基本原则

①刚柔并济与红黑脸；

②严格要求，打成一片；

③建立信任与开放度；

④放手授权与责任。

四、示例案例

（一）发号施令型

发号施令型语言可以分为四种，根据上级使用的频率排列如下：

1．命令

例如："这里轮不到你说话，你的任务就是好好听我说!""不许辩解，没有任何借口!""怎么这么啰唆，按照我说的去做就行了!"

这种语言使人感到，员工的感受、需求或问题并不重要，他们必须顺从上级的感受与需要，并有可能产生对上级权威的恐惧感。这是上级单方面发出的语言信息，员工的情感或需求没有得到尊重，因此员工有可能对上级产生怨恨、恼怒和敌对的情绪，比如顶撞、抗拒、发脾气等。

2．威胁

例如："如果你们这次再完不成指标，我就要扣你们全年奖金!""如果你再不改，叫你死得很难看!"

这种语言与命令很相似，只是再加上告诉员工不服从的后果是什么。这种语言可能使员工感到恐惧和屈从，也可能引起员工的敌意。员工有时还可能对此做出与上级期待的相反反应："好啊，不管你说什么，我都不在乎，看你把我怎么样!"更有甚者，做一做刚才被警告过的事，好看看上级真的是否言出必行。

3. 强加于人

例如："昨天为什么没有完成任务？是不是没有照我的话去做？你知道如何来安排工作程序吗？让我来告诉你……今天找你来，是要与你讨论你这次工作失误的事情。经过我对你的分析，我发现你存在的问题是粗心。你说是吗？记住：下次要细心! 好，我的话讲完了，你可以回去了! 千万要记住我的话，别再粗心!"

其实，这个员工工作失误未必是因为粗心，也许还有更多的原因。上级找这个员工来谈话，目的是帮助他找到这次失误的原因，提高工作效率，但因为没互动和交流，导致了他们之间的谈话毫无效果，并让员工感到上级并不想、也确实不了解自己。

"强加于人"实际上也是微妙地下命令，但是它可以更巧妙地隐藏在貌似很有礼貌的、富于逻辑的陈述中，但讲话的这一方只有一种心态："你是我的员工，所以必须按照我的观点来做。"

因为不给对方发表自己意见的机会，因而这类谈话进行得很快，员工也根本没有时间表达自己的想法，从而会感到自己的权利被剥夺。长此以往，员工还会产生一种"上级总是认为我不行，有改也改不完的许多缺点"等压抑感。

4. 过度忠告

例如："如果我是你，肯定不会像你这么做。以后给我记住：一定要先找本地的给客户，再找外地的给客户。"

这样的语言信息是在向员工证明：上级不信赖他们自身解决问题的能力。其后果往往会使员工对上级产生依赖心理，削弱他们独立判断的能力和创造力。

过度忠告也意味着上级的一种自我优越感，容易引起追求独立的员工反感。

有时这种语言信息还会使员工感到被误解，甚至这样想："如果你真正了解我，就不会给我出这种又馊又笨的主意，说不定外地的是个大客户呢。"

总结：发号施令型语言是上级平时使用得最多的一种语言。许多上级认为它是见效最快的语言。它的优点是上级可以快速解决员工存在的一些问题，而缺点是使用过度就会失效。根本原因在于：第一，容易造成员工反感。这种语言的后面常常隐藏着这样的意思："你太笨了"，"你太差劲了"，"你要听我的"，"我是权威"等等。这让员工听后很反感，随之出现逆反心理或顶撞情绪。有经验的上级会发现，当一个员工接受这样的语言时间较长后，会变得烦躁、自卑，或对以后类似的语言漠然，以至于有许多上级和家长总是抱怨："为什么孩子越被教育却越不听话？"

第二，容易使员工顺从，却不容易产生积极的行为。

第三，它所表达的信息仅涉及员工而不涉及上级本身。由于员工不知道他的行为对上级有什么影响，只知道上级要求他对某些行为进行改变。在这种单方面的沟通渠道中，员工也会单方面地对上级做不正确的评价，比如："这位上级偏心，心胸狭隘，脾气坏，专门拿我们出气，对我们要求太高"，等等。员工有了这样的负面心态，就不会从正面来接受上级原本良好的用意了。

（二）傲慢无礼型

傲慢无礼型语言可以分为三种。

1. 训诫

例如："你是个学会计学的大学毕业生啊，应该知道报表上这些数字代表什么？否则你得到学校里去回炉了！""你应该很清楚，在上级面前应该怎样说话！"

这种语言表达了一种预先设定好的立场，使员工感受到与上级之间地位的不平等，感受到上级在运用上级权威，导致员工容易对上级产生防卫心理。

当上级运用这种语言模式的时候，常会使用这些短语："你应该"、"如果你听从我的劝告，你就会"、"你必须"等。

这类语言在向员工表达：上级不信任你们的判断能力，你们最好接受别人所认为的正确判断。对于越资深的员工，"应该和必须"式的语言越容易引起抗拒心理，并导致他们更强烈地维护自己的立场。

2. 标记

例如："我发现公司里一有麻烦，总有你的份儿！""我早就知道你不行！因为你太懒惰。我看你永远改不好了！"

这种语言一下就把员工打入了"另类"，最容易令员工产生自卑感或"破罐子破摔"式的消极心态。

面对上级这样的标记语言，员工会感到自尊心受到了损害。为了维护自己的形象，他们以后就会在上级面前尽量掩饰自己的想法和情感，不愿将内心世界向上级打开。

一些调查表明，公司中最得不到员工尊重的上级是经常给员工打标记的上级。所以，上级对此必须特别注意。

3. 揭露

例如："你这样对抗上级无非是为了出风头！你心里想什么我还不知道，在我面前你别想玩什么花招！""说几句认错的话就想蒙混过关？其实是害怕我在会议上公开批评你吧？可我今天偏要公开批评你！"

其实，上级让员工知道"我知道为什么"、"我能看穿你"并不是件好事。因为如果上级分析正确，员工会由于被揭穿而感到窘迫或气恼。而如果上级分析不正确，员工也会由于受到诬赖而感到愤怒。他们常常认为上级是在自作聪明，自以为能像上帝一样居高临下地洞察所有员工的内心，感觉莫名其妙地好。

总结：傲慢无礼型语言在不同程度上都有明显贬损员工的意味。它们会打击员工的自尊心，贬低员工的人格，并明确地表达下列意思："你是问题员工"；"你不好"；"我不喜欢你，甚至讨厌你"；"我对你没有信心"等等。

员工如果经常听到这类语言，就有可能形成"我是一个差劲的人"等自卑心理，长此以往会对员工的身心发展造成较大的伤害。

由于这种语言常常使员工的自尊心受到伤害，他们也可能随之出现反攻击的心态。这时，上下级之间可能出现大的冲突。

更重要的是，傲慢无礼型语言给上级的形象蒙上了粗鲁、教养差等阴影，给员工造成负面影响，对他们的成长十分不利。

（三）讽刺挖苦型

讽刺挖苦型语言可以分为两种。

1. 暗示

例如："你讲话的水平真高啊，看来以后我的位置该让给你了吧。""临近年底了才完成

60%的任务，你还不着急，真是胸有成竹啊，看来名牌大学毕业的高人真是能力强啊。"

这类语言虽然相对说来比较温和，但效果往往很差。

原因之一：由于员工年轻、注意力不够集中或认为不关自己的事等，大多数人并不能够透彻地理解这些暗示，所以有时上级会感到自己是在"对牛弹琴"。

原因之二：哪怕有些员工明白了上级话语的部分含义，也会觉得上级说话如此拐弯抹角而有失坦诚，觉得上级"太做作了"，从而失去了对上级的信任。

原因之三：即使员工听出了上级的"话中之话"，也只会对上级的说话动机和人品做出鄙夷性的评价。

2. 中伤

例如："你的报告写得太好了，我的水平太差，实在看不懂！""你以为你是比尔·盖茨吗？不要自以为懂得很多了！"

这类话语一出口，就流露出对员工的明显鄙视，还带有有一些人格侮辱的成分在内。

对这类中伤性的语言，员工会非常反感。他们即使当面不敢说，心里却会反击："你有什么资格来消遣我。看你说话的样子，哪像个上级！"

总结：上级在使用讽刺挖苦型语言的时候，是希望员工听懂这些话中的弦外之音。他们认为这是一种较为温和、较为"高雅"的表达方式。这类语言的潜台词是："如果我们把话挑明，你们就会不喜欢我"，"跟你们坦白太危险了"，"我是有水平的上级，不会像你们这群傻瓜那样直筒子式地说话"。

不要以为仅仅是发号施令型和傲慢无礼型语言才有许多不良的后果，讽刺挖苦型语言对员工的伤害也非常大，因为这类语言的深处隐藏的是对员工的厌恶和轻视。

（四）隔靴搔痒型

隔靴搔痒型语言主要有两种。

1. 空口"安慰"

例如："不要难过！太阳每天都是新的，明天你就会好起来。""不要着急，你还年轻，人生之路长着呢。""回去休息休息，明天一切都会好起来。"

在这些并不能解决实际问题的、没有意义的安慰中，隐含着一丝"哀其不幸"式的怜悯感。因此，员工会感到双方并没有站在平等的地位对话，而自尊心越强的员工越不喜欢上级这样的讲话方式。

2. 泛泛之辞

例如："总的看来，你基本上还算是一个合格的员工。""我也不知道对你说什么好，你自己好自为之吧。""你需要发扬优点，改正缺点。"

这种泛泛而论的评价过于简单，对于员工的成长根本无益，而员工也会怀疑上级是否真正关心自己。当上级安慰一个痛苦中的员工，或员工急切地要求上级对自己有所帮助时，隔靴搔痒式的语言会让员工非常失望，进而他们就会对上级产生无能、自私、冷漠等不良印象。如果员工经常听到上级说此类话，还会怀疑上级是否一直在敷衍自己，对自己毫无爱心。长此以往，上下级关系就不会融洽，隔阂日益加深。

许多员工在回忆自己的职业生涯时，经常会提及若干印象最深刻的事情。他们也许会说，当时是上级一次意味隽永的激励使自己受益一生；但也许会说，当时是上级的一句话深深地伤害了自己，成了自己"永远伤心的理由"。上级不能轻视自己的一言一行，不能在无意中成为沟通的"杀手"。建设和谐的企业文化，需要从认真对待每一句话、每一次沟通开始。

案例

任正非：一江春水向东流

千古兴亡多少事，一江春水向东流。

小时候，妈妈给我们讲希腊大力神的故事，我们崇拜得不得了。少年不知事的时期我们崇拜上李元霸、宇文成都这种盖世英雄，传播着张飞"杀"（争斗）岳飞的荒诞故事。在青春萌动的时期，突然敏感到李清照的千古情人是力拔山分的项羽，至此"生当作人杰，死亦为鬼雄"又成了我们的人生警句。当然这种个人英雄主义，也不是没有意义，它迫使我们在学习上争斗，成就了较好的成绩。

当我走向社会，多少年后才知道，我碰到头破血流的，就是这种不知事的人生哲学。我大学没入了团，当兵多年没入了党，处处都处在人生逆境，个人很孤立。当我明白"团结就是力量"这句话的政治内涵时，已过了不惑之年。想起蹉跎了的岁月，才觉得，怎么会这么幼稚可笑，一点都不明白开放、妥协、灰度呢？

我是在生活所迫，人生路窄的时候，创立华为的。那时我已领悟到"个人在历史长河中是最渺小的"这个人生真谛。我看过云南的盘山道，那么艰险，一百多年前是怎么确定路线，怎么修筑的，为筑路人的智慧与辛苦佩服；我看过薄薄的丝绸衣服，以及为上面栩栩如生的花纹，怎么织出来的，为织女们这么巧夺天工而折服。天啊！不仅万里长城、河边的纤夫、奔驰的高铁……我深刻地体会到，组织的力量、众人的力量，才是力大无穷的。人感知自己的渺小，行为才开始伟大。

在创立华为时，我已过了不惑之年。不惑是什么意思，是几千年的封建社会，环境变动缓慢，等待人的心理成熟的一个尺度。而我进入不惑之年时，人类已进入电脑时代，世界开始疯起来了，等不得我的不惑了。我突然发觉自己本来是优秀的中国青年、所谓的专家，竟然越来越无知。不是不惑，而是要重新起步新的学习，时代已经没时间与机会让我不惑了，前程充满了不确定性。我刚来深圳还准备从事技术工作，或者搞点科研的，如果我选择这条路，早已被时代抛在垃圾堆里了。

我后来明白，一个人不管如何努力，永远也赶不上时代的步伐，更何况知识爆炸的时代。只有组织起数十人、数百人、数千人一同奋斗，你站在这上面，才摸得到时代的脚。我转而去创建华为时，不再是自己去做专家，而是做组织者。在时代前面，我越来越不懂技术、越来越不懂财务、半懂不懂管理，如果不能民主的善待团体，充分发挥各路英雄的作用，我将一事无成。

从事组织建设成了我后来的追求，如何组织起千军万马，这对我来说是天大的难题。我创建了华为公司，当时在中国叫个体户。这么一个弱小的个体户，想组织起千军万马，是有些狂妄，不合时宜，是有些想吃天鹅肉的梦幻。我创建公司时设计了员工持股制度，通过利益分享，团结起员工。那时我还不懂期权制度，更不知道西方在这方面很发达，有多种形式的激励机制。仅凭自己过去的人生挫折，感悟到与员工分担责任，分享利益。创立之初我与我父亲相商过这种做法，结果得到他的大力支持，他在三十年代学过经济学。这种无意中插的花，竟然今天开放到如此鲜艳，成就华为的大事业。

在华为成立之初，我是听任各地"游击队长"们自由发挥的。其实，我也领导不了他们。前十年几乎没有开过办公会类似的会议，总是飞到各地去，听取他们的汇报，他们说怎么办就怎么办，理解他们，支持他们；听听研发人员的发散思维，乱成一团的所谓研发，当时简直不可能有清晰的方向，像玻璃窗上的苍蝇，乱碰乱撞，听客户一点点改进的要求，就奋力去找机会……更谈不上如何去管财务的了，我根本就不懂财务，这与我后来没有处理好与财务的关系，他们被提拔少，责任在我。

也许是我无能、傻，才如此放权，使各路诸侯的聪明才智大发挥，成就了华为。我那时被称作甩手掌柜，不是我甩手，而是我真不知道如何管。今天的接班人们，个个都是人中精英，他们还会不会像我那么愚钝，继续放权，发挥全体的积极性，继往开来，承前启后呢？他们担任的事业更大，责任更重，会不会被事务压昏了，没时间听下面唠叨了呢……相信华为的惯性，相信接班人们的智慧。

到 1997 年后，公司内部的思想混乱，主义林立，各路诸侯都显示出他们的实力，公司往何处去，不得要领。我请人民大学的教授们，一起讨论一个"基本法"，用于集合一下大家发散的思维，几上几下的讨论，不知不觉中"春秋战国"就无声无息了。人大的教授厉害，怎么就统一了大家的认识了呢？从此，开始形成了所谓的华为企业文化，说这个文化有多好，多厉害，不是我创造的，而是全体员工悟出来的。我那时最多是从一个甩手掌柜，变成了一个文化教员。业界老说我神秘、伟大，其实我知道自己，名实不符。我不是为了抬高自己，而隐起来，而是因害怕而低调的。真正聪明的是十三万员工，以及客户的宽容与牵引，我只不过用利益分享的方式，将他们的才智粘合起来。

公司在意志适当集中以后，就必须产生必要的制度来支撑这个文化，这时，我这个假掌柜就躲不了了。从上世纪末，到本世纪初，大约在 2003 年前的几年时间，我累坏了，身体就是那时累垮的。身体有多项疾病，动过两次癌症手术，但我乐观……那时，要出来多少文件才能指导、约束公司的运行，那时公司已有几万员工，而且每天还在不断大量地涌入。你可以想象混乱到什么样子。

我理解了，社会上那些承受不了的高管，为什么选择自杀。问题集中到你这一点，你不拿主意就无法运行，把你聚焦在太阳下烤，你才知道 CEO 不好当。每天十多个小时以上的工作，仍然是一头雾水，衣服皱巴巴的，内外矛盾交集。我人生中并没有合适的管理经历，从学校，到军队，都没有做过有行政权力的"官"，不可能有产生出有效文件的素质，左了改，右了又改过来，反复烙饼，把多少优秀人才烙糊了，烙跑了……这段时间的摸着石头过河，险些被水淹死。

2002 年，公司差点崩溃了。IT 泡沫的破灭，公司内外矛盾的交集，我却无能为力控制这个公司，有半年时间都是噩梦，梦醒时常常哭。真的，不是公司的骨干们，在茫茫黑暗中，点燃自己的心，来照亮前进的路程，现在公司早已没有了。这段时间孙董事长团结员工，增强信心，功不可没。

大约 2004 年，美国顾问公司帮助我们设计公司组织结构时，认为我们还没有中枢机构，不可思议，而且高层只是空任命，也不运作。提出来要建立 EMT（Executive Management Team），我不愿做 EMT 的主席，就开始了轮值主席制度，由八位领导轮流执政，每人半年；经过两个循环，演变到今年的轮值 CEO 制度。也许是这种无意中的轮值制度，平衡了公司各方面的矛盾，使公司得以均衡成长。轮值的好处是，每个轮值者，在一段时间里，担负了公司 COO 的职责，不仅要处理日常事务，而且要为高层会议准备起草文件，大大地锻炼了他们。同时，他不得不削小他的屁股，否则就达不到别人对他决议的拥护。这样他就将他管辖的部门，带入了全局利益的平衡，公司的山头无意中在这几年削平了。

经历了八年轮值后，在新董事会选举中，他们多数被选上。我们又开始了在董事会领导下的轮值CEO制度，他们在轮值期间是公司的最高的行政首长。他们更多的是着眼公司的战略，着眼制度建设。将日常经营决策的权力进一步下放给各BG、区域，以推动扩张的合理进行。这比将公司的成功系于一人，败也是这一人的制度要好。每个轮值CEO在轮值期间奋力地拉车，牵引公司前进。他走偏了，下一轮的轮值CEO会及时去纠正航向，使大船能早一些拨正船头，避免问题累积过重不得解决。

我不知道我们的路能走多好，这需要全体员工的拥护，以及客户和合作伙伴的理解与支持。我相信由于我的不聪明，引出来的集体奋斗与集体智慧，若能为公司的强大、为祖国、为世界做出一点贡献，二十多年的辛苦就值得了。我知识的底蕴不够，也并不够聪明，但我容得了优秀的员工与我一起工作，与他们在一起，我也被熏陶得优秀了。他们出类拔萃，夹着我前进，我又没有什么退路，不得不被"绑"着、"架"着往前走，一不小心就让他们抬到了峨眉山顶。我也体会到团结合作的力量。

这些年来进步最大的是我，从一个"土民"，被精英们抬成了一个体面的小老头。因为我的性格像海绵一样，善于吸取他们的营养，总结他们的精华，而且大胆地开放输出。那些人中精英，在时代的大潮中，更会被众人团结合作抬到喜马拉雅山顶。希腊大力神的母亲是大地，他只要一靠在大地上就力大无穷。我们的大地就是众人和制度，相信制度的力量，会使他们团结合作把公司抬到金顶的。

作为轮值CEO，他们不再是只关注内部的建设与运作，同时，也要放眼外部，放眼世界，要自己适应外部环境的运作，趋利避害。我们伸出头去，看见我们现在是处在一个多变的世界，风暴与骄阳，和煦的春光与万丈深渊……并存着。我们无法准确预测未来，仍要大胆拥抱未来。面对潮起潮落，即使公司大幅度萎缩，我们不仅要淡定，也要矢志不移地继续推动组织朝向长期价值贡献的方向去改革。要改革，更要开放。要去除成功的惰性与思维的惯性对队伍的影响，也不能躺在过去荣耀的延长线上，只要我们能不断地激活队伍，我们就有希望。

历史的灾难经常是周而复始的，人们的贪婪，从未因灾难改进过，过高的杠杆比，推动经济的泡沫化，总会破灭。我们唯有把握更清晰的方向，更努力地工作，任何投机总会要还账的。经济越来越不可控，如果金融危机的进一步延伸爆炸，货币急剧贬值，外部社会动荡，我们会独善其身吗？我们有能力挽救自己吗？我们行驶的航船，员工会像韩国人卖掉金首饰救国家一样，给我们集资买油吗？历史没有终结，繁荣会永恒吗？我们既要有信心，也不要盲目相信未来，历史的灾难，都是我们的前车之鉴。我们对未来的无知是无法解决的问题，但我们可以通过归纳找到方向，并使自己处在合理组织结构及优良的进取状态，以此来预防未来。死亡是会到来的，这是历史规律，我们的责任是应不断延长我们的生命。

千古兴亡多少事，一江春水向东流，流过太平洋，流过印度洋……不回头。

实训情景

迈凯科技有限公司是一家生产按摩器、按摩椅的福建公司，现有公司员工200多名，产品主要出口欧洲市场。2010年以前公司销售业绩一直很好，但是近年来随着目标市场经济不景气，迈凯公司销售业绩受到影响，但是还能维持良好的运转。更为致命的是，在欧洲国家环保势力影响不断加大，关于产品中包含有毒有害物质的标准、节能标准不断提高，并且形成书面法律条文，这些法律法规的实施给生产工艺相对陈旧的迈凯公司带来了严重打击。

为了扭转当前的不利局面，迈凯科技有限公司一方面加紧筹措资金对生产线的进行升级改造，对现有工人进行全面培训；另一方面，为了降低资金压力，在员工工资发放时间和发放额度上都受到一定程度的影响。由于当地工厂企业众多，一些有经验的熟练工人和管理人员人心不稳，跳槽趋向明显增多。

假如你是迈凯科技有限公司的负责人，面对如此严峻的局面，如何应用全组织沟通来安抚和稳定全体职工，使公司上下团结一心，争取早日走出困境。

实训目标：通过模拟训练，让学员作为公司负责人如何进行全组织沟通，以及全组织沟通策略制定和媒介的选择，不同沟通表达方式综合运用，把公司的经营现状、经营战略、经营理念、发展方向传达到每个公司员工，让整个公司在一个共同目标指引下前进。

实训内容：全组织沟通。情景模拟，角色扮演，记录报告。

实训设施：多媒体教学环境，办公桌，学员。

实训步骤：准备→情景模拟→角色扮演→沟通策略制定→模拟全组织沟通→评价。

项目 7

新客户沟通

♣ 学习内容

◆新客户有关的行业信息
◆新客户有关的组织信息
◆拜访对象本人有关的信息
◆拜访新客户的方案和资料准备

☆ 知识目标

◆商务沟通的知识与原理
◆ FAB 法则、SPIN
◆亲和力培养
◆商务礼仪

♣ 学习课时

◆8 课时

☆ 技能目标

◆掌握拜访新客户的技巧

♣ 素养目标

◆积极平等的沟通心态
◆尊重和理解沟通对象
◆职业态度
◆自信创新

☆ 学习方法

◆项目教学法
◆案例教学法
◆模拟教学法

🚩 知识准备

一、FAB 法则运用

例如，一件红色 T 恤，其 FAB 运用示例如表项目 7—1 所示 。

表项目 7—1 红色 T 恤的 FAB 运用示例表

序号	F（特性）	A（作用）	B（好处）
1	纯棉质地	吸水性强、无静电产生	柔软、易处理、易干、不会刺激皮肤、耐用
2	网眼布织法	挺直、不易皱	透气、舒服
3	红色	颜色鲜艳	穿起来显得特别有精神
4	小翻领	款式简单	自然、大方
5	长短脚	配合人体设计，手伸高弯腰不会露背	保持仪态、穿着舒适
6	拉架的领\袖	富有弹性、不易变形	穿得自然，得体
7	十字线钉纽	不易掉扣子	耐用
8	肩位网底双针	不变形、坚固	保持衣形、耐用
9	人字布包边	不易散口	舒服、耐穿
10	标识	电脑绣花，做工精细	醒目、有型
11	中文洗涤标识	方便参考	提供方法、方便
12	备用纽	配套纽扣	不怕掉纽扣

谈到 FAB，销售领域内还有一个著名的故事——猫和鱼的故事，如图项目 7—1～图项目

7—4 所示。

图项目 7—1 中，一只猫非常饿了，想大吃一顿。这时销售员推过来一摞钱，但是这只猫没有任何反应——这一摞钱只是一个属性（Feature）。

图项目 7—1　FAB—F

图项目 7—2 中，猫躺在地下非常饿了，销售员过来说："猫先生，我这儿有一摞钱，可以买很多鱼。"买鱼就是这些钱的作用（Advantage）。但是猫仍然没有反应。

图项目 7—2　FAB—A

图项目 7—3 中，猫非常饿了，想大吃一顿。销售员过来说："猫先生请看，我这儿有一摞钱，能买很多鱼，你就可以大吃一顿了。"话刚说完，这只猫就飞快地扑向了这摞钱——这个时候就是一个完整的 FAB 的顺序。

图项目 7—3　FAB—B

图项目 7—4 中，猫吃饱喝足了，需求也就变了——它不想再吃东西了，而是想见它的女朋友了。那么销售员说："猫先生，我这儿有一摞钱。"猫肯定没有反应。销售员又说："这些钱能买很多鱼，你可以大吃一顿。"但是猫仍然没有反应。原因很简单，它的需求变了。

图项目 7—4　FAB—需求改变

上面这四张图很好地阐释了 FAB 法则：销售员在推荐产品的时候，只有按 FAB 的顺序介绍产品，才能有效地打动客户。

二、SPIN 模式

1．SPIN 含义

SPIN 就是指顾问式销售技巧，SPIN 的四个英文字母分别代表：

S（Situation Question）状况询问；

P（Problem Question）难点问题询问；

I（Implication Question）暗示询问；

N（Need—payoff Question）需求确认询问。

2．SPIN 的意义

大订单销售具有时间跨度大、顾客心理变化大、参与人员复杂等特点，所以在大宗交易过程中，顾客意识和行为不断变化的过程为贯穿始终的线索。美国 Huthwaite 公司的销售咨询专家尼尔·雷克汗姆与其研究小组分析了 35 000 多个销售实例，与 10 000 多名销售人员一起到各地进行工作，观察他们在销售会谈中的实际行为，研究了 116 个可以对销售行为产生影响的因素和 27 个销售效率很高的国家，耗资 100 万美元，历时 12 年，于 1988 年正式对外公布了 SPIN 模式——这项销售技能领域中最大的研究项目成果。

这期间他测量了经 SPIN 培训过的第一批销售人员生产率的变化，结果表明，被培训过的人在销售额上比同一公司的参照组的销售员提高了 17%。在大宗生意中，大多数购买行为的发生都是买主的不满达到真正严重迫切的地步，并且足以平衡解决问题的对策所付出的成本时才会发生。这就要求你发现并理解买方的隐含需求——难题和不满，并进一步放大澄清，并转为明确需求——一种清晰的、强烈的对对策的欲望或愿望，而你的产品或服务刚好可以满足它。

这一过程的不同阶段会对买主购买过程的心理变化产生潜在的影响。SPIN 提问模式犹如销售人员手中的一幅交通图，为销售人员开发客户的需求指明方向，步步接近目标，直到目的地——明确需求。因此，SPIN 模式的根本意义在于：通过一系列提问启发准客户的潜在需求，使其认识到购买此产品能够为他带来多少价值。

一、新客户沟通要求

客户经理初次拜访客户是建立与客户间良好人际关系的第一步，给客户留下美好的第一印象有利于解除客户的戒备心理，成功建立客我之间的信任和互动，因此客户经理进行新客户沟通时应注意以下四要点。

1. 仪表整洁、礼貌待人

客户经理作为公司一道流动的风景线，其一言一行、一举一动都代表着公司形象，因此客户经理要做到仪容仪表整洁大方，拜访客户时做到彬彬有礼，每一个细节都能充分展示良好的职业素养。

2. 积极聆听客户的谈话

对于首次拜访的客户，客户经理对其认识一般较浅，客户经理可配合客户的谈话并积极聆听，从中了解客户的性格、经营特点和未来期许。与多次拜访的客户不同的是，客户经理应以聆听客户谈话为主，偶尔可以参与一下讨论，并对客户提出的重点问题做好记录，以做出下一步的反应。

3. 善于观察

客户经理应注意培养自己的观察能力，这一点在初次拜访客户时尤为重要。初次拜访时，客户经理应注意观察客户的经营状态、经营能力、营业人员、地理位置、经营特点等等，通过观察加深对客户的了解，形成对客户的初步认识，奠定客我互动的良好基础。

4. 态度真诚、服务热情

真诚是敲开客户心门的一把金钥匙。对于初次拜访的客户来说，他们会注意观察客户经理的言行，态度真诚、服务热情的客户经理会给他们留下比较美好的印象，更容易得到客户的信赖和支持。一名优秀的客户经理应做到工作时乐观积极，并善于将这种积极情绪转化为真诚的态度和热情的服务传递给客户，从而赢得客户最佳的第一印象。

5. 巧妙安排第二次见面机会

针对客户提出的问题，无法现场回答或者假装无法现场回答，都是客户经理再次拜访客户的良好契机。因此引导客户提出问题是客户经理初次拜访客户成功与否的关键指标之一。

二、新客户沟通流程

1. 打招呼

在客户（他）未开口之前，以亲切的音调向客户（他）打招呼问候，如："王经理，早上好!"

2. 自我介绍

说明公司名称及自己姓名并将名片双手递上，在与客户（他）交换名片后，对客户抽空接待自己表达谢意。如："这是我的名片，谢谢您能抽出时间让我见到您!"

3. 旁白

营造一个好的气氛，以拉近彼此之间的距离，缓和客户对陌生人来访的紧张情绪。如："王经理，我是您部门的张工介绍来的，听他说，你是一个很随和的领导。"

4. 开场白的结构

①提出议程；②陈述议程对客户的价值；③时间约定；④询问是否接受。如："王经理，

今天我是专门来向您了解你们公司对××产品的一些需求情况，通过了解你们的计划和需求后，可以为你们提供更方便的服务，大约需要耽误您五分钟，您看可以吗"？

5. 巧妙运用询问术，让客户一次说个够

(1) 设计好问题漏斗

通过询问客户来达到探寻客户需求的真正目的，这是营销人员最基本的销售技巧。在询问客户时，问题面要采用由宽到窄的方式逐渐进行深度探寻。如："王经理，您能不能介绍一下贵公司今年总体的商品销售趋势和情况？""贵公司在哪些方面有重点需求？""贵公司对××产品的需求情况，您能介绍一下吗？"

(2) 结合运用扩大询问法和限定询问法

采用扩大询问法，可以让客户自由地发挥，让他多说，让我们知道更多的东西。而采用限定询问法，则让客户始终不远离会谈的主题，限定客户回答问题的方向。在询问客户时，营销人员经常会犯的毛病就是"封闭话题"。如："王经理，贵公司的产品需求计划是如何报审的呢？"这就是一个扩大式的询问法；如："王经理，像我们提交的一些供货计划，是需要通过您的审批后才能在下面的部门去落实吗？"这是一个典型的限定询问法；而营销人员千万不要采用封闭话题式的询问法，来代替客户作答，以造成对话的中止。如："王经理，你们每个月销售××产品大概是六万元，对吧？"

(3) 对客户谈到的要点进行总结并确认

根据会谈过程中你所记下的重点，对客户所谈到的内容进行简单总结，确保清楚、完整，并得到客户一致同意。如："王经理，今天我跟您约定的时间已经到了。今天很高兴从您这里听到了这么多宝贵的信息，真的很感谢您！您今天所谈到的内容一是关于……二是关于……三是关于……是这些，对吗？"

6. 结束拜访时，约定下次拜访内容和时间

在结束初次拜访时，营销人员应该再次确认一下本次来访的主要目的是否达到，然后向客户叙述下次拜访的目的、约定下次拜访的时间。如："王经理，今天很感谢您用这么长的时间给我提供了这么多宝贵的信息。根据你今天所谈到的内容，我将回去好好做一个供货计划方案，然后再来向您汇报。我下周二上午将方案带过来让您审阅，您看可以吗？"

三、新客户沟通注意事项

①访问时间。一般可约在早上 10 点～11 点或下午 2 点～4 点之间。要避免在吃饭和休息的时间登门造访。

②拜访前，应尽可能事先告知，约定一个时间，以免扑空或打乱对方的日程安排。约定时间后，不能轻易失约或迟到。如因特殊情况不能前去，一定要设法通知对方，并表示歉意。

③拜访时，应先轻轻敲门或按门铃，当有人应声允许进入或出来迎接时，方可入内。敲门不宜太重或太急，一般轻敲两三下即可。切不可不打招呼擅自闯入，即使门开着，也要敲门或以其他方式告知主人有客来访。

④进门后，拜访者随身带来的外套、雨具等物品应搁放到主人指定的地方，不可任意乱放。对室内的人，无论认识与否，都应主动打招呼。

⑤主人端上茶水来，应从座位上欠身，双手捧接，并表示感谢。

⑥应注意掌握时间。应尽快表明来意，不要东拉西扯，浪费时间。

⑦离开时要主动告别，如果主人出门相送，拜访人应请主人留步并道谢，热情地说声

"再见"。

四、示例案例

卖方：你们工厂安装了节电设备没有？（背景问题）

买方：没有。

卖方：据我所知你们在控制成本方面做得相当不错，在实际操作过程中有没有困难？（难点问题）

买方：在保证产品质量和提高职工待遇的前提下，我们一直致力于追求生产效益最大化，因此在控制物料和人工的成本方面着实下了一番工夫，确实取得了一定的效益，但在控制电费的支出上，我们还是束手无策。

卖方：那是不是说你们在民用高峰期也要支付超常的电费？（难点问题）

买方：是的，尤其是每年的6、7、8三个月的电费高得惊人，我们实在想不出还有什么可以省电的办法啦。事实上那几个月我们的负荷也并不比平时增加多少。

卖方：除了电费惊人，你们是否注意到那几个月电压也不稳？（难点问题）

买方：的确是这样，工人们反映那几个月电压往往偏高，也有偏低的时候，不过并不多。

卖方：为防止民用高峰期电压不足及减少供电线路的损耗，电力部门供电时会以较高的电压传输，电压偏高对你们费用的支付意味着什么？（暗示问题）

买方：那肯定会增加我们实际的使用量，使我们不得不支付额外的电费。

卖方：除了支付额外的电费，电压偏高或不稳对你们的设备比如电机有什么影响？（暗示问题）

买方：温度升高缩短使用寿命，增加维护和修理的工作量和费用。严重的可能直接损坏设备，使生产不能正常进行，甚至全线停产。

卖方：有没有因电压不稳损坏设备的情况发生？最大的损失有多少？（暗示问题）

买方：有，去年发生了两起，最严重的一起是烧毁一台大型烘干机，直接损失就达50万元。

卖方：如此说来，节约电费对你们工厂控制成本非常重要？（需求—效益问题）

买方：是的，这一项支出如能减少，那就意味着我们的效益增加。

卖方：稳定电压对你们来说是不是意义更为重大？（需求—效益问题）

买方：是的，这不仅可以维持生产的正常运行，还可以延长我们设备的使用寿命。

卖方：从你所说的我可以看出，你们对既能节约电费又能稳定电压的解决办法最为欢迎，是吗？（需求—效益问题）

买方：是的，这对我们来说至关重要，我们非常需要解决电费惊人和电压不稳的问题，这样不仅使我们降低成本增加效益，而且还可以减少事故发生频率，延长设备的使用寿命，使我们的生产正常运行。（明确需求）

实训情景

作为某品牌按摩器的驻京办事处的大客户经理，当前你的业务拓展遇到很多的困难，而且销售业绩不好。一个偶然的机会你得到了某大学工会负责人的联系方式，通过电话联系，下周一该负责人在单位办公。你计划下周一早上去拜访该客户，如何应对？

实训目标：让学员体验作为大客户销售如何收集客户信息，如何通过分析本产品的竞争优势及行业地位制作销售方案，如何应用销售技巧来打动客户，并与客户建立个人良好的第一印象和合作联系、获取客户的需求，为实现销售做好铺垫。

  实训内容：初次客户拜访，调查报告，销售方案准备，情景模拟，记录报告。

  实训设施：办公桌，办公设备，学员。

  实训步骤：访问前准备→访问过程模拟→点评→记录报告。

项目 8

商 务 谈 判

📍 知识准备

一、谈判对象类型区分

1. 对待犹豫不决型的人

特点：

①有一贯的托辞和借口；

②经常被新出现的问题所左右（如竞争对手的某一个优点等）。

对策：

①找到客户犹豫的原因。

②试探拍板人的真实想法（如先不否定他的某个观点，如倾向竞争对手）。

③试探拍板人其他难以决断的问题或顾虑（价格、效果、服务等）方法：可以漫不经心重复拍板人的观点作为过渡，然后突然提问，不动声色地转换话锋，夺回谈话的主动权。

④罗列各种方案（包括服务等），与竞争对手的比较，只要将各种选择方案向他们摆明，让他们考虑，这种人不难对付。

⑤对各种方案进行评估，告诉对方评估结果。

⑥罗列与我方合作的所有优点及远景。

⑦给双方合作制定时间计划表。

2. 对待眷恋不舍型的人

特点：

①若即若离，既不给予肯定也不给予否定，工作得不到进展。

②对于签约合作的事情，拒绝讨论，又不愿离开，好像有重重顾虑，又好像考虑周密。

对策：

①针对这种人，一定要让拍板人明白，只有把问题摆出来才能获得解决。

②提出最针对性、最实质的问题，不可给拍板人回避问题的机会。

③多谈相关成功案例，多谈合作诚意，多拉关系。

④换位思考，主动采取措施减少双方决策风险。

3. 对待爽快同意型的人

特点：

①洽谈的时候爽快，催单的时候又反悔（一到行动阶段，就改变主意）。

②找各种理由避开关键签约合作的问题（如要开会呀，有校园招聘啦，这段时间忙呀……）

对策：

①紧盯他们，不要让他们有太多的思考时间，否则会前功尽弃，因为他们会被很多想法随时左右。

②告诉他们早一天合作的好处。

③找一个推动的理由（一般可以找以下几个方面的理由），如：时间、价格、利益、其他。

④制定一个简单明了的时间计划表（包括关键问题的洽谈、签约的时间计划）。

⑤不给他任何再拖的机会和借口。

⑥确认以前对我们的各种认同。

⑦穷追不舍。

4. 对付悲观失望的人

特点：用过竞争对手或我们产品（服务），认为效果不好而给予拒绝。

对策：

①了解所有原因及使用细节。

可以使用开放式的提问，诱导拍板人说话。

"您对我们的产品（服务）是如何认识的？能告诉我吗？"

"当初是如何做服务的？"

客户整体的拒绝理由→没有效果/浪费时间

②罗列效果不好可能存在原因。

a. "对立面"；b. 阐明我们的优势；c. 剖析症结所在，打消客户顾虑（我们现在优势、我们现在的针对性产品（服务）及典型客户等）。

③多次深入探讨，给出详细方案（包括服务方案）。（注意，悲观失望的人共同特点是：不相信任何办法能够解决他们的问题。）

④针对悲观失望的人，我们关键要做的是引导他们判断一下最坏的情况会是什么样的

（也不会坏到哪里去！），然后再次设法解决问题，或者提出解决问题的方案，告诉客户我们的方案可以多层次、多角度来解决问题。

5. 对待自高自大型的人

特点：

①自以为什么都懂（其实这个行业我们才是真正专家）。

②经常小看他人和事！

对策：

①满足他们的自负（和虚荣心），如"您是专家，我进入这个行业的时间不长，您以后还得多教教我呀！""这个方面的情况您也知道呀?!"

②多使用行业中人的圈内话，可适当的讲讲专业术语，以博取认同感，为加深交流作铺垫。

③找出针对性的卖点勾起对方兴趣，然后进行游说。

④摆好心态，抱着学习的态度是和自高自大型的人进行成功沟通的有效策略之一。

6. 对待蓄意敌对型的人

特点：

①霸道，接电话时大发脾气。

②把我们（业务员）当作对手，决心要赢得电话交锋的胜利。

③粗暴地打断我们的介绍，好战心强，对推销员不屑一顾，喜欢羞辱人，喜欢掌握主动。

对策：

①用外向型人性格的胸怀接纳这类拍板人的钉子，能埋头苦干与这类人打交道必须具有锲而不舍的性格。

②首先肯定其对我们诋毁中包含的某点，甚至对他的这些观点夸奖（还甚至可以说出我们的某一个高级会员在我们双方最初接触的时候也有这样一些观点和看法，最后我们都合作得非常愉快）。

"哎呀，您看待这个行业的眼光独到，很独特"。

③对待这种人，重要的是了解所有事实，尽可能在关键点上与其达成共识。

④对待这种人一定要注意：

ⅰ尽量避免使用过于鲜明的形容词修饰我们的产品和服务。

ⅱ尽量少发问，尽量少与他争夺说话的主动权。

ⅲ如果想使用赞美缓和气氛，一定要做得不留痕迹，要做到高明地赞美。不要轻易逗笑，一定要保持诚恳中性、自信的语气。

ⅳ任何时候都要保持冷静，收放自如，不为其激怒，同时提出各种解决问题的方案，不给其节外生枝的机会。

ⅴ永远不要偏离主题，一定要围绕我们方案和双方沟通的主题。尽量避免对我方的特点、服务特点、价格等做过多的修饰，尽量不要刺激或挑起这类人偏激的性格。

ⅵ可以尝试新的更好、更完美的沟通方式（如邮件、信件、面对面等）。

二、异议处理原则与程序

处理客户异议要遵循以下六个基本的原则：

1. 客户异议要进行预测和准备

对异议的估计以及如何处理这些异议的预演，能使你泰然自若地以正确的方式对客户的异议做出反应。例如，很多公司针对客户经常提出的异议配以标准答案人手一册，要求销售人员背得滚瓜烂熟，就是极好的准备。

2. 客户有异议，应语气肯定，马上回应

拖延或语塞可能引起客户的怀疑，感觉你在隐藏什么东西。但对价格异议，在未向客户展示产品特性优势前需要拖延回答。另外，销售中对来自产品特性和技术指标方面的异议，销售人员更应语气肯定的予以专业的回答，如性能参数、结构等问题。如果你一问三不知，生意的成功率率就要大打折扣了。

3. 保持积极的心态和身体语言

以微笑应对客户的异议，哪怕是来自竞争对手的不实之词。千万不要气急败坏与客户争辩，与客户争辩，失败的永远是销售人员。

4. 仔细倾听，听完客户的异议

切忌打断客户抢话头，似乎不证明客户错，他就不会买我的产品了。记住，真实的异议能够帮助你揭示客户的真正需求。

5. 读懂客户的异议

异议有真异议、假异议和隐藏的异议之分。真异议是客户的真正需求；假异议是客户用借口、敷衍的方式应付销售人员，目的是不想与你成交；隐藏的异议是表面的异议，只是为掩盖其真正的异议，例如客户希望降价，但却提出其他如品质、付款、送货等异议。

6. 树立专家的形象

病人看病、吃药，对专家医生是少有异议的，所以我们对自己的产品要熟悉、专业。

项目实务

一、商务谈判原则

商务谈判原则一：人与问题分开

①把双方看作是同舟共济的伙伴。

②把谈判看作携手共进的过程。

③把对方当作"人"来看待。

④了解对方的感想、需求，给予应有的尊重。

⑤把问题按价值来处理。

商务谈判原则二：注重利益而非立场

谈判中的基本问题，不是双方立场的冲突，而是双方利益、需求、欲望的冲突；针对利益寻找双方可满足的方式。

商务谈判原则三：寻求双赢的解决方案

如果解决方案仅是有利于一方，没有找到双方利益的平衡点，商务谈判很难取得成功。

商务谈判原则四：坚持使用客观标准

在实质利益上，以不损害双方各自利益为原则；在处理程序上，双方在扮演角色之前，可以先针对他们心中的"公平程序"进行谈判。

二、商务谈判流程

①收集有关信息。

②分析自身的优劣势。

③制定商务谈判目标、谈判策略和谈判计划。

④正式谈判前营造合适氛围。

⑤双方需求展示。

⑥双方磋商。

⑦谈判成功或破裂。

⑧合同签署与后续跟进。

三、示例案例

日本某公司向中国某公司购买电石。此时，是他们间交易的第五个年头，去年谈价时，日方压低中方30美元/吨，今年又要压价20美元/吨，即从410美元压到390美元/吨。据日方讲，他已拿到多家报价，有430美元/吨，有370美元/吨，也有390美元/吨。据中方了解，370美元/吨是个体户报的价，430美元/吨是生产能力较小的工厂供的货。供货厂的厂长与中方公司的代表共4人组成了谈判小组，由中方公司代表为主谈。

谈前，工厂厂长与中方公司代表达成了价格共同的意见，工厂可以在390美元成交，因为工厂需订单连续生产。公司代表讲，对外不能说，价格水平我会掌握。公司代表又向其主管领导汇报，分析价格形势；主管领导认为价格不取最低，因为我们是大公司，讲质量，讲服务。谈判中可以灵活，但步子要小。若在400美元以上拿下，则可成交；拿不下时，把价格定在405~410美元之间，然后主管领导再出面谈，请工厂配合。

中方公司代表将此意见向工厂厂长转达，并达成共识和工厂厂长一起在谈判桌争取该条件。中方公司代表为主谈。经过交锋，价格仅降了10美元/吨，在400美元成交，比工厂厂长的成交价高了10美元/吨。工厂代表十分满意，日方也满意。

实训情景

我国某冶金公司要向美国购买一套先进的组合炉，委派一位高级工程师与美商谈判。为了不负使命，这位高工作了充分地准备工作，他查找了大量有关冶炼组合炉的资料，花了很大的精力对国际市场上组合炉的行情及美国这家公司的历史和现状、经营情况等了解的一清二楚。谈判开始，美商一开口要价150万美元。中方工程师列举各国成交价格，使美商目瞪口呆，终于以80万美元达成协议。

当谈判购买冶炼自动设备时，美商报价230万美元，经过讨价还价压到130万美元，中方仍然不同意，坚持出价100万美元。美商表示不愿继续谈下去了，把合同往中方工程师面前一扔，说："我们已经作了这么大的让步，贵公司仍不能合作，看来你们没有诚意，这笔生意就算了，明天我们回国了。"中方工程师闻言轻轻一笑，把手一伸，做了一个优雅的请的动作。美商真的走了，冶金公司的其他人有些着急，甚至埋怨工程师不该抠得这么紧。工程师说："放心吧，他们会回来的。同样的设备，去年他们卖给法国只有95万美元，国际市场上这种设备的价格100万美元是正常的。"

果然不出所料，一个星期后美方又回来继续谈判了。工程师向美商点明了他们与法国的成交价格，美商又愣住了，没有想到眼前这位中国商人如此精明，于是不敢再报虚价，只得说："现在物价上涨的利害，比不了去年。"工程师说："每年物价上涨指数没有超过6%。一年时间，你们算算，该涨多少？"美商被问得哑口无言，在事实面前，不得不让步，最终以101万美元达成了这笔交易。

问题：分析中方在谈判中取得成功的原因及美方处于不利地位的原因。

实训目标：让学员体验商务谈判流程、商务谈判的策略、商务谈判需准备的资料、商务谈判人员需要具备的素质与能力。如何掌握商务谈判的主动权，并最终达成合作。

实训内容：项目谈判，情景模拟，记录报告。

实训设施：办公桌，学员。

实训步骤：谈判目标、策略制定→谈判资料准备→谈判展开→点评→记录报告。

项目 9

灭火沟通（危机沟通）

<table>
<tr><td>

✿ **学习内容**

◆危机公关的处理原则与流程
◆品牌危机、信任危机
◆决策理论

★ **知识目标**

◆商务沟通的知识与原理
◆有效的倾听技巧
◆决策理论
◆危机公关
◆异议处理原则与程序

✿ **学习课时**

◆4 课时

</td><td>

★ **技能目标**

◆掌握危机公关的沟通技巧

✿ **素养目标**

◆积极平等的沟通心态
◆尊重和理解沟通对象
◆职业态度
◆客户至上的服务态度

★ **学习方法**

◆项目教学法
◆案例教学法
◆模拟教学法

</td></tr>
</table>

知识准备

一、商务沟通的特殊职能

1. 应对重大危机挑战

面对日益复杂多变的社会环境，现代企业常常会遇到诸如火灾、爆炸、毒气泄漏、原油泄漏、沉船、恐怖分子威胁等重大危机的挑战，危机管理正成为现代企业管理的重要活动。危机沟通则是企业实施危机管理的基础性手段之一，企业需要通过良好的沟通活动，来提高企业员工战胜危机的信心，获取受害者及其家属的谅解，同时还要进行一系列与新闻媒体、社区、政府等的沟通。只有这样，才能使企业信誉在危机中经受住考验。

2. 化解企业内部重大冲突

冲突是指人与人之间关系的一种紧张状态，冲突可以表现在个体与个体之间，也可以表现在群体与群体之间，具体表现在冷漠、意见分歧、争论、对抗、竞争等方面。例如，在某公司经理会议上，生产部经理和销售部经理的意见发生了分歧，销售部经理认为，要占领市场一定要马上开发新产品，而生产部经理则坚决不同意。他认为目前的产品才刚刚定型，马上转产，成本太高，两人都为各自的观点争论不休。这是一种极普遍的冲突现象。

当冲突现象变得相当严重和激烈时，企业管理者必须立即以良好的沟通方式平息冲突，使双方得以和解并再度合作。尤其企业内部正式群体之间或非正式群体之间的冲突白热化以后，沟通更是不可缺少。企业管理者应以更大的宽容心和坚强意志做好调解和说服工作，以免使双方矛盾更加激化、冲突加剧，以至于严重影响企业的生产和工作。

3. 鼓舞员工士气

企业可能因为新的规章制度的实施或者因为市场竞争的低效造成企业员工的士气普遍低落，如企业出现重大人身伤亡事故、企业产品在市场上的竞争失败、企业股票价格的严重下跌、企业改革新的工资奖励办法、企业大范围裁员等，都会极大地影响在职员工的工作情绪。不开展良好的沟通工作，士气不振将可能严重地影响工作效率和积极性。在这个时候，企业管理者应上下齐心，大范围地进行必要的沟通和交流，重新恢复企业原有的凝聚力和员工士气。

4. 获取对企业重大举措的支持

在企业要做出重大的决策，实施重要的措施时，企业管理者必须做好良好的沟通工作，包括各种形式的浅层沟通工作和深层沟通工作。如企业的并购、企业领导人的更替、企业经营战略的重大调整、企业的新规章制度出台等企业重大决策。在决策之前，在不妨碍保密要求的前提下，尽量让更多的员工参与决策，增强他们的主人翁责任感。在决策做出之后，要准确迅速地传达下去，以使员工胸中有数，安心工作。在企业实施重大举措时，决不可忽视深层沟通。深层沟通对于排除员工心中的疑虑，坚定员工的信心有着不可替代的作用。

5. 缓和员工之间的隔阂

企业员工之间由于利益冲突或者是思想观念、态度、价值观等方面的巨大差异，导致的相互间的不理解、不信任和不合作，会使员工之间的人际关系紧张，从而影响工作的情绪和工作的绩效。企业主管可以通过沟通来优化企业员工之间的人际关系。某甲和某乙是公司的两位职员，由于过去的成见，两人之间隔阂较深。他们的共同主管以一种巧妙的方式邀请他们两人共进晚餐后，消除了他们之间的隔阂，使甲、乙能更好地合作与交流，各自都很满意，不仅提高了效率，而且对他们的主管还大加赞赏。沟通在此起到了人际关系润滑剂的作用。

6. 消除部属对主管的重大误解

由于信息传送的不通畅，或者由于对信息含义理解的差异性，或者由于某些人别有用心地挑拨离间，部属和主管之间不可避免地会出现误解，不利于管理者开展管理工作。在这种情况下，充分的沟通是必要的，通过坦诚地交换各自的思想观点和看法，达到消除误会，增进理解。一个优秀的管理者应具有宽大包容、不计前嫌的胸怀，主动与部属进行沟通，澄清可能会产生的误会，巩固双方的合作关系。

二、危机沟通时的有效倾听技巧

①尽量选择安静、平和的环境，少发表观点，少下结论，多倾听不同的意见、不同的声音，了确更多人的想法。

②摆出有兴趣的样子。这是让对方相信你在注意聆听的最好方式，是发问和要求阐明他正在讨论的一些论点。

③观察对方。端详对方的脸、嘴和眼睛，尤其要注视眼睛，将注意力集中在传递者的外表。这能帮助你聆听，同时，能完全让传递者相信你在聆听。

④关注中心问题，不要使你的思维迷乱。

⑤平和的心态，不要将其他的人或事牵扯进来。

⑥注意自己的偏见，倾听中只针对信息而不是传递信息的人。诚实面对、承认自己的偏见，并能够容忍对方的偏见。

⑦抑制争论的念头。注意，你们只是在交流信息，而非辩论赛，争论对沟通没有好处，只会引起不必要的冲突。学习控制自己，抑制自己争论的冲动，放松心情。

⑧保持耐性，让对方讲述完整，不要打断他的谈话。纵然只是内心有些念头，也会造成沟通的阴影。

⑨不要臆测。臆测几乎总是会引导你远离你的真正目标，所以要尽可能避免对对方做臆测。

⑩不宜过早做出结论或判断。人往往容易立即下结论，当你心中对某事已做了判断时，就不会再倾听他人的意见，沟通就被迫停止。保留对他人的判断，直到事情清楚，证据确凿。

⑪做笔记。做笔记不但有助于聆听，而且有集中话题和取悦对方的优点。如果有人重视你所说的话并做笔记，你不会受宠若惊吗？

⑫不要自我中心。在沟通中，只要把注意力集中在对方身上，才能够进行倾听。但很多人习惯把注意力集中在自己身上，不太注意别人，这容易造成倾听过程的混乱和矛盾。

⑬鼓励交流双方互为倾听者。用眼神、点头或摇头等身体语言，鼓励信息传递者传递信息和要求别人倾听你的发言。

项目实务

一、危机沟通 5S 原则

①承担责任原则（Shouldering The Matter）：无论谁是谁非，都不要企图推卸责任。

②真诚沟通原则（Sincerity）：企业应把自己所做的、所想的，积极坦诚地与公众沟通。

③速度第一原则（Speed）：危机发生后，能否首先控制住事态，使其不扩大、不升级、不蔓延，是处理危机的关键。

④系统运行原则（System）：在规避一种危险时，不要忽视另一种危险。在进行危机管理时必须系统运作，绝不可顾此失彼。

⑤权威证实原则（Standard）：企业应尽力争取政府主管部门、独立的专家或机构、权威的媒体及消费者代表的支持，或者由组织最高的责任人出面说明和介绍。

二、危机沟通流程

①启动应急机制或者成立临时的危机公关小组。

②收集危机事件有关信息。

③拟定危机处理对策。

④实施危机处理方案。

⑤改进内部管理工作。

三、示例案例

家乐福对消费者的致歉信

亲爱的顾客朋友们：

对于近日出现的价签问题，家乐福再次向您表示诚挚的歉意！

家乐福高度重视相关问题，对国家发展改革委员会和物价监察部门所指出的问题予以立即纠正，并诚恳地接受相应的处罚。近日来，家乐福已对全国所有门店的价签进行了全面核查，共核查了800多万个价签，旨在避免出现类似的问题。

对遇到价签问题的顾客，我们将严格执行"五倍退差"的政策，具体措施如下：

①在每个门店安排专人负责顾客接待；

②力争做到"投诉不出门，和解在现场"；

③加强门店与顾客的沟通，积极听取顾客朋友们所反映的意见。我们恳切地接受广大顾客的监督、批评。

家乐福充分认识到价签管理是一项十分重要的工作，关乎企业的诚信，关乎广大消费者的切身利益。家乐福通过此次事件充分吸取教训，并将严格按照国家相关法律法规的要求，切实保护好广大消费者的合法权益。我们将不断改进，在加强内部自查的同时，还要加强对相关人员管理和专业培训，力争成为让广大消费者放心的行业模范企业。

感谢您长期以来对家乐福的厚爱和信任。在新春佳节来临之际，家乐福全体员工谨祝广大消费者新春快乐！福到家！

家乐福（中国）区

2011 年 1 月 31 日

家乐福"价格门"相关情况见下面链接：

http：//finance. qq. com/zt2011/jlfjgqz/

http：//finance. qq. com/a/20110128/000859. htm

实训情景

麦当劳快餐店北京市通州西门店的生意非常火爆。一位女顾客用所携带物品占座位后去排队购买套餐，期间座位被一位男顾客占用，二人随后发生争执。先是两位顾客发生口角，尽管已引起其他顾客的注意，但都未太在意，此时餐厅的员工未能及时平息两人的争端。

接着两人争吵上升到大声争吵，邻座的顾客则停止用餐，离座回避；带小孩的家长担心事态危险和小孩受到粗话影响，开始领着小孩离店。最后二人争吵上升到斗殴，男顾客大打出手，殴伤女顾客后离店，别的顾客也纷纷离座外逃和远远地看热闹。女顾客非常气愤，当即要求麦当劳餐厅对此事负责，并加以赔偿。

实训目标：让学员体验并掌握危机沟通的原则、流程及技巧。

实训内容：学员模拟作为该快餐店的店面经理或负责人应对店内的突发事件。情景模拟，记录报告。

实训设施：办公桌，学员。

实训步骤：准备→现场情景模拟→点评→记录报告。

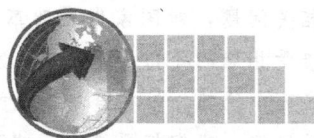

沟通能力测试

1. 你上司的上司邀请你共进午餐。回到办公室后，你发现你上司对此颇为好奇，此时你会（ ）。

　　A. 告诉他详细内容　　　　B. 粗略描述，淡化内容的重要性　　　　C. 不透露蛛丝马迹

2. 当你主持会议时，有一位下属一直以不相干的问题干扰会议，此时你会（ ）。

　　A. 告诉该下属在预定的议程结束之前先别提出其他问题

　　B. 要求所有的下属先别提出问题，直到你把正题讲完

　　C. 纵容下去

3. 当你跟上司正在讨论事情，有人打长途电话来找你，此时你会（ ）。

　　A. 告诉对方你正在讨论重要的事情，待会再回电话

　　B. 接电话，而且该说多久就说多久

　　C. 告诉上司的秘书说不在

4. 有位员工连续四次在周末向你要求他想提早下班，此时你会说（ ）。

　　A. 你对我们相当重要，我需要你的帮助，特别是在周末

　　B. 今天不行，下午四点钟我要开个会

　　C. 我不能再容许你早退了，你要顾及他人的想法

5. 你刚好被聘为部门主管，你知道还有几个人关注这个职位，上班的第一天，你会（ ）。

　　A. 把问题记在心上，但立即投入工作，并开始认识每一个人

　　B. 忽略这个问题，并认为情绪的波动很快会过去

　　C. 找个别人谈话，以确认哪几个人有意竞争此职位

6. 有位下属对你说："有件事我本不应该告诉你的，但你有没有听到……"你会说（ ）。

　　A. 谢谢你告诉我怎么回事，让我知道详情

　　B. 跟公司有关的事我才有兴趣听

　　C. 我不想听办公室的流言

7. 你认为你的文字和口头表达能力强属于（ ）水平。

　　A. 是　　　　　　　　B. 一般　　　　　　　　C. 很差

8. 你能很好地运用肢体语言表达你的意思属于（ ）水平。

　　A. 是　　　　　　　　B. 一般　　　　　　　　C. 很差

9. 一个陌生的人你能很容易地认识他吗？（ ）

　　A. 是　　　　　　　　B. 有时　　　　　　　　C. 否

10. 你能影响别人接受你的观点吗？（ ）

A. 是　　　　　　　　B. 有时　　　　　　　　C. 不能

11. 与人交谈时，你能注意到对方所表达的情感吗？（　　）

A. 是　　　　　　　　B. 有时　　　　　　　　C. 不能

12. 你是否能用简单的语言来表述复杂的意思？（　　）

A. 是　　　　　　　　B. 一般　　　　　　　　C. 否

13. 朋友对你的信赖度评价是什么？（　　）

A. 低　　　　　　　　B. 一般　　　　　　　　C. 高

14. 你能积极引导别人把思想准确地表达出来吗？（　　）

A. 是　　　　　　　　B. 有时　　　　　　　　C. 不能

15. 你是否善于听取别人的意见，而不将自己的意见强加于人？（　　）

A. 是　　　　　　　　B. 有时　　　　　　　　C. 不能

评分标准：

选择 A 得 2 分，选择 B 得 1 分，选择 C 得 0 分，然后将各题所得的分数相加。

测试结果：

(1) 总得分为 22～30 分，沟通能力很强，是沟通高手，口头表达能力强，说话简明扼要，很容易让对方接受你的观点。

(2) 总得分为 15～21 分，沟通能力中等，你的沟通能力发挥得不稳定，有时会引起沟通障碍，要想提升自己的沟通能力就要努力锻炼。

(3) 总得分为 14 分及以下，沟通能力差，想要表达的意思常常被别人误解，给别人留下不好的印象，甚至无意中对别人造成伤害。

附
录
A

人际沟通能力测试

1. 你是否时常避免表达自己的真实感受，因为你认为别人根本不会理解你？（   ）

A. 肯定   B. 有时   C．否定

2. 你是否觉得需要自己的时间、空间，一个人静静地独处才能保持头脑清醒？（   ）

A. 肯定   B．有时   C．否定

3. 与一大群人或朋友在一起时，你是否时常感到孤寂或失落？（   ）

A. 肯定   B. 有时   C．否定

4. 当一些你与之交往不深的人对你倾诉他的生平遭遇以求同情时，你是否会觉得厌烦甚至直接表现出这种情绪？（   ）

A. 肯定   B. 有时   C. 否定

5. 当有人与你交谈或对你讲解一些事情时，你是否时常觉得百无聊赖，很难聚精会神地听下去？（   ）

A. 肯定   B. 有时   C. 否定

6. 你是否只会对那些相处长久，认为绝对可靠的朋友才吐露自己的心事与秘密？（   ）

A. 肯定   B. 有时   C. 否定

7. 在与一群人交谈时，你是否经常发现自己驾驭不住自己的思路，常常表现得注意力涣散，不断走神？（   ）

A. 肯定   B. 有时   C. 否定

8. 别人问你一些复杂的事，你是否时常觉得跟他多谈简直是对牛弹琴？（   ）

A. 肯定   B. 有时   C. 否定

9. 你是否觉得那些过于喜爱出风头的人是肤浅的和不诚恳的？（   ）

A. 肯定   B. 有时   C. 否定

评分标准：

选 A 记 3 分；选 B 记 2 分；选 C 记 1 分。

测试结果：

9～14 分：你很善于与人交谈，因为你是一个爱交际的人。

15～21 分：你比较喜欢与人交朋友。假如你与对方不太熟，刚开始可能比较少言寡语，可一旦你们熟起来，你的话匣子就再也关不上了。

22～27 分：你一般情况下不愿与人交谈，只有在非常必要的情况下，才会与人交谈。你较喜欢一个人的世界。

面对面交流能力测试

	问　　题	经常	有时	很少
1	别人曾经误解你的意思吗？			
2	当与别人谈话时，你经常离开谈话的本意而跳到别的话题上吗？			
3	有人曾经让你进一步确认你的意思吗？			
4	你嘲笑过他人吗？			
5	你总是尽量避免与他人面对面交流吗？			
6	你总是尽量表达你的意思，并且以你认为合适的方式与他人交谈吗？			
7	交谈时，你注视着对方的眼睛吗？			
8	谈话结束时，你是否询问他或她明白了你的意思吗？			
9	你总是找一个合适的时间和地点与他人交谈吗？			
10	你总是把事情的前因后果都澄清给别人吗？			
11	如果你要表达的意思很复杂，令人难以明白，你会事先考虑吗？			
12	你征求过别人的观点吗？			

评分标准：

问题 1～5 分值自左向右分别为 1，2，3 分；问题 6～12 分值分别为 3，2，1 分。

测试结果： 32 分以上，具有很强的与他人面对面交流的能力，但在某些方面或许还有提高的余地。

26～32 分，具备一定的能力，但有待提高。26 分以下，技能有待全面提高。

测一测您的情商（EQ）

（人的成功＝智商（IQ）×20％＋情商（EQ）×80％）

1. 与你的恋人或者爱人发生争吵后，你能在他面前掩饰你的沮丧。

A. 同意　　　B. 不同意

2. 当工作进行得不顺利时，你认为这是对未来的一个警告。

A. 同意　　　B. 不同意

3. 在你最好的朋友开口说话以前，你就能分辨出他处于何种精神状态。

A. 同意　　　B. 不同意

4. 当你担忧某件事时，你在夜里用几小时才能入睡。

A. 同意　　　B. 不同意

5. 你认为大多数人必须更加努力而不要轻易放弃。

A. 同意　　　B. 不同意

6. 与你最好的朋友告诉你一些好消息相比，你更容易受一部浪漫影片的感染。

A. 同意　　　B. 不同意

7. 当你的情况不妙时，你认为到了你该改变的时候了。

A. 同意　　　B. 不同意

8. 经常想知道别人是怎样看待你的。

A. 同意　　　B. 不同意

9. 你对自己几乎能使每个人高兴起来而感到自豪。

A. 同意　　　B. 不同意

10. 你厌烦讨价还价，尽管你知道讨价还价能使你少花 20 元钱。

A. 同意　　　B. 不同意

11. 你十分相信直率地说话，而且认为这样能使一切事情变得更容易。

A. 同意　　　B. 不同意

12. 尽管你知道自己是正确的，也会转移这一话题，而不愿来一场争论。

A. 同意　　　B. 不同意

13. 你在工作中做出一个决定后，会担心它是否正确。

A. 同意　　　B. 不同意

14. 你不会担心环境的改变。

A. 同意　　　B. 不同意

15. 你似乎是这样一个人：对于周末去干什么，你总是能够提出很有趣的设想。

A. 同意　　　B. 不同意

16. 假如你有一根魔棒的话，你将挥动它来改变你的外貌和个性。

A. 同意　　　B. 不同意

17. 不管你工作多么尽心尽力，你的老板似乎总是在催促你。

A. 同意　　　B. 不同意

18. 你认为你的恋人或爱人对你寄予厚望。

A. 同意　　　B. 不同意

19. 你认为一点小小压力不会伤害任何人。

A. 同意　　　B. 不同意

20. 你会把任何事情都告诉您最好的朋友，即使是个人隐私。

A. 同意　　　B. 不同意

评分标准：

同意记 1 分，不同意记 0 分。

总分为 20 题的分数相加。

测试结果：

总分≥16：你对你的能力很是自信和放心，因此，当处于强烈情感边缘时，你不会被击垮。即使你在愤怒时，你也能进行有效的自我控制，保持彬彬有礼的绅士风度。在控制你的情感方面，你是出类拔萃的，与他人相处得很融洽。但是，你太依赖社交技巧而忽视成功所需的其他重要因素，例如艰苦奋斗的作风和好的主意。

6＜总分＜16：你意识到自己和他人的情感，但有时忽视它们，不明白这对你的幸福是多么重要。你对下一步的提升和买一幢更漂亮的房子等诸如此类事情的关心支配着你的生活。然而，无论实际多少物质目标，你仍然感到不满足。试着去分析和理解你的情感，并且按照它去行动，你会更幸福。记住，人们可能压抑你，使你暂时消沉，但是，你总是能够从挫折中吸取教训，重新创造你的优势。

总分≤6：你必须多一点对别人的关心，少关照自己。你喜欢打破社会常规，并且不会担心通过疏远别人来取得自己想得到的东西。你可能在短期内就会取得一定成果，但人们不久就将开始抱怨你。控制住你易冲动的天性，不是以粗暴的方式，而是试着去通过迎合他人来得到你所想要的一切。如果你得分不高，不要沮丧。你要学会去控制你的消极情感，充分利用你的积极情感。

附录 D

电话沟通能力测试

	问　题	经常	有时	很少
1	铃声响过五次，拿起听筒			
2	首先报出姓名、部门，接着说："要我帮忙吗?"			
3	边听电话边看备忘录或信件，以节省时间			
4	核实一下对方当时是否方便交谈，然后再开始话题			
5	中途打断对方，以尽快结束交谈			
6	不明白对方的意思时，请求再次澄清一下			
7	某个电话谈话时间很长或涉及的事情很复杂时，不能集中注意力			
8	从不记录谈话内容			
9	定期检查并更新电话录音			
10	电话结束之后，总是立刻记下具体事情			

　　评分标准：

　　问题 1，3，5，7，8 分值自左向右分别为 1 分，2 分，3 分；问题 2，4，6，9，10 分值分别为 3 分，2 分，1 分。

　　测试结果：

　　26 分以上，直接交流的能力很强，但在某些方面还提高的余地；20～26 分，具备一定的技能，但有待进一步提高；20 分以下，技能有待全面提高。

倾听能力测试

	问　题	经常	有时	很少
1	听别人说话时，注视着他的眼睛			
2	通过对方的外表和讲话内容及方式来判断是否有必要继续听下去			
3	说服自己接受讲话人的观点或看法			
4	着重听取具体事例而不注意全面的陈述			
5	不但注意听取事实的陈述，而且还参考事实背后别人的观点			
6	为了澄清一些问题，经常向别人提问			
7	知道别人结束一段话，才对它的发言发表看法			
8	有意识地去分析别人所讲内容的逻辑性和前后一致性			
9	别人说话的时候，预测他的下一句话，一有机会就插话			
10	等到别人说完后才发言			

评分标准：

问题 2，4，9，10 分值自左向右分别为 1 分，2 分，3 分；问题 1，3，5，6，7，8 分值分别为 3 分，2 分，1 分。

测试结果：

26 分以上，具备很强的倾听能力，但在某些方面或许还有提高的余地；20～26 分具备一定的技能，但有待进一步提高；20 分以下，技能有待全面提高。

主持能力自测

回答下列各题，标出最接近你情况的选项，评估你作为会议主席表现得如何。你要尽可能地实事求是：若你的回答是"从不"，则选1；若是"总是"，则选4；余类推。将你的得分加起来，参考"分析"部分，看你得多少分。利用你的答案来找出最需要改进的方面。

选项：1—从不；2—有时；3—常常；4—总是。

1. 每次我都让会议准时开始。□1；□2；□3；□4

2. 我确保与会者都能理解上次会议的备忘录。□1；□2；□3；□4

3. 每次会议我都按照经批准的议程进行。□1；□2；□3；□4

4. 我给全体与会者解释清楚每次会议的目的。□1；□2；□3；□4

5. 我允许大家畅所欲言。□1；□2；□3；□4

6. 我了解每个与会者的动机和潜在目的。□1；□2；□3；□4

7. 我确保在每次会议中全体与会者都积极投入。□1；□2；□3；□4

8. 我确保自己为每次会议都做了充分的准备。□1；□2；□3；□4

9. 每次正式会议开会前我都会参阅会议程序指南。□1；□2；□3；□4

10. 我确保每次会议的备忘录全面而正确。□1；□2；□3；□4

11. 我确保与会者了解下次会议之前所要采取的行动。□1；□2；□3；□4

12. 我确保与会者知道下次会议的时间和地点。□1；□2；□3；□4

分析：

现在你做完了自我评估，将你的全部得分加起来，阅读对应的评价，看看你的表现。无论你主持会议的水平如何，重要的是要记住总有改进的余地，找出你最薄弱的方面。

12～24分　你当会议主席的技巧需要大大改进。重新考虑你是如何担当这个角色的，并采取行动。

25～36分　你有一定的能力，但必须集中改进你的弱点。

37～48分　你主持的会议应能顺利进行。但是每次会议各异，所以要不断地做好准备。

会议能力测试

根据你平时在会议沟通中的表现，对下列叙述回答"是"或"否"。

1. 总是在会议开始前三天就已经安排好了会议日程，并将该议程通知到每位与会者。（　　　）

2. 当与会者询问议程安排时，总是回答："还没有定呢，等通知吧。"（　　　）

3. 对于会议将要进行的每项议程都胸有成竹。（　　　）

4. 会议开始前半小时，还在为是否进行某个议题而犹豫不决。（　　　）

5. 提前将每一项会议任务安排给工作人员去落实，并在会议开始前加以确认。（　　　）

6. 临到会议开始前，才发现还有一些会议设备没有安排好。（　　　）

7. 预先拟定邀请与会的人员名单，并在开会前两天确认关键人士是否出席会议。（　　　）

8. 自己记不清邀请了哪些人员出席会议，会议开始前才发现忘了邀请主管领导参加。（　　　）

9. 会议时间安排恰当，能够完成所有的议题。（　　　）

10. 会议总是被一些跑题、多话者干扰，难以顺利进行。（　　　）

11. 会议室布置恰当，令与会者感觉舒适又便于沟通。（　　　）

12. 会议室拥挤不堪，令与会者感觉不快，大家盼望着早点结束会议。（　　　）

评分标准：

第 1，3，5，7，9，11 题，回答"是"，得＋1分；回答"否"，得－1分。

第 2，4，6，8，10，12 题，回答"是"，得－1分；回答"否"，得＋1分。

测试结果：

● 3～6分，表明你具有很强的会议沟通能力。

● 0～3分，表明你的会议沟通能力很一般，需要进一步改进。

● 0分以下，说明你的会议沟通能力相当低下，需要加倍努力培养和训练。

参考文献

[1] [美] 德弗勒 著. 杜力平 译. 大众传播学诸论. 北京：新华出版社，1990

[2] 周鸿铎. 传媒经济. 北京：北京广播学院出版社，1997

[3] 王秀村，彭龙. 商务交流. 北京：高等教育出版社，1999

[4] [美] 凯瑟琳·米勒 著. 袁军 等译. 组织传播学. 北京：华夏出版社，2000

[5] 丁建忠. 商务谈判学. 北京. 中国商务出版社，2004

[6] 林恩·布伦南 著. 朱晔 等译. 21 世纪商务礼仪. 北京. 北京中国计划出版社，2004

[7] 胡巍. 管理沟通：案例 101. 济南：山东人民出版社，2005

[8] 陈向阳. 最佳公共关系案例. 北京：清华大学出版社，2007

[9] 刘爱华. 经理人有效沟通技巧. 北京：北京大学出版社，2008

[10] 王建民. 管理沟通实务. 北京：中国人民大学出版社，2008

[11] 中国国际公共关系协会. 最佳公共关系案例. 北京：中国市场出版社，2009

[12] 张岩松. 公共关系案例精选精析. 北京：经济管理出版社，2009

[13] 王伟明. 广告学导论. 上海：上海交通大学出版社，2009

[14] 韩国廷. 实用公共关系. 北京：化学工业出版社，2009

[15] 岑丽莹. 中外危机公关案例启示录. 北京：企业管理出版社，2010

[16] 陈国庆. 公关礼仪与面试技巧. 北京：经济科学出版社，2010

[17] 杨俊. 新型实用公关案例与训练. 合肥：中国科学技术大学出版社，2010

[18] 周安华. 公共关系——理论、实务与技巧. 北京：中国人民大学出版社，2010

[19] 中国国际公共关系协会. 最佳公共关系案例. 北京：企业管理出版社，2010

[20] 李兰英. 公共关系理论与实务. 上海：上海财经大学出版社，2010

[21] 孙时进. 社会心理学. 上海：复旦大学出版社，2011

[22] 周晓. 公共关系与现代礼仪. 北京：清华大学出版社，2011

[23] [美] 基恩.泽拉兹尼 著. 马晓路 译. 用图表说话——麦肯锡商务沟通完全工具箱. 北京：清华大学出版社，2011

[24] [美] 基恩.泽拉兹尼 著. 马振晗 译. 用演示说话——麦肯锡商务沟通完全工具箱. 北京：清华大学出版社，2011

[25] [美] 莱曼，达弗林，沃克 著. 商务沟通. 北京：机械工业出版社，2011

推荐网站：

[1] 中国公关网 http：//www. chinapr. com. cn

[2] 中国公共关系网：http：//www. 17pr. com

[3] 中国公共关系协会：http：//www. cpra. org. cn

[4] 中国国际公共关系协会：http：//www. cipra. org. cn

[5] （上海外国语大学）中国公共关系学术网：http：//pr. shisu. edu. cn

[6] 上海市公共关系协会：http：//www. chspra. com

[7] 管理人网：http：//prm. manaren. com

[8] 阿里巴巴博客网：http：//blog. china. alibaba. com /blog /yb8243168

[9] 中国公关网：http：//www. chinapr. com. cn

[10] 精品资料网：http：//www. cnshu. cn /yxgl /List _ 1744. html

参
考
文
献

反侵权盗版声明

电子工业出版社依法对本作品享有专有出版权。任何未经权利人书面许可，复制、销售或通过信息网络传播本作品的行为；歪曲、篡改、剽窃本作品的行为，均违反《中华人民共和国著作权法》，其行为人应承担相应的民事责任和行政责任，构成犯罪的，将被依法追究刑事责任。

为了维护市场秩序，保护权利人的合法权益，我社将依法查处和打击侵权盗版的单位和个人。欢迎社会各界人士积极举报侵权盗版行为，本社将奖励举报有功人员，并保证举报人的信息不被泄露。

举报电话：（010）88254396；（010）88258888

传　　真：（010）88254397

E-mail： dbqq@phei.com.cn

通信地址：北京市万寿路 173 信箱

　　　　　电子工业出版社总编办公室

邮　　编：100036